Reinhard Heß

MEHR ALS EIN JOB

Aufgezeichnet von **Egon Theiner**

wero press

Impressum

wero press

1. Auflage: © November 2002 by

Verlag wero press, Inh. Anne Kauer, Schwabenmatten 3, D-79292 Pfaffenweiler

Autor: Reinhard Heß, Suhl
Co-Autor: Egon Theiner, Salzburg
Redaktionelle Mitarbeit: Robert Kauer, Pfaffenweiler
Titelgestaltung: Michael Pieper, Köln / Robert Kauer, Pfaffenweiler
Titelbild: Hans Rauchensteiner
Fotos: Bundesbildstelle, Pressefoto Bongarts,
Reinhard Heß, Sammy Minkoff, Christian Mühlich,
Horst Müller, Hans Rauchensteiner, Sven Simon,
Stefan Thomas, Ulrich Wagner
Layout und Satz: Verlag wero press, Pfaffenweiler
Michael Pieper, Köln
Druck: Poppen & Ortmann,
Druck und Verlag KG, Freiburg

ISBN : 3-9808049-4-1

Jede Verwertung außerhalb der engen Grenzen des Urheberrechts ist ohne Zustimmung des Verlages und der Autoren unzulässig und strafbar. Dies gilt insbesondere für Vervielfältigungen, Übersetzungen, Mikroverfilmungen und die Einspeicherung und Verarbeitung in elektronischenSystemen.

Widmung

Einer, die sich nie beklagt.
Einer, deren Kraft nie versagt.
Einer, die in Zeiten des Zweifelns Zuversicht zeigt.
Einer, deren Weisheit klügste Gelehrte beschämt.
Einer, die für meinen Beruf persönliche Opfer bringt.
Einer, auf deren Schultern ich mich immer stützen kann.

Meiner Frau Regina

Zitate - Quellenhinweise :

Herny Thomas Buckle, britischer Kunsthistoriker (1821-1862)
Cicero, römischer Dichter und Redner (106-43 v.Chr.)
Richard Nikolaus Coudenhove-Kalergi, österreichischer Schriftsteller (1894-1972)
Ralph Waldo Emerson, amerikanischer Schriftsteller (1803-1882)
Dalai Lama, geistiger und politischer Führer Tibets im Exil (geb. 1935)
Antoine Marie Roger De Saint-Exupéry, französischer Poet (1900-1944)
Lee Iacocca, amerikanischer Automobilmanager (geb. 1924)
Konfuzius, chinesischer Philosoph (551-479 v.Chr.)
Gotthold Ephraim Lessing, deutscher Schriftsteller (1729-1781)
Mao Tse-Tung, chinesischer Politiker (1893-1976)
Mohammed, Prophet Allahs, Begründer des Islams (571-632)
Christian Morgenstern, deutscher Schriftsteller (1871-1914)
Novalis, deutscher Dichter (1772-1801)
Karl Peltzer, Autor (1895-1977)
Arthur Schopenhauer, deutscher Philosoph (1788-1860)
Sokrates, griechischer Philosoph (470-399 v.Chr.)
Talmud, eines der wichtigsten Werke des Judentums
Vergil, römischer Dichter (70-19 v.Chr.)
Richard Wagner, deutscher Komponist (1813-1883)
Oscar Wilde, amerikanischer Schriftsteller (1854-1900)

Der Inhalt

Seite 6 **Reinhard Heß, ein Mann mit Ecken und Kanten!**
Vorwort von Günther Jauch

Seite 8 **1 „Wir haben Silber!" „Nein, Gold!"**
Lillehammer 1994: Der Beginn einer Ära

Seite 12 **2 „Bauen wir doch mal eine Bombe!"**
112 Meter und Mitglied der „u.a." Mannschaft

Seite 21 **3 „Und wie geht's denn heute so?"**
Von einem Todesfall und einem Ampelweltmeister

Seite 49 **4 „Trainer, schau' her, was ich habe!"**
Die Wende - in der Politik, im Beruf, im Stil

Seite 54 **5 „Gerade deswegen will ich ihn"**
Ärger mit dem Vertrag und der Gauck-Behörde

Seite 58 **6 „Der Chef war vom Sightseeing begeistert"**
Interview mit Wolfgang Steiert,
„Mädchen für alles" der deutschen Skispringer

Seite 61 **7 „Seine Arbeitsweise - einfach einzigartig"**
Interview mit Henry Glaß, Co-Trainer
der deutschen Skispringer

Seite 65 **8 Deutsche Charakterköpfe**
Jens Weißflog, Dieter Thoma:
Aus Klassenfeinden wurden Partner

Seite 69 **9 Die Suche nach der „optimalen Technik"**
Exkurs: Ein Kilometer pro Stunde gleich sieben Meter

Seite 72 **10 „Konsequent, und deshalb glaubhaft"**
Interview mit Jens Weißflog - vierfacher
Gewinner der Vierschanzentournee

Seite 76 **11 Zwei Uhr nachts."Puh!"**
„Wieder ein Weltcupspringen weniger"
Den Fernsehtrainer sieht jeder, die Arbeit
am Mann und am Schreibtisch keiner

Seite 88 **12 „Typisk Tysk"**
Das „Jahr eins nach Jens Weißflog" war
das „Jahr des Dieter Thoma"

Seite 92 **13 „Ein Brummbär mit einem weichen Kern"**
Interview mit Dieter Thoma,
„Schutzschild" von Schmitt und Co.

Seite 97 **14 „Geh' hoch und springe!"**
Exkurs: Menschenführung, Motivation, Psychologie

Seite 101 **15 „Der Trainer redet viel, aber wir sehen nichts"**
Die Geburt neuer Stars:
Sven Hannawald und Martin Schmitt

Seite 113 **16 „Feierst Du jetzt auch schon Niederlagen?"**
Nagano 1998: Martin Schmitts 98 Meter
und eine Lehre

Der Inhalt

Seite 118	**17 „Aus eins und eins machten wir - eins"** Interview mit Helmut Weinbuch, ehemaliger DSV-Generalsekretär
Seite 122	**18 „Heß ist ein Kämpfer für seine Sache"** Interview mit Thomas Pfüller, Sportdirektor des DSV
Seite 125	**19 „Ich habe wieder mein Gefühl"** Exkurs: Mensch und Material
Seite 128	**20 „Heß ist kein Diktator"** Interview mit Martin Schmitt , Superstar der deutschen Skispringer
Seite 132	**21 „Wir wollten es spannend machen"** Ramsau 1999: „Deutschland-Schanze" bleibt „Deutschland-Schanze"
Seite 137	**22 „Wo weht denn hier ein Wind?"** Skispringen jenseits von Gut und Böse: Vikersund 2000
Seite 142	**23 „Sei froh, dass ich überhaupt noch da bin!"** Lahti 2001: Doppelte Titelverteidigung, und ein doppelt rasender Steiert
Seite 148	**24 „Vier Schanzen, vier Wettbewerbe"** Tournee ist Tournee, Weltmeisterschaft ist Weltmeisterschaft
Seite 153	**25 „Ich bin froh, dass Heß Cheftrainer ist"** Interview mit Sven Hannawald, Gewinner des „Grand Slams" der Tournee
Seite 157	**26 Leicht fliegt besser. „Aber ich muss erst einmal zum Fliegen kommen"** Exkurs: Die Ernährung - von Preimls „Kerndl"-Kur zum Käsebrot mit Marmelade
Seite 160	**27 „Ich mache mein Zeug"** Der Winter 2001/02 und die Frage der Wiederholbarkeit
Seite 190	**28 „Ach, er kann ja auch lustig sein"** Trainer, Pressesprecher, Fanbetreuer - aber auch ich bin nur ein Mensch
Seite 197	**29 „Wir haben uns aneinander gewöhnt"** Interview mit Regina Heß, der starken Frau hinter einem starken Mann
Seite 200	**30 „Für meinen Papa gibt es Wichtigeres"** Interview mit Tina Hoos, Tochter von Reinhard Heß
Seite 203	**31 TGK und UWG** Exkurs: Trainingsplanung und -steuerung
Seite 206	**32 „Unser Ziel ist, Spaß zu haben"** Die Gesellschaft, die Zeit, der Sport
Seite 211	**33 „Ein Beruf - mehr noch: eine Berufung"** Ein Bekenntnis
Seite 214	**Reinhard Heß - Die Erfolgsstatistik** Anhang

Vorwort

Günther Jauch,
RTL-Kommentator und Fernsehstar

Reinhard Heß, ein Mann mit Ecken und Kanten!

Zuweilen blickt er zwar grimmig, doch die Zusammenarbeit mit dem Trainer der deutschen Skispringer bereitet mir große Freude. Uneingeschränkt. Denn der Mann aus Thüringen ist kein oberflächlicher, phrasendreschender Betreuer, für den es nur seine Trainingspläne gibt. Reinhard Heß ist eine Persönlichkeit mit Ecken und Kanten. Er kann seine Sieger bejubeln und verbeugt sich gar vor ihnen, wenn sie Sporthistorisches geleistet haben. Er kann die Verlierer mit größtem Verständnis trösten, weil auch er zu seiner aktiven Zeit kein Martin Schmitt war. Er kann mit der Szene diskutieren und tut es auch, nicht immer zum Wohlgefallen der Umstehenden, aber im Sinne eines fairen Wettkampfs der Risikosportart Skispringen. Interviews mit Reinhard Heß sind für mich Medienschaffenden keine belanglosen Gespräche, sondern Unterhaltungen mit oft neuen und hintergründigen Einsichten.

Angemessen empfinde ich deshalb, dass das Leben und Schaffen von Reinhard Heß in Buchform dokumentiert wird. Überrascht war ich, als sich der Erfolgstrainer an mich wandte und mich ersuchte, das Vorwort zu verfassen. Dies empfinde ich als nicht selbstverständlich, dies betrachte ich als eine Ehre. Wir gehören nicht der gleichen Generation an, wir kommen aus verschiedenen Systemen. Doch unsere Lebenswege haben sich im Sport gekreuzt und verlaufen nunmehr zumindest teilweise parallel. Und ich muss sagen: Im Kreis der Skispringer fühle ich mich wohl.

Reinhard Heß ist ein Synonym für Erfolg. Der Winter 2002/03 ist seine Jubiläumssaison: die zehnte als Cheftrainer der gesamtdeutschen Skispringer. In diesem Zeitraum hat Heß seine Sportler zu allen erreichbaren Zielen geführt: zu WM-Titeln und Olympiasiegen, im Einzel und der Mannschaft, zu Triumphen bei der Vierschanzentournee und Skiflug-Weltmeisterschaft, zu Erfolgen im Gesamtweltcup. Als sich RTL die Fernseh-Übertragungsrechte für die Disziplin Skispringen sicherte, war uns allen klar: Stars sind nicht nur die Sportler, ein Star ist auch der Cheftrainer.

Ich freue mich jedes Jahr auf den Winter

Doch Heß auf eine Persönlichkeit des Sports zu reduzieren, hieße, seiner Komplexität im Leben nicht gerecht zu werden. Unter diesem Gesichtspunkt kann die Frage: „Wer ist Reinhard Heß?" nicht schlüssig beantwortet werden. Heß ist kein Sportler, aber er war selbst einer, kennt deswegen auch die Gefühlsregungen seiner Athleten genau. Er ist kein Einzelgänger, sondern ein Gemeinschaftsmensch. Er ist ein Mann der Tat. Einmal von der Richtigkeit seiner Gedanken überzeugt, ist er nicht mehr umzustimmen. Er ist auch ein Mann der Worte, der lauten Worte, wenn es sein muss.

Immer dann, wenn es Herbst wird, und mein Blick in die unmittelbare Zukunft geht, erfreue ich mich am Gedanken, nun bald bei der Vierschanzentournee im Einsatz zu sein. Ich sehe die strahlenden Gesichter von Martin Schmitt oder Sven Hannawald oder anderen, ich sehe auch Reinhard Heß jubeln und fluchen. Aber ich sehe auch, wie er seine Sportler schützt: die Überflieger vor dem Abheben und der anschließenden Bruchlandung, die Schwächeren vor Überforderung und öffentlicher Bloßstellung. Das macht mir die Arbeit als Journalist nicht unbedingt leichter, aber als Mensch gewinnt Reinhard Heß umso mehr. Einen besseren Partner könnte ich mir also nicht wünschen, und ich bin froh, auch ein kleiner Teil dieser Szene zu sein.

In diesem Sinne, lieber Reinhard Heß: Vielen Dank für all' die schönen Momente, die Sie und Ihre Jungs uns allen regelmäßig bescheren. Auch wenn wir zuweilen gegensätzlicher Meinung sein sollten, weiß ich, dass es Ihnen immer nur um die Sache geht, dass wir uns immer getrost in die Augen schauen können. Die Gradlinigkeit, die Ehrlichkeit, die Sie auszeichnet, weiß ich sehr zu schätzen. Vor allem aber verdanke ich Ihnen eines: Seit der Zusammenarbeit mit Deutschlands Springern freue ich mich jedes Jahr auf den Winter!

Günther Jauch

Mittendrin statt nur dabei

1 Lillehammer 1994: Der Beginn einer Ära

„Wir haben Silber!"„Nein, Gold!"

Das Schicksal mischt die Karten,
und wir spielen.
Schopenhauer, Aphorismen zur Lebensweisheit

Es war der 20. Februar 1994, und es war ein Tag, über den der liebe Gott seine Hand gelegt zu haben schien. Schönstes, kaltes Winterwetter bei minus sechs Grad Celsius, ein Wetter, das die Olympischen Spiele in Lillehammer zwei Wochen lang begleitete. Es war der Tag des Wettbewerbs von der Großschanze, und es sollte rückblickend der Tag werden, an dem Deutschland sich anschickte, sich wieder einzureihen in die Liste der Weltmächte des Skisprung-Sports. Für mich waren es die ersten Olympischen Spiele. Als Jugendlicher hatte ich immer meinen Blick auf dieses Ereignis geworfen, hatte mir vorgenommen, einmal dort dabei zu sein. Olympia ist für jeden Sportler ein Riesen-Ziel. Nun war ich als Trainer in der Pflicht, Verantwortung für die Mannschaft zu tragen, die Kampagne erfolgreich zu gestalten. In Norwegen war ich überwältigt von der Effizienz der Organisation, vom Enthusiasmus der Fans, von der Freundlichkeit der Helfer. Lillehammer war, trotz relativer Bescheidenheit, einfach grandios. Ich, als Cheftrainer Deutschlands, war mittendrin statt nur dabei. Und ich hatte einen Auftrag: die Mannschaft nach einem nicht einmal so unerfolgreichen Zyklus, aber nach einem in den Ergebnislisten dokumentierten Desaster, wieder nach oben zu führen.

Im Jahr zuvor hatte Deutschland seinen internationalen Tiefpunkt erreicht gehabt. Bei der Weltmeisterschaft in Falun hatte Christof Duffner als Bester unseres Teams bei einem Einzelwettbewerb Rang zehn von der Großschanze belegt. Aber schlimmer noch: Im Teamwettbewerb, mit starken Sportlern aus Ost und West, platzierten sich Christof Duffner, Jens Weißflog, Dieter Thoma und Gerd Siegmund nur auf Rang elf, 12,7 Punkte hinter Italien mit Roberto Cecon, Ivo Pertile, Ivan Lunardi und Simone Pinzani. Geschlagen wurden nur Kasachstan (Taranov, Polunin, Verveikin, Vodnev), Russland (Misjeev, Zadrjazjskij, Tchelovenko, Essin) und die Ukraine (Vdovenko, Glyvko, Prosvirnin, Gribovich). Olympia 1994 sollte ein Neubeginn werden, und er begann an jenem 20. Februar. Das Duell hieß Espen Bredesen (Norwegen) gegen Jens Weißflog. In der ersten Runde setzte unser Jens einen perfekten Sprung, hatte aber kein Glück mit den Verhältnissen. Bredesen 135.5 Meter, Erster, Weißflog 129.5 Meter, Zweiter. Rückstand: zehn Punkte. „Bitte, Herrgott, nur ein Lüftchen", betete ich fast, als die Entscheidung nahte. Und das Lüftchen kam. Weißflog kam auf 133 Meter, Bredesen auf 122. Acht Punkte betrug der Vorsprung des Oberwiesenthalers, und im Auslauf schrie Co-Trainer Wolfgang Steiert wie am Spieß: „OLYMPIASIEG! OLYMPIASIEG!!" Wir waren allesamt erwachsene Männer, und dennoch fielen wir uns mit feuchten Augen um den Hals. Bitter, dass Dieter Thoma an diesem Tag als 15. hinter seinen Möglichkeiten blieb, dass Christof Duffner als Elfter und Hansjörg Jäkle als 24. vielleicht auch nicht das brachten, was wir und und sie sich selbst erhofft hatten. Aber Gold überstrahlte alles, die Medaille war entscheidend. „Ich hab's gepackt", strahlte Weißflog, der

- 8 -

Jetzt wusste ich: Alles wird gut

sich auf den V-Stil hatte umstellen müssen, und der 1993 ein tiefes Wellental durchlebt hatte. Olympiasieg, bei meiner ersten Olympiateilnahme als Cheftrainer. Jetzt wusste ich: Alles wird gut. Ich wusste aber auch, dass meine Leistung als Verantwortlicher dieser Mannschaft nur partiell am Abschneiden von Jens Weißflog gemessen werden würde. In den neuen Bundesländern war der Weltmeister von 1989 das Aushängeschild des Springerteams, im Westen jedoch Dieter Thoma. „Entscheidend für meine Beurteilung werden die Ergebnisse von Thoma sein", hatte ich im Vorfeld der Winterspiele auch im Freundeskreis erklärt. Und Thoma war ein Risikofaktor. Just in jener Zeit, als ich das Mandat des Deutschen Skiverbandes erhielt, hatte der Schwarzwälder mit einer „Auswanderung" nach Finnland spekuliert. Er wollte bei Hannu Lepistö trainieren und war auch bereit, sehr viel Geld dafür zu bezahlen.

Doch auch wenn Thoma in Lillehammer zum Auftakt von sich enttäuscht war: Aufgrund des Großschanzensieges konnte die gesamte Einheit den restlichen beiden Konkurrenzen einfach gelassener entgegensehen. Wir wussten, dass wir nicht mehr mit leeren Händen nach Hause zurückkehren würden – im Gegenteil. Und so war unsere Stimmung bestens, als zwei Tage später die Mannschaftskonkurrenz anstand. „Jens tut sich leicht", hatte ich unseren Leuten im Vorfeld gesagt, „der hat seine Medaille um den Hals hängen. Aber er hilft uns auch, zu beweisen, dass wir wieder wer sind in der internationalen Szene. Denkt daran, einfach locker zu bleiben. Es gibt acht Sprünge, jeder kann versagen, jeder hat die Chance, das Versagen des anderen auszugleichen. Denkt daran, dass erst nach dem achten und letzten Sprung die Konkurrenz entschieden ist!" Unser Ziel war Bronze, ein Platz auf dem Podest, um die WM von Falun endgültig vergessen zu machen.

Mir war es überaus schwer gefallen, die Mannschaft zu nominieren. Gerd Siegmund ist ein Thüringer, wie ich, und er war ein guter Mannschaftsspringer, über Jahre hinweg. Auch wenn er bei Einzelwettbewerben nicht immer zu brillieren vermochte, so war auf ihn bei Teamkonkurrenzen einfach Verlass. Und nun sind Olympische Winterspiele, und ich kann ihn nicht einsetzen. Im Training war Hansjörg Jäkle regelmäßig um zwei bis zweikommafünf Meter besser. Nicht das Herz entschied, sondern der Verstand. „Tut mir leid, Du bist nicht dabei", informierte ich Siegmund, und ich bedauerte, es sagen zu müssen.

Bei einem Mannschaftswettbewerb ist es höchst selten, dass das Quartett der Skispringer die bestmögliche Leistung erreicht. Der eine oder andere Athlet hat immer einen Aussetzer, und dies muss bei allen Spekulationen auch in die Kalkulation einbezogen werden. In Lillehammer war es Christof Duffner, der im zweiten Durchgang hinter den selbst gesteckten Erwartungen blieb. Er erreichte lediglich 108 Meter und wünschte sich anschließend, dass sich ein Loch auftäte, und er durch einen Tunnel unbemerkt entfliehen könnte. Ich hingegen dachte mir, dem Schicksal ergeben: immer noch besser Vierter oder Fünfter als Elfter. Doch es kam besser, mit einem tollen Dieter Thoma, mit Jens Weißflog. Dieser hatte vor seinem zweiten Sprung Masahiko Harada schon zu Gold gratuliert. Niemand hatte mehr geglaubt, dass Japan seinen unglaublich großen Vorsprung von rund 40 Punkten noch verspielen könnte. Der Jens gratulierte im Geiste eines Sportmannes: Toll, was ihr heute geleistet habt – aber auch wir haben eine Medaille, Silber! Alle Vermutungen, Spekulationen, Äußerungen, dass Weißflog den Asiaten mit seinem Glückwunsch absichtlich aus dem Konzept habe bringen wollen, entbehren jeder Grundlage. Der Vorwurf einiger Besserwisser, dass sogar ich meinen Sportler vorgeschickt hätte, ärgerte mich. Weißflog hatte einen Psychokrieg nicht notwendig, er wollte ihn auch nicht austragen. Er war viel zu viel Kamerad, viel zu viel

-9-

...als hätte es Ost und West nie gegeben

Sportsmann. Zwischen ihm und seinen Arbeitskollegen auf der Schanze herrschte vor allem eines: Respekt. Für ihn, für uns Deutsche, war das Ergebnis bereits mehr als zufriedenstellend. Wir kamen aus untersten Tabellenregionen, wir wollten Bronze und standen vor Silber – was wollten wir mehr?

Die Geschichte ist bekannt. Weißflog landet bei 135,5 Meter, Harada „hüpft" genau 38 Meter kürzer, verliert sein Gesicht, stürzt die Asiaten in kollektive Verzweiflung und heult später an meiner Brust Rotz und Wasser. Vier Jahre später macht er es vor heimischer Kulisse besser. Mit Schanzenrekord im zweiten Durchgang führt er Japan zum Olympiasieg – Schlussspringer war allerdings Kazuyoshi Funaki. Doch das war eine Olympiade später und für alle Beteiligten in Lillehammer kein Thema. „Wir haben Silber" brüllte ich nach dem letzten Sprung in den Sprechfunk, und erhielt als Antwort: „Nein, wir haben Gold!" Und wieder fielen sich erwachsene Leute um den Hals, da umarmten sich auch ausgelassen Dieter Thoma und Jens Weißflog. Und als ich diese Szenen sah, wusste ich, dass ich den Auftrag, und mehr als den Auftrag, erfüllt hatte. Ich hatte Athleten zum Erfolg geführt, mehr noch, ich hatte eine Einheit gebildet, eine verschworene Gruppe. Die Wendezeit lag lediglich fünf Jahre zurück, doch in Lillehammer schien es mir für einige wenige Augenblicke, als hätte es Ost und West nie gegeben.

Es kam die Freude, und es kam Gerd Siegmund. Und meine Freude wich mit einem Schlag einem Hauch von Traurigkeit. Schon klar, dass Christof Duffner auch fast untröstlich war ob seiner Leistung und gar nicht auf das Podest wollte. „Da gehöre ich nicht hin, das habe ich nicht verdient", protestierte der „Duffi". Aber er war immer noch ein Sieger, Siegmund nicht. Bei ihm fragte ich mich, wie ich meinem Athleten nun klarmachen könnte, dass es auch sein Erfolg, dass auch er ein wichtiger Teil dieses Teams war. „Ich freue mich mit", antwortete er mir, „aber ich bin halt der Depp. Ich war nicht dabei." Und dann widmete er sich im Festzelt einem Glas Bier, um vielleicht in diesem seinen Gram zu ertränken. An jenem Abend nahm ich mir vor, dass Siegmund Lillehammer nicht als Verlierer verlassen sollte.

Das Training für das Springen von der Normalschanze begann, und wieder war Hansjörg Jäkle besser als Siegmund, um rund einen Meter. Als wir Trainer über die Aufstellung berieten, entschied sich mein Gremium für Jäkle. Und da sagte ich: „Nein. Es springt Siegmund. Der Junge bekommt seinen Einsatz. Er geht mir nicht als „Loser" nach Hause." Differenzen mit Steiert folgten, letztlich setzte ich mich kraft meiner Autorität durch: „Jetzt spricht der Chef." Ein Gespräch mit Jäkle gab mir die Sicherheit, es eigentlich allen recht gemacht zu haben. „Du warst zwar im Training besser", sagte ich ihm, „aber ich bitte Dich um Verständnis. Du hast Gold um den Hals hängen, der Gerd ein Strohband. Ich hoffe, dass Du meine Entscheidung bewusst mitträgst, Siegmund abklatschst und ihm diese Chance gibst." Interessanterweise hat Jäkle sofort zugestimmt: „Trainer, nichts anderes habe ich eigentlich von Dir erwartet. So kenne ich Dich, und ich trage Deine Entscheidung voll mit. Ich war glücklich über meinen Einsatz im Team, meine Medaille, nun soll Siegmund seine Chance erhalten." Gerd Siegmund wurde Elfter, was für ihn ein sehr gutes Resultat war. Mehr zu erwarten wäre unrealistisch gewesen. Ich weiß, dass der Sportler und seine Familie lange an der Nichtnominierung für den Teamwettbewerb kauten. Noch Jahre später warf mir Siegmunds Mutter vor, dass ich ihren Sohn um eine Olympische Medaille betrogen hätte. Das tat richtig weh. Mir kamen die Tränen, aber auch mit solchen Äußerungen musste ich leben. Ich glaubte, mich richtig entschieden zu haben. Ein Jahr später, bei der Weltmeisterschaft in Thunder Bay, war Gerd Siegmund der vielleicht wichtigste Akteur unserer Mannschaft. An einem Tag, an dem Jens Weißflog gut, aber nicht überragend

Komplimente von den Freestylern

agierte, und an dem Dieter Thoma mehr mit sich als mit irgend etwas anderem zu kämpfen hatte, sicherte Siegmund mit seiner Leistung Deutschland den zweiten Rang hinter Finnland.

Auf der Normalschanze holten wir die dritte Medaille bei diesen Winterspielen, und zwar mit Dieter Thoma, der Weißflog um 0,5 Punkte auf Platz vier verdrängen konnte. Dieser Podestplatz war insofern etwas Besonderes, weil jene drei Sportler vorne lagen - Espen Bredesen, Gold, Lasse Ottesen, Silber, und eben Thoma - die gegen starke Vorderluft antreten mussten. Das kann, muss aber nicht unbedingt ein Vorteil sein. Nun war der Dieter kein „Windspringer", der hatte immer gehörigen Respekt. Doch in dieser Situation überwand er sich, setzte im Finaldurchgang den zweitweitesten Sprung und fing Weißflog noch ab. In jenem Wettkampf, den er 1993 nicht bestritten hatte – Tusch hatte ihn wegen schlechter Form und nach internen Querelen aus der Mannschaft genommen und heim geschickt – holte Thoma eine Olympiamedaille.

Nach diesen Ergebnissen fiel die Last der Verantwortung ab, und auch ich genoss die Winterspiele in vollen Zügen. Ich war beim Biathlon und Langlauf, sah begeisterungsfähige und kompetente Menschenkarawanen, erlebte die täglich herrschende Volksfeststimmung. Und ich kam ins Gespräch mit den Skiakrobaten. In Lillehammer sah ich erstmals einen Aerials-Wettbewerb. Ich fand es grandios und verrückt, wie diese Athleten ihre Salti in der Luft drehten und befand, dass unsere Sportart im Vergleich zu den Flugkünstlern qualitativ weniger wert sei. Die Freestyler gaben die Komplimente zurück: Sie würden es nie wagen, sich von einem Anlaufturm zu stürzen, „wir springen ja nur ein paar Meterchen in die Luft." Und beim Eishockey in der Gjovik Olympic Cavern Hall, einer in den Berg hineingebauten Halle, waren wir auch. Die Olympischen Spiele waren ein Erlebnis, zu dem auch Deutsche das Ihre beitrugen. Die Oberhofer hatten ein Festzelt aufgestellt, die Region Thüringen präsentierte sich ebenfalls im Rampenlicht und hatte ihr „Haus" besser gefüllt als das „Deutsche Haus", das der offizielle Treffpunkt des Deutschen Olympischen Komitees war. Aus dem Schwarzwald war eine Fangruppe unterwegs, gestandene Männer und Frauen, die nicht Hüte auf dem Kopf trugen, sondern Attrappen von Schwarzwald-Uhren. Sie feierten mit uns unsere Erfolge. Damals war es noch möglich, dass sich deutsche Spitzenathleten frei bewegen konnten, ohne Gefahr zu laufen, erdrückt zu werden.

Ich hatte Dieter Thoma in die Erfolgsspur zurückgeführt. Ich hatte ein Vertrauensverhältnis zu Wolfgang Steiert aufgebaut – ich hatte meine strategischen Ziele erreicht und die Bewährungsprobe, die sich Lillehammer 1994 nannte, bestanden. Bestanden vor mir selbst, gleichzeitig aber auch in aller Öffentlichkeit. Mit dieser Genugtuung blickte ich in die Zukunft und dachte dabei nicht nur ergebnisorientiert, sondern an die Arbeitsweise, an das Umfeld, an die Vertrauensverhältnisse, an die Resonanz. Ich wusste, dass mich nicht nur Gönner umgaben, gab es doch genügend andere Kollegen, die auch Anspruch auf den Posten des Cheftrainers erhoben hatten oder erheben hätten können. Es gab sogenannte Insider in unserem Umfeld, die nicht verstanden, warum ein „Ossi" die Disziplin führen müsste. Immerhin gab es aber auch Menschen, die sich bei mir schriftlich entschuldigten: Zuerst wären sie meiner Nominierung negativ gegenübergestanden. Doch in Lillehammer hätte ich ihnen sehr große Freude bereitet und sie von meinen Qualitäten überzeugt. Als ich im Flugzeug zurück nach Deutschland saß, an meine Frau und meine Tochter dachte, wusste ich nicht, dass die Olympischen Winterspiele in Lillehammer wirklich nichts anderes als ein Anfang waren. Und schon gar nicht der Höhepunkt meiner Trainerlaufbahn. ■

Für mich brach eine Welt zusammen

2 112 Meter und Mitglied der „u.a."-Mannschaft

„Bauen wir doch mal eine Bombe!"

Die Jugend ist die aktivste und lebendigste Kraft der Gesellschaft.
Mao Tse-Tung, ausgewählte Werke

Bis heute ist mir noch unklar, weswegen meine sportliche Karriere in den 60-er Jahren ein doch jähes Ende fand. Vielleicht war es meine körperliche Konstitution, vielleicht war es das viele Krafttraining, das zu dieser Zeit als einer der besonderen Wege zum Erfolg im Skispringen galt. Tatsache ist, dass mir aufgrund von Beschwerden im Bereich der Lendenwirbelsäule keine weitere Leistungssteigerung mehr zugetraut, dass ich im damaligen System der DDR als nicht mehr förderungswürdig eingestuft wurde. Das war im Jahr 1967, und eine Welt brach für mich zusammen.

Der Wintersport, das Skispringen, das war mein Leben. Hatte ich nicht mit Freunden in Lauscha, meinem Heimatort, Sprunghügel auf der Straße errichtet, über die wir mit unseren für heutige Begriffe antiquierten Latten sprangen? Hatte ich nicht diese Konstruktionen gemeinsam mit den anderen gehütet wie meinen Augapfel, Autofahrer und Kutscher veranlasst, um diese einen Bogen zu machen? Wurde mir nicht in meiner Kinderzeit die erste Anerkennung zuteil, wenn die Glasbläser, die in diesem Straßenzug arbeiteten, in ihrer Pause aus den Fenstern schauten und uns Grundschülern bei unseren Versuchen applaudierten? Es war noch Nachkriegszeit. Wir hatten nichts und doch alles, was wir benötigten: Wir bauten unsere Schanzen selbst, organisierten unsere Wettkämpfe, bastelten unsere Plaketten und schrieben unsere Urkunden.

Geboren wurde ich unmittelbar nach dem Ende des Zweiten Weltkrieges, am 13. Juni 1945, in einem Landstrich, in dem kärgliche Arbeitslöhne und leere Auftragsbücher das Leben bestimmten. Ein Jahr zuvor war meine Schwester Waltraut als Neunjährige an den Folgen einer Gehirnoperation verstorben. Meine Familie kämpfte um das tägliche Brot. August und Elsa, meine Eltern, waren als Heimarbeiter in der Christbaumschmuck-Glasindustrie tätig. Ein saisonal bedingtes Geschäft: Einerseits schufteten sie Tag und Nacht, um pünktlich zum Abgabetermin ihren Auftrag ausgeführt zu haben, andererseits gab es Zeiten ohne Bestellungen, ohne Arbeit, in denen sie sich bemühen mussten, mit neuen Mustern und Kreationen über die Verleger bei potenziellen Abnehmern wieder „ins Geschäft" zu kommen. Und war ein neuer Auftrag an Land gezogen, waren die Eltern glücklich – auch wenn sich der Gewinn aus der anstehenden Arbeit in bescheidenen Grenzen hielt. Ich kann mich noch gut entsinnen, dass in meiner Schulzeit meine Strümpfe öfter als nur einmal gestopft waren, oder dass es zum Frühstück Malzkaffee mit eingebrocktem Brot gab, zumeist ohne Milch. Ein Ziegenbutterbrot war schon die Ausnahme. Das gab es nicht jeden Tag, es war eine Delikatesse.

Timur und sein Trupp

Meine Eltern waren genug damit beschäftigt, das Geld zum Leben zu verdienen und über die „Kuh des kleinen Mannes", die Bergziege, und die kleine Landwirtschaft auf Pachtgrundstücken weiteren Lebensunterhalt zu sichern. Kartoffeln im Keller, Holz und Heu auf dem Dachboden lagernd zu haben, ehe der Winter hereinbrach – das war das Ziel meines Vaters, und wenn er es erreicht hatte, war ihm die Freude anzusehen. Nun durfte die kalte Jahreszeit kommen, nun hatte er für seine Lieben vorgesorgt. Weil meine Eltern in ihrem Tun dermaßen engagiert und fleißig waren, stellte ich mir oft die Frage, wann sie überhaupt zum Schlafen kamen.

Liebe zu Sport und Musik

Ich erinnere mich noch sehr gut an die Kindergartenzeit, die sicherlich auch für meine Eltern eine innerliche Beruhigung war, da ich dort sinnvoll betreut wurde. Die Grundschulzeit in meinem Geburtsort Lauscha entsprach der damaligen Normalität. Außergewöhnliche Ereignisse sind mir nicht im Gedächtnis haften geblieben. Laut meiner Zeugnisse war ich ein guter Schüler. In meiner Erinnerung tauchen dagegen andere Ereignisse und Vorkommnisse auf, die mit der damaligen Übergangszeit zwischen Nachkriegsepoche und sozialistischer Orientierung zusammenhängen. Wenn man so will, bin ich ja auch in meiner Freizeit zum Teil auf der „Straße" aufgewachsen. Diese beinhaltete aber damals noch viele Facetten, die auf mich einwirkten. Was ich teilweise mit meinen gleichaltrigen und älteren Kumpeln erlebte, bewegte sich in einer Spanne zwischen „nazistischer Altlast" und „Timur und sein Trupp". So hieß ein sowjetischer Kinderfilm, den wir sehr gerne sahen. Dementsprechend spielten wir Krieg; es gab Straßenkämpfe unter kleinen Banden, die auch mit relativ scharfen Waffen ausgetragen wurden. Mit Schleudern, sogenannten „Zwillen", Astgabeln mit Gummibändern, wurden gegen den „feindlichen" Angreifer Metallstücke abgeschossen. Auch ein Messer und ein altes Seitengewehr war oft mit im Spiel. Der Krieg war noch nicht allzu lange beendet und weggeworfene Waffen fand man in den Wäldern.

Zwischen den Schlachten und Kämpfen wurden Obst- und Wurstkonserven vertilgt, die aus dem Keller der neuen Handelsorganisation, kurz „HO" genannt, stammten. Diese war in unserer Straße angesiedelt. Alle Mitesser wussten, woher die Produkte stammten, wer sie organisiert hatte und wie sie beschafft worden waren. Auch ich aß mit. Da war es vergleichsweise noch harmlos während einer anderen Freizeitbeschäftigung, dem Bergziegenhüten, Kartoffeln auszugraben und in heißer Asche zu garen oder Gartenbesitzern ihre Früchte zu stehlen. Andererseits traten wir als „Timurtrupp" auf, spalteten älteren Menschen das Brennholz. Oft war es für mich unglaublich zu sehen, wie die gleichen „Vagabunden", die vorher das Lebensmittelgeschäft zu einem Selbstbedienungsladen umfunktioniert hatten, die eifrigsten Helfer waren. Sie spalteten Winterholz drei lange Tage, kostenlos, ohne ein einziges Mal zu murren.

Viele dieser Geschehnisse, vor allem negativer Art, blieben meinen Eltern verborgen. Ich hätte ansonsten mit Strafe rechnen müssen. Nicht straffrei ging ich aus, wenn ich Vater und Mutter belog. Mir ist in Erinnerung geblieben, dass ich ein Missgeschick erlebte, was größere Ausmaße annahm. In der Spätsommerzeit spielten wir Kinder mit Streichhölzern im hohen, trockenen Gras, wir „zündelten", wie wir es nannten. Es war windig. Ein stärkerer Windstoß entfachte ein Feuer, es brannte eine größere Wiesenfläche, und meine Löschversuche sowie jene meines Gefährten blieben erfolglos. Plötzlich brannten die Wiesen des ganzen Bergrückens mitten in Lauscha bis an die angrenzenden Grundstücke und Gärten. Nachdem viele Menschen das Feuer gelöscht hatten, kam auch ich mit angesengter Hose nach Hause. Die Frage meines Vaters nach dem Verursacher des Flächenbrandes

Mit der Notenmappe zum Skispringen

beantwortete ich nicht gerade schuldbewusst. Aber Vater wusste es schon besser. Weil ich die Tat abstritt und zur Lüge griff, handelte ich mir erst recht den Zorn der Eltern ein. Die Strafe folgte auf dem Fuß. Das sollte mir eine Lehre fürs Leben sein, und es kam noch eine hinzu.

Prinzipiell herrschte zwischen meinen Eltern und mir Vertrauen und vor allem Respekt. Achtung, die ich auch dem Lehrer oder dem Pfarrer gegenüber hatte. Respekt beinhaltete auch die elterliche Liebe. Ich empfand diese Zuneigung trotz der Tatsache, dass sie von Mutter und Vater nicht ständig dokumentiert wurde. Die tägliche Arbeit ließ dies nicht zu. Wenn ich jedoch nicht mehr weiter wusste und einen Rat brauchte, waren sie immer für mich da. Und wenn sie Zeit für mich hatten, erfüllten sie mir meine Wünsche. Vor allem jedoch: Sie vermittelten mir den hohen Wert, den eine Familie besitzt, sie zeigten mir als erste auf, wie wichtig eine gut funktionierende Gemeinschaft ist. Von ihrer Erziehung rührt meine aktuelle Einstellung zur Familie her, aufgrund ihrer Worte und Werte habe ich erkannt, dass nicht das Individuum allein, sondern die Gemeinschaft zu Großem fähig ist.

Meine außerschulische Zeit im heimatlichen Lauscha beinhaltete aber auch sinnvolle und für mein späteres Leben richtungsweisende Beschäftigungen. Ich durfte mich sportlich betätigen, und ich tat es leidenschaftlich gerne. Als Grundschüler und als Vereinsmitglied der BSG Chemie Lauscha gehörte ich zu den besten Sportlern meiner Altersklasse. Ich war verrückt nach Bewegung, aber ich lechzte auch nach anderen Dingen. Als im Nachbarhaus regelmäßig musiziert wurde, wollte auch ich Klavier spielen lernen. Nicht Flöte, Gitarre oder Geige: nein, Klavier, wie eben auch bei unseren Nachbarn. Meine Eltern erfüllten mir auch diesen kostspieligen Wunsch, kauften das Instrument, bezahlten die Klavierstunden - auch wenn dies für sie noch mehr Entbehrungen bedeutete. Das Wort „Urlaub" war Mutter und Vater fremd. Ein Busausflug oder eine Ausfahrt über die Thüringer Höhen, auf den Inselsberg oder in das Schwarzatal zu späteren Zeiten, als ich ein Auto besaß, waren die wenigen Freizeitvergnügen in ihrem Leben. Und dennoch habe ich nie erlebt, dass sie unzufrieden gewesen wären. Das ist es, was ich an dieser Generation am meisten bewundere: Zufriedenheit. Sicher, Jahrzehnte miteinander zu vergleichen, birgt immer gewisse Risiken, beeindruckend ist es jedoch allemal – die Zufriedenheit damals im Vergleich zur Unzufriedenheit heute.

Ich nahm Klavierstunden, und ich übte auch fleißig zu Hause. Dennoch gewichtete sich meine Freizeitgestaltung immer mehr Richtung Sportplatz, Turnhalle und Sprungschanze – was zu Notlügen führte, wenn es um die Musikstunden ging. Anstatt das Instrument erklingen zu lassen, stürzte ich mich noch mehr auf das Skispringen. In Lauscha wurde nämlich just in jenen Jahren der erste Skisprungtrainer tätig. Erhard Walther war ein Fachmann, ein Insider, eine Persönlichkeit. Er war mein erster Trainer, zu einer Zeit, in der dieses Wort eigentlich keinen Inhalt hatte. Das musste man uns erst erklären, was denn das ist, ein Trainer, und was für Aufgaben er zu erledigen hatte. Erhard hat es von Anfang an bestens verstanden, mit meinen Freunden und mir richtig umzugehen. Seine Art, sein Umgang mit jungen Menschen, sein Können und seine Motivation haben mich als Trainer entscheidend mitgeprägt. In der Folge eilte ich öfter mit der Notenmappe unterm Arm zum Skispringen. Meine Eltern glaubten, dass ich zum Musikunterricht unterwegs war. Als ich am Ende des Schuljahres jedoch die Liste mit den Fehlstunden zu Hause vorlegen musste, flog der Schwindel auf. Mein Vater war außer sich vor Wut, und ich bekam mein Fett weg. Nicht, weil ich zum Skispringen tendierte, sondern weil ich die Eltern belogen hatte. Vorübergehend durfte ich meinen geliebten Sport nicht mehr ausüben. Aber Strafe musste sein, und ich habe daraus gelernt.

Autogramme überm Bett

Nach dieser „Erziehungsmaßnahme" entschied ich mich für das Skispringen mit Erhard Walther und gegen das Klavier spielen und Kirchenkantor Wamsler, was meine Eltern letztlich akzeptierten. Sportliche Erfolge stellten sich als Ergebnis des umfangreichen Trainings ein, die unter anderem 1959 in Oberhof anlässlich des „Pokals des Deutschen Sportechos" im Sieg in meiner Altersklasse gipfelten, was einem Schülermeister gleichkam. Meine Motivation wurde im gleichen Jahr zusätzlich verstärkt, als die zehnte Nordische Skimeisterschaft der DDR in Lauscha durchgeführt wurde, bei der ich meine Vorbilder auf der neu umgebauten Schanze live erleben durfte. Ich kannte ja schon zu diesem Zeitpunkt einen Helmut Recknagel, einen Harry Glaß und einen Werner Lesser. Diese Namen waren mir geläufig, und ich hatte auch schon ihre Autogramme gesammelt, diese fein säuberlich gerahmt und an die Wand über mein Bett gehängt. Später waren Harry und Werner für mich Trainer und Kollegen.

1960 erlebte ich zwei wunderbare Wettkampfstationen mit der dritten Deutschen Jugendskiwoche in Steinbach (Thüringen), zu der ich als „Nochschüler" fahren durfte und den zweiten Zentralen Wintersportspielen der Pionierorganisation „Ernst Thälmann" in Oberhof. Dort wurde mehr praktiziert als nur Skispringen, dort nahm ich auch am Patrouillienlauf, dem Vorreiter des Biathlons, teil. Empfohlen wurde mir, im Rahmen des Fördersystems im Deutschen Turn- und Sportbund (DTSB) die fünf Jahre zuvor eröffnete Kinder- und Jugendsportschule Zella-Mehlis zu besuchen. Ich wagte diesen Schritt trotz familiärer Einwände. Besonders die Mutter sah es nicht gerne; sie wollte, dass ich in die erweiterte Oberschule ging, in Oberweißbach, in unserer Nachbarschaft. Während mir mein Vater die Entscheidung freistellte („ich werde Dir keine Steine in den Weg legen, versuch' Dein Glück"), wollte die Mutter eben nicht, dass ich in eine Richtung der „brotlosen Kunst" ging, die sich damals Sport nannte. Immerhin war auch an der KJS das Abitur möglich. Franz Knappe, DDR-Meister zu Beginn der 50-er Jahre, Vorgänger von Recknagel, Glaß und anderen, war dort mein erster Betreuer.

Es war in der DDR beileibe nicht so, dass aufgrund einer knallharten Auslese Kinder und Jugendliche gezwungen wurden, den ihren Voraussetzungen entsprechenden optimalen Sport auszuüben. Niemand wurde gezwungen, die Kinder- und Jugendsportschule zu besuchen. Freiwillig ging auch ich als 14-Jähriger in das Internat von Zella-Mehlis. Schule und Sport wurden optimal miteinander verbunden. Wenn Außenstehende der Meinung sind, dass wir auf dieser Sportschule quasi nur ein „halbes Abitur" ablegen mussten, so ist dies blanker Unsinn. Wir wurden gefördert, sicherlich, wir wurden aber auch gefordert. Als Schüler hatte ich keine sonderlich großen Probleme; nur Geographie oder Kartenkunde waren meine Sache nicht, und vor Atlanten graute mir. Was ich bedauere ist die Tatsache, dass wir sprachlich für die Schule, aber nicht für das Leben lernten. Ich habe den Russisch-Unterricht genossen, bin aber sehr selten in die Lage versetzt worden, mit russischen Bürgern zu sprechen. Die Fremdsprache war eigentlich nicht brauchbar. Ganz gerne hätte ich Englisch gelernt; es würde mir heute sehr helfen. So kann ich mich in dieser Sprache nur notdürftig verständigen.

Von „Bombenbau" und Weinkelterei

Auch das Internat der KJS hat mich geprägt. Wir waren unter rustikalen Umständen untergebracht, in Schlafräumen, die sich vier bis acht Jugendliche teilen mussten. Es waren die unterschiedlichsten Charaktere darunter, aber wir mussten uns zusammenraufen, den Umgang mit anderen Menschen finden, miteinander auskommen. Ein Vierbett-Zimmer galt bereits als Errungenschaft, doch auch dort war der Platz dermaßen eng, dass Ordnung herrschen musste. Es ging gar nicht

Ein ganz besonderer Ordnungssinn

anders, und es war eine Erziehungssache. Wer Ausgang haben wollte, hatte Vorgaben zu erfüllen. Da wurde schon mal eine Spind-Kontrolle angesetzt, und der Vergleich mit militärischen Gepflogenheiten ist da sicher nicht so falsch. Es hat uns jedenfalls nicht geschadet, auch wenn es Übertreibungen gab, die extrem waren. Ich erinnere mich an einen Internatsleiter, der größten Wert auf saubere Schuh-Stege legte. So sehr, dass es schon einer Schikane gleich kam. Bei ihm waren die Älteren auch für die sauberen Schuhe der Jüngeren verantwortlich, und wir sorgten uns auch darum. Immerhin waren wir ja diejenigen, die primär den Ausgang haben wollten, um das Leben ein wenig zu genießen oder sich mit der Freundin zu treffen. Ich lernte just zu dieser Zeit meine Frau fürs Leben kennen. Und dann steht zwischen Internatstor und großer Liebe dieser Mann und sagt: „Was ist denn mit unserem alten Herrn, die Stege nicht geputzt?" Egal. Es hat mir gut getan, und es zeigt heute noch Wirkung. Wenn ich mit meinem Trainerkollegen Henry Glaß im Weltcupzirkus unterwegs bin, teile ich meistens mit ihm das Zimmer. Er ist jünger als ich, hat aber Ähnliches durchgemacht. Und dann kommt einer mit anderem Ordnungssinn in unser Hotelzimmer und fragt ganz erstaunt: „Na, wie sieht es denn hier bei euch aus?" „Na wie denn?", entgegnen wir und erhalten die verblüffende Antwort: „So aufgeräumt, da erschrickt man ja fast."

Nicht, dass wir nur brave Jungs gewesen wären. Wir haben genügend Streiche gespielt, die die Betroffenen allerdings nur selten lustig fanden. Während ich auf dem Internat der KJS war, kletterten wir über die Dachrinne zu unseren Freundinnen, oder krochen durch den Kohlenkeller zurück in unsere Räume, wenn wir die Ausgangszeiten überzogen hatten. Als ich im Internat des Sportclubs „Motor" lebte, ging es mit den Streichen auf einem anspruchsvolleren Niveau weiter. Peter L. zum Beispiel war einer, der immer wieder auf neue Ideen kam. Einmal sagte er: „Wisst ihr was, ich möchte eine Bombe bauen, eine mit Zeitzünder." Und das wurde dann auch selbstverständlich gemacht. Ein Marmeladeneimer wurde mit Schwarzpulver gefüllt, das aus alten Feuerwerkskörpern entfernt worden war. Schnell war ein alter Wecker zerlegt und mit Hilfe einer zersägten Glühbirne zum Zeitzünder umfunktioniert. Es war verrückt und faszinierend zugleich, wie Peter seine Bombe zusammensetzte. Schließlich wurde alles in diesen Marmeladeneimer eingegossen, mit Zement gefüllt, und dann sind wir auf einen Schrottplatz gegangen, auf dem Autowracks standen. Wir legten das Ding unter eine Karre, stellten den Wecker und brachten uns 150 Meter entfernt unter Bäumen in Sicherheit. Und wir alle fieberten mit: Wann geht's los, wann geht's endlich los? Plötzlich tat es einen Knall, die Karosse ging in die Luft, und Betonbrocken flogen durch die Gegend. Es wurde ja wirklich oft teilweise sinnloses Zeug gemacht. Einmal setzten wir in den Zimmern unseres Sportclubs Wein an, nur weil einer aus unserer Clique auf die Idee kam: Wir produzieren Wein! Also wurden Weinballons angeschafft und installiert, da wurden die Trauben gepresst und mit Gärhefe angesetzt. Wenn eine Aufsichtsperson oder Trainer Hans Renner auf unsere Zimmer kam, fragte er sich, was denn dieses glucksende Geräusch bedeute und woher es wohl komme. Wir wussten, dass es von den Weinröhrchen stammte, antworteten aber mit Unschuldsmienen immer dasselbe: „Sonderbar, wir hören nichts". Nach Abfüllung und Lagerung kam irgendwann auch der Moment, an dem dieses Zeug auch getrunken wurde, das ist ja logisch. Wieder könnte ich sagen: Geschadet hat es uns nicht! Auch wenn wir nach dem Umtrunk teilweise schwer gelitten haben.

Ludwig W., unser Hausmeister im Internat des Sportclubs, war ein älterer Herr, der immer von der Zeit zwischen den beiden Weltkriegen als „Friiidenszeit" sprach. Wenn ich an ihn zurückdenke, dann erinnere ich mich, wie er im Sommer seine Sense „tengelte", bevor es ans Mähen ging. „Eine Sennnsse aus Friiidenszeit", sagte er immer, „guter, alter Stahl." Und wir Lausbuben dachten scharf darüber nach, wie wir den Mann mit seiner „Friedenssense" ärgern könnten. Hauptakteur bei diesem Streich war der „Werni" S., ein Typ wie der Peter, die beiden hätten sich die Hand geben können. Er strich Metallstäbe grün an und rammte sie am Vortag dort ins Gras, wo Herr W. normalerweise zu mähen begann. Wir klebten an den Fensterscheiben, um ja den Augenblick nicht zu verpassen, an dem der gute, alte Stahl die erste Scharte bekommen sollte. Und dann ging es auch schon los: Bing! Bing! Der gute, alte Herr ist fast verrückt geworden. „Das war wieder dieser Verbrecher S.", sagte er dann, denn er kannte seine Pappenheimer.

Max R., unser späterer Hausmeister, war der Schwiegervater des Klubleiters und hatte die Angewohnheit, im sogenannten Nordischen Haus auf der Toilette zu sitzen, um seine Notdurft zu verrichten. Dabei paffte er genüsslich seine Zigarre. Es entwickelte sich ein furchtbarer Gestank, weswegen klar war: Diese Untugend musste abgestellt werden. Unser „Werni" hatte irgendwann die zündende Idee. Er besorgte einen Induktor, ein Kurbelgerät, um Spannung zu erzeugen, umwickelte die WC-Brille mit einem ganz feinen Draht, bearbeitete diesen mit Farbe, sodass dieser nicht mehr erkennbar war. Dann führte er das Kabel in den Klubraum. Als Max das nächste Mal die Toilette aufsuchte, warteten wir alle schon, saßen gespannt um „Werni" und dessen Kurbel herum. Als Max Platz nahm, begann „Werni" zu kurbeln und sofort schrie Max auf – der Stromschlag hatte wie geplant gewirkt. Wir lachten uns halb tot und das Problem war gelöst. Max hatte bei dieser Gelegenheit vor lauter Schreck seine Zigarre durchgebissen und er ließ sich auf dieser Kloschüssel nie wieder nieder.

Als Jugendmeister berufen für höhere Sphären

Die Streiche dürfen nicht darüber hinwegtäuschen, dass wir Leistungssportler waren und vor allem hart trainierten. Zwei Übungseinheiten pro Tag waren die Regel, am Abend beschäftigten wir uns freiwillig in der Kraftkammer, und in der Freizeit spielten wir zusammen Volleyball. Unser Zeitaufwand mag quantitativ vielleicht nicht an jenen späterer Systeme herangereicht haben, gering war er aber auch nicht. 1964, nach bestandenem Abitur, bewog mich Hans Renner, zum Sportclub zu wechseln und ab Juli dieses Jahres unter seinen Fittichen zu trainieren. Er war ein international hoch geschätzter Fachmann. 1960 hatte er Helmut Recknagel zum Olympiasieg geführt. Über Jahre war er Cheftrainer der Disziplin Skisprung in der DDR. Und er entwickelte unter anderem die Kunststoffmatten. Wenige Monate zuvor, im Februar, hatte ich in Johanngeorgenstadt im Erzgebirge die DDR-Jugendmeisterschaft im Spezialsprunglauf vor Wolfgang Stöhr, der für den Polizeisportklub SC Dynamo Klingenthal angetreten war und wenig später den Sprung in die A-Mannschaft schaffte, gewonnen. Der Wettbewerb wurde in zwei Konkurrenzen ausgetragen, wobei ich bei beiden den zweiten Rang belegte. Letztlich sicherte ich mir die Gesamtwertung mit einem halben Punkt Vorsprung. Trainer Erhard Walther rief mir im Auslauf nach meinem letzten Sprung freudvoll zu: „Es reicht, es reicht." „Ja, ja", sagte ich ihm später, „es hat gereicht, wenn auch nur knapp." Nun wurde ich für würdig befunden, als Jugendmeister meines Landes in „höhere Sphären" aufzusteigen. Das Konzept meines neuen Trainers Renner bestand damals darin, mich mittelfristig auf die Weltmeisterschaft 1966 in Oslo vorzubereiten. Dieser Grundanspruch wurde mir in einem persönlichen Gespräch vermittelt – „es muss uns gelingen, es wird uns gelingen" -, und ich war stolz über das erwiesene Vertrauen. Mir wuchsen vier Brustwarzen, wie ich zu sagen pflege. Ich wäre immerhin jüngster Teilnehmer dieser Weltmeisterschaft gewesen, obwohl auch schon 20 Jahre alt. Aber es herrschten andere Zeiten. Es war nicht wie nunmehr zu Beginn des 21. Jahrhunderts, an dem 16- oder 17-jährige Burschen bereits für

Auch ich wäre so gerne Olympiasieger geworden

Olympische Spiele oder Welt-Titelkämpfe in Betracht gezogen werden. Mein innerer Antrieb war enorm, ich kniete mich in die gestellte Aufgabe hinein, schaffte sie aber nicht. Die zwischenmenschliche Enttäuschung war groß. Renner, den ich sehr geachtet hatte als Trainerpersönlichkeit, der für uns wie ein Herrgott war, ließ mich fallen, als er die Ergebnislosigkeit seiner Bemühungen erkannte. Ich konnte es nicht fassen. Ich konnte nicht glauben, wie ich, der ich Willens gewesen war, der das aufrichtige Bestreben hatte, Ziele konsequent zu verfolgen, einfach im Regen stehen gelassen wurde. Es war für mich eine sportlich wie menschlich schwierige Zeit. Ich war nicht mehr Hoffnungsträger, sondern plötzlich Mitglied der „u.a."-Mannschaft. Schwarzer Humor: Wenn in Oberhof nämlich ein Sommerspringen ausgetragen und mit Namen wie Peter Lesser, Horst Queck und Dieter Bokeloh für die Veranstaltung geworben wurde, stand auf dem Plakat auch: „u.a.", was soviel bedeutete wie: „und andere". Nun gehörte ich zum „u.a."-Team, zum Fußvolk, und in dieser Situation beging ich Fehler, verlor Motivation, wandte mich mal einem Bierchen zuviel zu und zündete mir die eine oder andere Zigarette an. Diese Resignationserscheinungen hielten so lange an, bis Erhard Walther zum SC Motor stieß. Ein neuer Hoffnungsschimmer für mich, eine neue Chance, mit dem alten Trainer doch noch große Ziele zu verwirklichen. Zu diesem Zeitpunkt stieg ich in den B-Kader des Verbandes auf, der nach Beschluss des DSLV-Präsidiums installiert worden war. Werner Lesser, zusammen mit Harry Glaß und Helmut Recknagel DDR-Dreigestirn der 50-er und 60-er Jahre, betreute mich bei Lehrgängen. Meine Euphorie hielt bis zum Frühjahr 1967, als mich Walther zu sich holte und mir mitteilte, dass ich nicht mehr als förderungswürdig eingestuft wurde. Begründet wurde diese Entscheidung mit medizinischen Problemen, aber auch mit meinem Leistungsbild, das sich nicht so entwickelt, wie man es sich vorgestellt hatte. Meine sportliche Karriere war offiziell beendet. Ich war 21 Jahre alt. Sieben Jahre zuvor war ich in die Kinder- und Jugendsportschule Zella-Mehlis eingetreten, 1960, just in jenem Jahr, in dem die DDR in Squaw Valley (USA) mit Helmut Recknagel die erste Olympia-Goldmedaille im Spezialsprunglauf holte. Und auch ich wäre so gerne Olympiasieger geworden.

Körperlich war ich ein sehr schlanker Typ, und wahrscheinlich muss ich im Nachhinein froh sein, dass mir die Sportärzte die Entscheidung abnahmen, den Leistungssport aufzugeben. Das Training in den 60-er Jahren ist kaum vergleichbar mit den heutigen Strategien. Sicher, auch wir wussten damals, wenn vielleicht nur unterschwellig, dass leicht besser fliegt. Das Kriterium war aber der Absprung, mehr Kraft bedeutete einen effektiverer Absprung. Und so haben wir unwahrscheinlich viel mit Eisen gearbeitet. Das war strategisch angelegt, und es war ein „Kammtraining": Alle wurden über den gleichen Kamm geschert, egal, wie die Körperkonstitution, der Muskelaufbau oder die Verträglichkeit der Übungen waren. Individualität spielte kaum eine Rolle. Das Krafttraining, mit Hantel und Hantelschwinge, wurde zum größten Teil im Stand durchgezogen und belastete dadurch den Rücken; heute wird es im Liegen oder Sitzen absolviert. Man ist damals eben viel zu wenig auf das Individuum eingegangen: Alle Sportler wurden trainingsmethodisch relativ gleich behandelt. Auch deswegen bin ich gescheitert. Mein Glück im Unglück war, dass sich Ärzte sehr gewissenhaft mit dem Sport und seinen medizinischen Folgen auseinandergesetzt haben. Sie saßen auch in Kommissionen und gaben ihre Beurteilungen ab, beispielsweise Athleten aus dem Trainingsprozess, aus der sportlichen Karriere herauszunehmen, wenn diese künftigen Belastungen nicht mehr gewachsen sein würden. Ich will und muss es heute positiv sehen.

Nicht mehr genau weiß ich, wann ich meinen weitesten Sprung gestanden habe. Es war in Oberhof 1966 oder 1967, und wir befanden uns zum Training auf der

Das Trikot mit der Zahl 112

damals größten Sprungschanze Deutschlands, einer der größten der Welt. Der Rekord lag bei 116 Metern, ich landete bei 112. Weiter bin ich eben in meiner Karriere nie gekommen, auch, weil ich nie auf einer Skiflugschanze im Einsatz war. Ein Mal stand ich zwar vor der Nominierung in die Skiflug-Mannschaft, geklappt hat es aber nicht. Das Kriterium damals hieß, alten, erfahrenen Athleten den Vorzug gegenüber jüngeren zu geben. Und wieder einmal war ich enttäuscht. Heute werde ich belächelt, wenn ich meine Höchstweite verrate, wenn ich jenes Trikot trage, das Co-Trainer Wolfgang Steiert anfertigen ließ für uns alle, auf dem steht: HESS 112. Auf anderen Trikots stehen andere Namen und andere Zahlen, 150 oder 160, für die gesprungenen Meter, ganz zu schweigen von der neuen Generation, deren numerische Identifikation bereits mit der Zahl 2 beginnt. Trotzdem: Ich bin stolz auf meine Leistung. Wie jeder andere auch habe ich zufrieden registriert, wenn bei der persönlichen Bestmarke mal ein Meter hinzugekommen ist. Das sollte nicht überbewertet werden, aber es bleibt dabei - 112 Meter war mein weitester Sprung. Viele Menschen träumen, einmal so weit zu fliegen. Ich habe es getan und ich habe mich in diesen Augenblicken ein bisschen wie ein Vogel gefühlt. Damals ist der Weltrekord nicht bei 225 Metern gestanden, sondern um die 150 Meter. Peter Lesser war am 13. März 1965 am Kulm im österreichischen Bad Mitterndorf 145 Meter geflogen, im Jahr darauf erreichte der Norweger Björn Wirkola in Vikersund 146 Meter. Und im Jahr 1967 wurden gleich vier Weltrekorde aufgestellt. In Oberstdorf flog Lars Grini (Norwegen) 147 Meter, wurde vom Schweden Kjell Sjöberg um einen Meter übertroffen, holte sich den Rekord dann aber mit 150 Metern zurück. Letztlich vergeblich. In Vikersund kam der Österreicher Reinhold Bachler auf 154 Meter.

Als Jungvater zum Militärdienst

Meine Frau Regina lernte ich bereits an der Kinder- und Jugendsportschule kennen; sie war als Turnerin in das Schulmodell gekommen und später zum Langlauf übergewechselt. Bei einem Tanzabend nahm unsere Beziehung erstmals konkrete Züge an. Zu diesem Zeitpunkt hatte ich schon ein Auge auf das Mädchen geworfen, und sicherlich war auch etwas Alkohol im Spiel, als ich mit meinen Klassenkameraden eine Kiste Bier wettete: „Mit Regina gehe ich heute heim." Ich gewann, und ab diesem Zeitpunkt waren wir liiert. Ihre Eltern sahen unser Verhältnis nicht gerne. Als meine spätere Frau, damals 15 Jahre jung und eine Spitzen-Langläuferin, ein Krankheitsbild aufwies, das mit körperlicher Schwäche, Gereiztheit und Opposition „schwanger" ging, dachte ihre Mutter allen Ernstes daran, dass ich der Grund sein könnte. Sie suchte deshalb den Schuldirektor auf und ersuchte ihn, Einfluss zu nehmen auf das Liebesverhältnis zweier seiner Schützlinge – und es zu beenden. Reginas Krankheit und auch die Ursache für ihre Reaktionen wurden erst später erkannt. Sie wechselte die Schule, begann eine kaufmännische Ausbildung und schloss diese mit dem Abitur ab. Wir heirateten 1968, und die Einstellung meiner Schwiegereltern zu mir änderte sich grundlegend. Die gängigen Schwiegermütterwitze kann ich nicht mittragen, und auch Reginas Vater hat ungemein an mir gehangen. Drei Jahre später wurde unsere Tochter Tina geboren. Doch als junger Familienvater wurde ich 1971 zum 18-monatigen, aktiven Wehrdienst bei der Volkspolizei eingezogen. Ich war 26 Jahre alt, Ältester der Kompanie und hatte eigentlich schon darauf spekuliert, nicht mehr einberufen zu werden. Ich wurde der Bereitschaftspolizei zugeteilt, und es war eine harte Lebenserfahrung. Nicht, dass sie gefährlich gewesen wäre: Wir befanden uns in Friedenszeit, es fiel kein einziger Schuss. Aber mir ging die Nähe zu meiner Frau und meiner Tochter ab, die ich wochenlang nicht sah – und wenn, dann nur während der Besuchszeit im Kasernenhof, dort, wo keine Intimitäten möglich sind, wo Augen anderer sehen und Ohren anderer hören. Die Anforderungen in der Ausbildung fielen mir hingegen

Neue Möglichkeiten nach der Wende

leicht. Ich profitierte von meiner sportlichen Vergangenheit, während Waffengefährten sich halbtot durch die Ausbildung quälten. Die geforderte Ordnung war aufgrund meiner Internats-Vergangenheit auch kein Problem. Schwerer fiel mir, all' die hochnäsigen, jungen Vorgesetzten zu grüßen. Aber wenn ich einmal nicht salutierte, so wurde großzügig darüber hinweggesehen, und die militärische Verfehlung blieb ohne Konsequenzen.

Meine heutige Maxime im Umgang mit den Mitmenschen wurde durch ein Erlebnis während der Militärzeit bestärkt. Bei der Einberufung neuer Anwärter beobachteten wir bereits Kasernierten die Neuankömmlinge, wobei mir ein junger Rekrut auffiel, der mit langem, blondem, lockigem Haar für Aufsehen sorgte. Damit dokumentierte er sicherlich seine oppositionelle Grundeinstellung zur Wehrpflicht und zum Wehrdienst. Unwillkürlich fragte ich mich, was denn das für ein komischer Vogel sei. Im späteren Zusammenleben demonstrierte aber gerade dieser Bursche militärische Kameradschaft, Hilfsbereitschaft und sogar eine ordentliche Dienstauffassung. Im Ernstfall wäre er sicherlich ein wichtiger Partner für mich geworden. Lerne Menschen erst richtig kennen, ehe Du sie beurteilst – dies war unter anderem in Folge dieses Erlebnisses zur Lebensweisheit für mich geworden.

Ein weiteres Erlebnis bekräftigte meine Einstellung. Bei der Bereitschaftspolizei hatte ich die Gelegenheit, meinen Horizont in Fragen der Menschenkenntnis zu erweitern. In meiner Kompanie tat ein Genie, ein Diplomphysiker, Dienst. Ihm gelang es nicht, während der eineinhalbjährigen Dienstzeit Kontakte zu anderen Kameraden aufzubauen. In einem Gespräch gestand er mir sein Problem und verstand nicht, dass ich guten Kontakt zu anderen „Genossen" hatte. „Wie schaffst Du es, Dich so intensiv mit einem Hilfsmaurer zu unterhalten, enge Kontakte zu suchen und zu pflegen? Du bist doch auch intelligent," wunderte er sich. „Siehst Du, das ist genau Dein Problem", antwortete ich ihm. „Deine Einstellung zum Menschen stimmt nicht, Deine Wertvorstellungen sind falsch. Die musst Du ändern." Er hat meinen Rat nie umsetzen können, konnte seine innere Einstellung, die Akzeptanz des Gegenübers, gleich welchen Namens und Ranges, nicht ändern. So hatte er drei schwere Diensthalbjahre zu überstehen. Immerhin rettete er sich über die Zeit, gottlob.

Die Gemeinschaft – Quelle der Kraft, Ursprung großer und kleiner Taten. Der Umgang mit Menschen ist eine Einstellungssache, nicht immer leicht, aber lohnend. Ich sehe es als Zeichen der Stärke an, wenn man sich mit seinem Gegenüber tiefgreifender befasst und nicht nach einigen unverbindlichen Sätzen über das Wetter gestern, heute oder morgen das Gespräch einschlummern lässt. Charaktere gehören ergründet und erforscht, weswegen ich mich in längst vergangenen Jahren gerne in Bierzelten oder an Stammtischen unter die Leute gemischt habe – nicht wegen des Bieres, sondern wegen interessanter Diskussionen. Deshalb erinnere ich mich auch gerne an unsere Hausgemeinschaft im Wohnblock Himmelreich 62 in Suhl, in der ich über Jahre lebte und die aus zwölf Mietparteien bestand. Menschen mit unterschiedlichsten Charakteren, verschiedener Alterskategorien und differenter sozialer Struktur mussten miteinander auskommen. Da war auch nicht immer „Friede, Freude, Eierkuchen" angesagt. Da gab es auch Konflikte zu überstehen. Aber im Gemeinschaftsraum, in dem wir uns zu bestimmten Anlässen immer wieder trafen, wurden in geselliger Runde auch Probleme diskutiert, Spannungen abgebaut und schließlich Kompromisse gefunden. Nach der Wende eröffneten sich auch im Wohnbereich neue Möglichkeiten. Auch ich bezog eine Eigentumswohnung in einer anderen Gegend von Suhl. Trotzdem halte ich nach wie vor Kontakt zu den „alten" Mietern, und einmal im Jahr treffen wir uns noch zu einem geselligen Abend.

...wenn der Jens einen Schnupfen bekommt

3 Von einem Todesfall
und einem Ampelweltmeister

„Und, wie geht's denn heute so?"

*Erzähle mir die Vergangenheit,
und ich werde die Zukunft erkennen.
Konfuzius, Spruchweisheit*

Ich konnte es nicht fassen: meine erste Weltmeisterschaft als Verbandstrainer, und Gold! Gold für Jens Weißflog, Gold für die DDR! Und dennoch, ganz glücklich war ich nicht, just in jener Zeit den höchsten Trainerposten meines Landes übernommen zu haben. Der Skisprung innerhalb des DSLV befand sich in einer Phase des Umbruchs. Außer Weißflog gab es an relevanten Sportlern lediglich noch Remo Lederer. Hans-Dieter Grellmann, nunmehr Geschäftsführer des Thüringischen Skiverbandes, wurde als mein Vorgänger 1988 nicht einmal zu den Olympischen Winterspielen entsandt. Die beiden Athleten wurden von Joachim Winterlich, dem Heimtrainer Weißflogs, und dem Wissenschaftler Dr. Horst Mroß betreut. Eine unmenschliche Entscheidung gegenüber Hans-Dieter. Mehr als einmal hatte ich mir vor den Weltmeisterschaften ein Jahr später in Lahti gedacht: Wenn der Jens einen Schnupfen bekommt, dann können wir gleich daheim bleiben. Aber selbst, wenn er topfit antreten konnte, war dies immer noch keine Erfolgsgarantie, gerade in Lahti nicht. Vor 15 Jahren war der Ruf dieser Anlagen relativ schlecht. Wir mussten auf brauchbare Bedingungen hoffen. Und auf faire Gastgeber.

Die hatten wir im Detail nicht. Das Springen von der großen Schanze wurde unter Flutlicht ausgetragen, die Trainingssprünge waren aber allesamt bei Tageslicht absolviert worden. Das große Duell deutete sich mit Deutschland West gegen Deutschland Ost an, Dieter Thoma gegen Jens Weißflog. Thoma wäre prädestiniert für Gold auf der Großschanze gewesen, seine ersten Trainingseindrücke, die er hinterließ, waren außerordentlich gut - aber er „wackelte" mental. Als dies im Training ersichtlich wurde, war ich guter Hoffnung für den Wettkampf. Es gibt nur einen Anwärter auf Platz eins, und der heißt Weißflog, ging es mir durch den Kopf. Während des Probedurchgangs wurde es düster, aber nach dem ersten Sprung führte unser Mann. Im Finale brach er seinen Versuch überraschend ab, und verwundert fragte ich ihn später, was denn geschehen sei. „Ich habe nichts mehr gesehen", sagte mir Weißflog, „ich sah Schatten und dachte, ich lande bereits". Es gewann ein Athlet aus Lahti, Jari Markus Puikkonen, der diese Anlage kannte wie seine Westentasche, bei Tag und bei Nacht. Ketzerisch behaupte ich heute, dass der organisatorische Ablauf dieser Konkurrenz ein abgekartetes Spiel gewesen ist. So gewann Weißflog nicht Silber, er verlor Gold. Und das wurmte mich.

Doch der Hochleistungssport lässt nicht zu, dass man sich allzu sehr und intensiv mit der Vergangenheit beschäftigt. Nach der Teamkonkurrenz, bei der unsere Mannschaft keine entscheidende Rolle spielte, stand der Wettbewerb von der Normalschanze an, und diesem galt unsere Konzentration. Und dann setzte ein,

Vertrauen zu Hans Ostler

was in Lahti oft einsetzt: Wind, mehr noch, wechselnder Wind. Mir war klar, dass es einem Trainer unmöglich sein würde, bei diesen Verhältnissen den Athleten bei bestmöglichen Bedingungen in die Anlaufspur zu schicken. Der Wechsel der Windverhältnisse im Hang war zu schnell, zu unvorhersehbar. So unterhielt ich mich zwischen Probe- und Wertungsdurchgang mit Hans Ostler aus Partenkirchen, der als Technischer Delegierter die Ampel betätigte. Wenn sie auf Grün sprang, hatte der Sportler 15 Sekunden Zeit, seinen Versuch zu starten. Ostler, der seit vielen Jahren Präsident des Organisationskomitees der Vierschanzentournee ist, zeigte mir die Windmesser. Er erklärte mir, wie sie funktionierten. Ich sah mir seine Instrumente an, kontrollierte auch die Wetterverhältnisse in jenem Augenblick, in dem er mir sagte, dass er im Ernstfall „genau jetzt auf grün" drücken würde. Letztlich war ich von seinem Tun überzeugt, und so wies ich später Jens an: „Du fährst nach der Ampel. Dieses Vertrauen müssen wir haben. Der Technische Delegierte kann Dir relativ brauchbare Bedingungen anzeigen - dazu bin ich heute nicht in der Lage. Ostler hat die Verhältnisse besser im Griff als ich, wenn er es gewissenhaft macht." Jens nickte und sprang bei grün. 89 Meter. Die Führung – auch, weil der finnische Kollege seine Schützlinge schließlich bei schlechterer Luft, die er in der 15-Sekunden-Frist selbst kalkuliert hatte, herunterschickte. Auch, weil andere Springer durch das Winken ihrer eigenen Betreuer benachteiligt wurden. Unser Vertrauen in die Windmesser sollte sich als positiv erweisen.

Der Wind wurde stärker. Der zweite Durchgang wurde verschoben, um eine halbe Stunde, um eine weitere Stunde. Und dann für den nächsten Tag neu angesetzt. Und auch dort wieder verschoben, verschoben, verschoben. Jens Weißflog war der Streß, die Hektik nicht anzumerken. Sicher stand er unter Spannung, aber er war in seiner gesamten Karriere ein beherrschter und vorbildlicher Sportsmann. Er wäre sehr gerne erneut gesprungen, um seine Platzierung zu untermauern. Undenkbar, dass Jens gehofft hat, nicht nochmals antreten zu müssen! Mich hingegen nervte die Warterei: Macht' doch endlich Schluss! Sicher dachte ich daran, dass wir dann Gold schon sicher hatten. So ehrlich muss ich sein. Und als dann wirklich nichts mehr ging, war unser Glück perfekt. Hans Ostler hatte Weißflog mit seiner Ampel „abgewunken", wir hatten einen „Ampelweltmeister". Nicht, weil Ostler uns bevorzugte, sondern weil wir die einzigen waren, die sein Tun uns bestmöglich zunutze gemacht hatten. Ich empfand es als ausgleichende Gerechtigkeit. Nie hätte ich mir vorstellen können, dass Weißflog auf der Großschanze nicht Gold gewinnen würde. Doch bei seinem WM-Sieg auf der Normalschanze hätte sich Dieter Thoma Silber oder Bronze verdient, wurde aber von den Weitenmessern ungerecht behandelt, um es nicht drastischer zu formulieren. Die westdeutsche Mannschaft reichte einen Protest ein, der abgewiesen wurde. Es gab einen Riesen-Zirkus. Aber ich und andere haben vom Trainerturm deutlich gesehen, dass dem Dieter eine zu geringe Weite bescheinigt worden ist. „Der Protest ist rechtens", stellte ich klar, als ich nach meiner Meinung gefragt wurde. Gebracht hat die Intervention nichts. Mit dem zweiten Sprung konnte Thoma dann nichts mehr wettmachen - es gab keinen mehr.

Vom Sportlehrer ohne Ausbildung bis zum Trainer

Die WM 1989 war der vorläufige Höhepunkt meiner Trainerlaufbahn, und dieser hatte auf der Tribüne begonnen. Da ich, obschon Verbandstrainer, für diese Titelkämpfe nicht eingekleidet worden war, saß ich mit einem knallroten Anorak zusammen mit Co-Trainer Henry Glaß bei der Eröffnungsfeier mitten unter den Zuschauern – als „Hahn im Korb", umgeben von 20 oder 25 jungen Mädchen. Ich

Ein eisenharter Betreuer

wusste nicht, was die Zukunft mit sich bringen würde, ich wusste nur, dass ich berufen worden war, eine erfolgreiche Kampagne, einen „Doppelschlag", bei den Olympischen Spielen 1992 und 1994 vorzubereiten. Das war zu jener Zeit das große Ziel. Wer konnte ahnen, dass noch im gleichen Jahr die Berliner Mauer fallen würde, dass die Einigung Deutschlands fast im Nu vollzogen wurde?

Franz Knappe war an der KJS mein erster Trainer gewesen, Erhard Walther jener, der mich als Betreuer vielleicht am meisten geprägt, Hans Renner mein großes Vorbild und jener Mann, der mich am meisten enttäuscht hatte. Als ich in die Fußstapfen dieser Leute trat und die Trainerlaufbahn einschlug, war ich ein Verrückter, ich war ein Besessener. Dargestellt wurde ich als eisenharter Betreuer, als „harter Hund" – abgewandt hat sich von mir jedoch noch kein Athlet. Noch während meiner sportlichen Laufbahn begann ich 1965 ein Fernstudium an der Außenstelle Erfurt der Deutschen Hochschule für Körperkultur (DHfK) in Leipzig. Zeitgleich arbeitete ich als Sportlehrer ohne Ausbildung in einem Anstellungsverhältnis an der KJS Zella-Mehlis mit dem Auftrag, junge Sportler aus der Stadt für die Kinder- und Jugendsportschule zu sichten und auszubilden. Über Plakate und Mund-zu-Mund-Propaganda gelang es mir nicht, junge Menschen für ein Training zu begeistern. So hatte ich die Idee, in den Sportstunden des obligatorischen Unterrichts Talente zu sichten und zu gewinnen. Ich landete an der Magnus-Poser-Schule in Zella-Mehlis, in der ich ohne Entlohnung acht bis zehn Stunden Sportunterricht in der Unterstufe gab. Interessenten gab es immer mehr, und ich konnte viele Kinder in der damaligen Sportgemeinschaft „Motor Mitte Zella-Mehlis" auch außerhalb der Schule betreuen.

Nach freudvoller, allgemein-sportlicher Ausbildung lenkte ich die Interessen folgerichtig Richtung Skispringen und betätigte mich mit meiner Gruppe auf regionaler Ebene auch bei Wettkämpfen. Dies war der Anfang der Nachwuchssichtung für den Skisprungsport in der Stadt Zella-Mehlis. Ähnlich ging mein damaliger Kollege Hans Jörgen Ertl in der Disziplin Nordische Kombination vor. Der Skilaufsport wurde von einigen Sportlehrern an den Schulen in Zella-Mehlis schon länger positiv gesteuert. Zwei bis drei Sportler meiner Trainingsgruppe wollten letztendlich an der Kinder- und Jugendsportschule ihre sportliche und schulische Entwicklung fortsetzen. Der Auftrag meines damaligen Arbeitgebers, des Direktors der KJS Zella-Mehlis, war somit erfüllt. Gerne wäre ich zu dieser Zeit in diesem Umfeld der Kombination Motor Mitte Zella-Mehlis/Magnus-Poser-Schule verblieben. Die Arbeit mit den Kindern begeisterte mich, und das Kollegium war eine super Truppe.

Der Arbeitgeber hatte aber andere Strategien.
Mein Anstellungsverhältnis erforderte damals den Wechsel an die KJS zur Betreuung einer Trainingsgruppe Skisprung. Diese Aufgabe begleitete nach wie vor mein Fernstudium, das die wöchentliche Konsultation an der Außenstelle Erfurt integrierte und entsprechende Kurzlehrgänge in Leipzig an der DHfK beinhaltete. Es war nicht selten der Fall, dass ich nach dem Konsultationstag mit meinem Motorroller direkt an die Trainingsstätten fuhr, um dort meine „zweite Schicht" zu beginnen, meine Athleten zu betreuen.

Als ich Trainer an der KJS Oberhof war, bekam ich den Schabernak unseres Werni S. am eigenen Leib zu spüren. Er war Trainer der Nordischen Kombinierer, und gemeinsam mit anderen Kollegen teilten wir uns ein Großraumbüro mit sechs bis acht Arbeitsplätzen. Hinter meinem Schreibtisch stand mein Spind, unter den ich meine Sportschuhe gestellt hatte. Immer dann, wenn ich mich zum Training

Vom Stuhl gefallen

umkleidete und die Schuhe brauchte, kippte ich im Sitzen mit dem Stuhl auf zwei Beinen nach hinten, griff nach dem Schuhwerk, kippte wieder nach vorne und zog es mir anschließend an. Werni muss mich lange genug beobachtet und dann seinen Plan geschmiedet haben. Er klebte die Schuhe mit einem Zweikomponentenkleber, der bei Montagearbeiten übrig geblieben war, fest und versprach anderen Trainern, dass es heute in diesem Büroraum etwas zum Lachen gäbe. Als meine Sportstunde näher rückte, füllte sich wie zufällig das Büro. Wie immer begann ich, mich umzuziehen, ich griff nach den Sportschuhen, zog an ihnen – ich fiel vom Stuhl und lag auch schon mit dem Kopf unter dem Schrank. Das Gelächter war groß und es verstummte auch nicht, als ich einen Wutanfall bekam. Was blieb mir letztlich anderes übrig, als mitzulachen?

Ein anderes Mal hatte ich als Nachwuchstrainer an der gleichen Einrichtung fein säuberlich meine Etappenauswertung zu Papier gebracht, die Kennziffern in eine Tabelle eingetragen, die Anzahl der Sprünge, der Kraft- und Athletikeinheiten vermerkt. Die Arbeit eines halben Tages. Als ich mit meiner Aufstellung fertig war, kam Werni vorbei, warf einen Blick darauf und fragte provokant: „Was ist das denn für ein Furz?" Ich ging auf die Beleidigung nicht ein und antwortete trocken: „Das ist eine gewissenhafte Arbeit, die ich für den Verbandstrainer zusammengestellt habe." Dann ließ ich ihn stehen, griff nach meinen Trainingsutensilien und verschwand in die Sporthalle.

Weil ich jedoch Kreide brauchte, kehrte ich wenig später in das Büro zurück, und während ich im Schrank danach suchte, fiel mein Blick aus dem Augenwinkel auf die Auswertung, die immer noch auf dem Tisch lag: inzwischen allerdings versaut, mit einem großen, fetten, rotgeschriebenen Wort: FURZ stand nun über der Tabelle. Werni sah meinen Gesichtsausdruck und lachte sich halbtot – vor der Exekution durch mich stand er in diesen Sekunden allemal. Ich stürzte mich auf ihn, hatte ihn schon am Kragen gepackt, als er in höchster Not bettelte: „Schau' doch hin, schau' doch genau hin!" Tatsächlich. Das große, rote Wort war nicht auf das Papier, sondern auf eine Folie gemalt worden, die er über meine Auswertungen gelegt hatte. Ein gelungener Gag, war doch die Folie auch dermaßen geschickt angebracht worden, sodass sie so tatsächlich den Eindruck erweckt hatte, als ob es sie gar nicht gäbe. Werni, eigentlich ein ungeheuer angenehmer Kollege, hatte die Lacher wieder einmal auf seiner Seite. Und er hat sie heute noch, wenn er diese Episoden bei uns im Verein zum besten gibt. Geschichten wie diese kommen gut an: Bundestrainer Heß, damals das Opfer meiner Streiche. Nun gut...

In meinem Leben als Trainer gab es auch Situationen, die nicht alltäglich waren, und dann griff ich ebenfalls zu ungewöhnlichen Mitteln. Ich war Cheftrainer des SC Motor Zella-Mehlis und arbeitete in dieser Funktion auch mit Springern, die bereits in der Nationalmannschaft standen. Einer der wichtigsten Wettkämpfe im Sommerhalbjahr war die Konkurrenz in Oberhof auf der „Thüringen-Schanze" am 7. Oktober, am Jahrestag der 1949 gegründeten Republik. An diesem Feiertag versammelten sich Mitglieder des Politbüros und höchste Sportfunktionäre in Oberhof, weswegen die Konkurrenz ein „Wettkampfhöhepunkt" war. In jenem Jahr war eine ganze Serie an Springen ausgetragen worden. Wir sprangen zwei Mal in Klingenthal, zwei Mal in Oberhof, an einem Tag von der Jugendschanze, am nächsten von der „Thüringen-Schanze". Die Sportler meines Vereins erreichten in allen Wettkämpfen nicht ihre Normal-Form und wurden immer verkrampfter, nervöser, „fester". Nach dem Debakel von der Jugendschanze, von der wir wieder unter Wert geschlagen wurden, sprach ich mit Bernd Eckstein, damals 26

Whiskey fürs Selbstvertrauen

Jahre alt, international erfolgreich und mein Trainingsgruppensprecher: „Lass' Dir was einfallen, damit die Jungs wieder lockerer werden." Mit einem Augenzwinkern gab ich ihm den Hinweis, was zu tun sei. Familienvater Eckstein lud die gesamte Mannschaft zu sich nach Hause ein, und die geröteten Augen meiner Springer sagten mir tags darauf, wie es gelaufen war. „Trainer, wir haben uns geschworen, dass sich die Situation heute ändern wird", sagte mir Eckstein und erzählte, dass zur Stärkung des Selbstvertrauens mehr als eine Flasche Whiskey notwendig gewesen war. „Nun denn, ich hoffe, dass die Lockerheit nicht nachlässt, die Wirkung etwas anhält", antwortete ich ihm, „und dass Ihr endlich fähig seid, das umzusetzen, was Ihr euch vorgenommen habt." Der Wettkampf entwickelte sich für meinen Verein sehr, sehr erfolgreich. Als Trainer muss man eben auch zu solchen Maßnahmen greifen, aber betonen will ich, dass Alkohol kein Allheilmittel ist und sein kann. Ich habe mich jedenfalls nie umgedreht, wenn ich einen Sportler trinken sah, sondern habe Einfluss – so oder so – genommen. „Wenn Alkohol den Erfolg garantieren könnte, würde ich ihn auf Rezept ausgeben," pflege ich immer zu sagen. Um lockerer zu werden, war und ist in Ausnahmefällen auch mal ein Schluck erlaubt. Wenn es die Situation erforderte, ging ich auch als „Vorbild" voran. Dazu stehe ich. Und auch Weltklasseathleten wie Weißflog und Thoma wissen, wovon ich spreche.

Todesfall auf der Schanze

In der ersten Phase meiner Trainertätigkeit prägte mich aber ein trauriges Erlebnis am meisten. Während der Erzgebirgstournee, die in Klingenthal, Pöhla und Oberwiesenthal ausgetragen und zum damaligen Zeitpunkt als Zwischenbilanz der absolvierten Ausbildung gewertet wurde, betreute ich unter anderem auch einen Schüler, dessen Großeltern in Lauscha, meinem Geburtsort, gelebt haben. Jörg Schönberger galt als Riesentalent, als einer, der es bis nach ganz oben schaffen konnte. Nach der Konkurrenz in Oberwiesenthal, der letzten Station des Wettbewerbs, sollte er nach Berlin zu seinen Eltern fahren, die bereits ihren Urlaub angetreten hatten. So war es mit der Familie abgestimmt gewesen. Doch der Junge stürzte, und mein erster Eindruck vom Trainerturm war, dass der Fuß gebrochen wäre. Schönberger wurde mit dem Krankenwagen weggefahren. Ein oder zwei Stunden danach erhielt ich die niederschmetternde Nachricht, dass der Sportler verstorben sei. Später erfuhr ich, dass Jörg aufgrund einer Herzprellung bereits im Auslauf nicht mehr gelebt hatte und die sofort eingeleiteten Maßnahmen der vor Ort befindlichen Ärzte keinen Erfolg gehabt hatten. Die Mitteilung vom Tod unseres Sportlers und Kameraden war mit Entsetzen und großer Trauer, mit vielen Tränen und seelischen Schmerzen verbunden. Aber für mich kam es noch schlimmer.

Nach einem Appell der Sportführung des DSLV in Oberwiesenthal, bei dem die Todesnachricht allen Wettkämpfern mitgeteilt und des jungen Sportlers gedacht wurde, bekam ich den Auftrag, die traurige Nachricht der Familie zu überbringen. Seine Eltern sind liebenswürdige Menschen, die zu mir standen, die bei der Beerdigung und bei der Trauerfeier in Lauscha öffentlich durch ihr Verhalten dokumentierten, dass sie mir keine Schuld am Geschehen gaben. Sie hatten mich symbolisch in ihre Mitte genommen. Hätte ich nicht ihren Zuspruch bekommen, wäre ich an diesem Ereignis zerbrochen. Die Aktivitäten der sportpolitischen Führung hielten sich dagegen in Grenzen, und ich war in dieser Situation sehr einsam. Großer Dank gilt auch heute noch Rudi Brettschneider, damals Stellvertreter Organisation im Sportclub „Motor", der mich begleitete und mich wie die Eltern Jörgs moralisch, psychisch und organisatorisch enorm unterstützte. Damals verwunderte mich dieses Verhalten, weil ich gerade zu ihm

Die Vertrauensfrage

vor dem Unglück nicht das allerbeste Verhältnis gehabt hatte und zwischen uns beiden zuweilen die Fetzen geflogen sind. Trotzdem stand er in dieser Situation uneigennützig zu mir. Eine Lebenserfahrung mehr. Dennoch fragte ich mich, ob ich diesen Beruf nach diesem Erlebnis weiter ausüben wollte oder nicht, und in meinem Verein stellte ich meinen Sportlern und deren Eltern die Vertrauensfrage. Weil es keine Stimme gegen mich gab war klar, dass sie mir vertrauten und dass alle erkannt hatten, dass es sich um einen Unfall in der Risikosportart Skispringen handelte. Aufgrund dieses Vertrauensbeweises entschied ich mich, meine Tätigkeit fortzuführen. Meine Karriere als Skisprungtrainer hätte in jenen Tagen enden können, spektakulär und mit einem negativem Beigeschmack.

In der Folgezeit pflegte ich Kontakt mit Jörgs Eltern, schrieb Ansichtskarten von den diversen Trainingskursen und ließ auch die Athleten unterzeichnen, quasi um den Hinterbliebenen zu demonstrieren, dass ihr Sohn immer noch Teil unseres Teams sei. Später hörte ich jedoch, dass sich die Eltern daran störten, immer wieder an Jörg und seinen geliebten Sport erinnert zu werden. Ich habe dann nicht mehr geschrieben - und der Kontakt verflachte zusehends. Oft aber stand ich trauernd an Jörgs Grab, wenn ich daran vorbeikam. In der Zwischenzeit habe ich diesen Trauerfall einigermaßen verarbeitet, aber der verunglückte Junge kommt mir dennoch immer wieder in den Sinn. Damals habe ich als junger Trainer begriffen, wie wertvoll ein Mensch ist und welche Verantwortung wir für unsere Athleten tragen. Uns sind Menschen anvertraut, weswegen wir die Pflicht haben, das Risiko bewusst zu kalkulieren, dem wir unsere Sportler in unserer Sportart aussetzen. Deshalb hebe ich immer wieder warnend den Finger, wenn ich befürchte, dass es sich die Jury-Verantwortlichen etwas zu leicht machen. Ein Restrisiko wird es im Skispringen immer geben. Unser Sport beinhaltet es. Ich sah Stürze, die schlimmer aussahen als jener von Jörg. Stürze, nach denen Sportler eigentlich nicht mehr hätten aufstehen dürfen, geschweige denn weiterspringen können. Erinnern will ich nur an Valeri Kobelev, der beim Skifliegen in Planica am Ende seiner Karriere stand. Auch die Jury in Oberwiesenthal kalkulierte damals den Wind, auch sie handelte nach bestem Wissen und Gewissen. Aber das Ergebnis war furchtbar. Der Tod Schönbergers hat mich tiefgehend beeinflusst. Als Mensch, als Trainer. Dieses Erlebnis hätte mir das Schicksal ersparen sollen.

In den 70-er und 80-er Jahren trainierten wir dermaßen hart und viel, dass die Athleten die heutigen Trainingsumfänge mit einem Bein bewältigt hätten. Ob es sinnvoll war, sei dahingestellt. Drei Einheiten am Tag waren keine Seltenheit, eine vierte wurde oft auch noch durchgezogen. Wenn ein Klubtraining unter Lehrgangsbedingungen auf dem Programm stand, dann nahm ich es dermaßen ernst, dass ich an jenen Abenden nicht nach Hause zu meiner Familie fuhr, sondern im Internat des Sportclubs übernachtete. Dabei liegen Zella-Mehlis und Suhl nur neun Kilometer auseinander. Kein Problem also, nach dem letzten Training zu fahren und vor dem ersten wieder dort zu sein. Doch diese Übungstage waren etwas ganz besonders, sie sollten den Lehrgang der Nationalmannschaft imitieren. Die Trainer hatten dabei auch die Aufsichtspflicht, und das hieß: Betreuung rund um die Uhr. Rückblickend glaube ich, dass ich die Simulation heute nicht mehr so akribisch umsetzen würde, dass ich sehr wohl das eine oder andere Mal nach Hause fahren würde zu Frau und Tochter. Bei Lehrgängen in Oberwiesenthal nach der Wende zeigte Jens Weißflog, dass es auch anders geht. Er schlief bei seiner Familie, aber zu den Mahlzeiten weilte er bei der Mannschaft im Trainingslager und dokumentierte dadurch seine Zugehörigkeit zu ihr. Die Arbeit hat unter dieser Regelung nicht gelitten. Es war eine neue Erfahrung.

Sprints mit Autoreifen als Ballast

Feiern und Alkohol konnten keine Entschuldigung sein, um ein Training ausfallen zu lassen. Axel Zitzmann zum Beispiel, unter anderem Zweiter der Skiflug-Weltmeisterschaft 1979, feierte seinen Lehrabschluss als Werkzeugmacher lange und ausgiebig. So weit, so gut. Aber als ich tags darauf um neun Uhr bei sommerlicher Gluthitze auf dem Trainingsplatz stand, war ich als Trainer der einzige. Es vergingen fünf, zehn, ja 15 Minuten – und niemand erschien. Als ich mich schließlich auf die Suche nach Zitzmann und dessen Trainingsgefährten begab, verriet eine Spur Erbrochenes auf dem Weg zu seiner Mansardenwohnung, die in der Nähe des Sportplatzes lag, was in der Nacht geschehen war. Schon damals befolgte ich eine Devise, die uns unsere früheren Trainer verdeutlicht hatten: „Wer feiern kann, kann auch arbeiten." Und ich hielt mich daran, verschärfte auch noch die Übungseinheit: Sprints mit angehängten Reifen! Jedes Mal, wenn Axel keuchend an mir vorbei kam, fragte ich ihn: „Und, wie geht's heute so?" Ich bekam keine Antwort. Später sagte er mir: „Aber durchgezogen habe ich das Training!" Schwer ist es ihm allemal gefallen. Ich war ein „harter Hund", er aber auch: Eigentlich hätte sich Zitzmann bei seinem körperlichen Zustand und meinen Anforderungen erneut übergeben müssen - doch es kam nichts mehr. Geschadet hat es Axel nicht, und noch heute können wir uns respektvoll-kameradschaftlich in die Augen schauen.

Den größten Erfolg feierte Zitzmann 1979 in Planica, als er bei der Skiflug-WM den zweiten Platz belegte. Diese Titelkämpfe in Slowenien bedeuteten für mich meinen ersten „Auslandseinsatz" als Trainer, damals als Assistenztrainer von Gotthard Trommler. Bis zum letzten Tag hatte Zitzmann in Führung gelegen, musste dann aber den Österreicher Armin Kogler an sich vorbeiziehen lassen. Ich weiß heute noch nicht, wie das geschehen konnte, denn Axel hatte damals einen „Lauf". Ich weiß nur, dass mir Österreichs Cheftrainer Baldur Preiml sagte: „Dein Axel gewinnt heute nicht." Ich hatte damals mit Preiml zum ersten Mal gesprochen und später sah ich ihn mit Zitzmann beim Aufstieg zur Schanze reden. Was, ich weiß es nicht. Als die Reihe an Axel gekommen war, tauchte er in der Luke nicht auf. Sekunden wurden zu Minuten, und als er endlich seinen Versuch startete, war mir klar, dass irgend etwas vorgefallen sein musste. Nach dem Wettbewerb fragte ich meinen Athleten danach, und dieser antwortete mir: „Mir zitterten die Knie, ich musste mich setzen. Ich konnte nicht losfahren." Was Preiml ihm denn gesagt hätte, wollte ich wissen. „Ach, das ist mir schon wieder entfallen," entgegnete er lapidar. Zitzmann wurde Zweiter dieser Tageswertung, Zweiter in der Gesamtwertung. Ein toller Erfolg im Prinzip, aber dennoch einer mit einem Wermutstropfen im Freudenbecker: Zitzmann verlor den Weltmeistertitel, der so greifbar nahe gewesen war.

Auch Harald Duschek, ein Springer meiner Trainingsgruppe, belegte 1979 bei den vorolympischen Spielen in Lake Placid den zweiten Rang. Das war ein großer und wichtiger Erfolg für ihn, nachdem er 1978 DDR-Meister geworden, bei der WM 1978 in Lahti aber trotz guter Trainingsleistungen nicht zum Einsatz gekommen war. Duscheks Ziel war ein Olympischer Podestplatz 1980. Das war sein Anspruch, meiner auch, jener des Systems ebenfalls - war doch jede Goldmedaille in der internen Zielstellung der Sportführung vierfach abgesichert, weil es vier Leistungszentren gab. Das kam fast einer Perversität gleich. Wenn es nur eine Goldmedaille gibt, können nicht vier Sieger dafür vorgesehen sein. Es gibt dann automatisch mindestens drei Verlierer. So wurden auch die Ergebnisse gewertet. Auch bei realistischen, teilweise sogar guten Resultaten war man ein „Loser". Duschek allerdings versagte in den USA, er wurde 33. von Großschanze, von der Henry Glaß als Elfter unser bester Springer war. Ich fuhr nach Berlin, um Harald

Der Westen war tabu

abzuholen, und wartete lange, bis der Sportler aus dem Flugzeug stieg. Er kam und kam nicht, bis ich mir letztlich sogar die Frage stellte, ob man ihn in Lake Placid vergessen hatte. Endlich tauchte er an der Ausstiegstür auf, mit gesenktem Kopf zwischen eingezogenen Schultern. Die Platzzuteilung muss nach Erfolgs- und Misserfolgsbilanz erfolgt sein; so lautete zumindest das „offizielle Geheimnis", also saß der arme Duschek ganz hinten. Als ob wir nicht genug mit uns selbst zu kämpfen gehabt hätten, mussten wir noch zum offiziellen Empfang, auf dem Manfred Deckerts Silbermedaille von der Normalschanze gefeiert, andere Siege begossen und wir gedemütigt wurden. Das Resultat meines Schützlings musste ich als Niederlage auffassen. Dass ich der Tradition gemäß anschließend beim Nachwuchs landete, überraschte mich wenig. Der Cheftrainer Skisprung des SC Motor Zella-Mehlis wurde Trainer an der KJS Oberhof. Fünf Jahre später war ich aber wieder beim SC Motor.

Nach Jugoslawien hatte ich meine Sportler als Assistenztrainer begleiten dürfen, ins westliche Ausland hingegen durfte ich lange Zeit nicht reisen. Der Grund dieser restriktiven Maßnahme waren zwei Onkel, die mit ihren Familien in der Nähe von Coburg lebten. Westverwandtschaft also, und der Westen war tabu. So war das Trainingslager in Kirowsk zumeist der letzte Lehrgang, an dem ich teilnahm. Wir flogen nach Moskau und fuhren dann mit dem Zug drei lange Tage in Richtung Murmansk, wobei die Landschaft ein recht eintöniges Bild bot: Birke, Birke, Birke, Lichtmast, Birke, Birke, Birke, Lichtmast und so weiter. Es waren jene Tage, an denen mir meine Russisch-Kenntnisse entgegenkamen, in denen viel gespielt, gescherzt und auch getrunken wurde und in denen andere bereits an die Tournee dachten, an die letzten Vorbereitungen im mondänen St. Moritz. Und ich wusste: Dort bist du wieder nicht mehr dabei, das siehst du nur auf dem Bildschirm. Die beschwerlichste Rückreise aus Kirowsk hatte allerdings lediglich praktische, handfeste Gründe. Kollege Jürgen Wolf war gerade beim „Datschen"- Bau und hatte sich entschieden, eine russische Kreissäge erstehen zu müssen. Die war dann so schwer, dass vier Mann an ihr zu schleppen hatten.

Im weiteren Verlauf meines Trainer-Karriere musste ich eine schriftliche Erklärung abgeben, dass das Verhältnis zu meinen beiden Onkeln nicht mehr bestand: keine Kartengrüße mehr, keine Besuche bei meiner Mutter, wenn diese bei ihr weilten, und so weiter. Ich litt unter dieser „freiwilligen" Entscheidung, die mir erpresserisch vom damaligen System abverlangt worden war, aber ich habe sie zugunsten meines privaten Lebens und für die Chance der Weiterentwicklung in meinem Beruf gefällt. Heute sehe ich es anders, vielleicht würde ich mich nun anders entscheiden. Der Trost, der mir bleibt: Nach der Wende entwickelte sich wieder eine gute Beziehung zu meinem Onkel Walter und seiner Frau. Jene zu Onkel Otto und Tante Nanny konnte ich nicht mehr verbessern, auch nicht das Verhältnis zu meinen Cousinen Elfriede und Ilona – dies belastet mich schon. Es waren die größten, aber nicht die einzigen Probleme im Ost-West-Kontakt. Regelmäßig schrieb ich Glückwunschkarten mit Dankesworten an die Besitzer der Pension in St. Moritz, in der wir alljährlich logierten. So lange, bis ich von oberster Stelle aufgefordert wurde, diesen schriftlichen Kontakt zu unterlassen. Als Warnung strich man mir eine Auslandsreise nach Falun in Schweden. Das sportliche System der DDR will ich nicht verdammen, aber Vorfälle wie diese waren unter aller Menschenwürde.

Sportler im DDR-System wussten sehr wohl, was „Marktwirtschaft" bedeutet, was sie ist, wie sie funktioniert, wie man in ihr bestehen und sich profilieren kann. Ähnlich den hohen Ansprüchen „marktwirtschaftlicher Realität" wurde

- 28 -

Ein Auto oder eine Kuba-Reise

trainiert und gearbeitet. Das sportliche System der DDR hatte keinen Platz für „Milchtrinker" und „Urlaubsreisende". Die sportpolitische Zielsetzung beinhaltete die engagierte und qualifizierte Arbeit des Sportlers, am Sportler und mit dem Sportler. Die Motivation war verschieden zu beurteilen. Das Geld war nicht der Hauptgrund der Anstrengungen, viel eher indes die Reisen ins westliche Ausland. Die Produktpalette der Siegerpreise war Motiv bei den großen Wettbewerben, und ich erinnere mich daran, wie bei einer Skiflug-Weltmeisterschaft in Oberstdorf die erstplatzierten Norweger und Finnen bei der Siegerehrung im Kursaal nicht die ihnen zugedachten Fernsehgeräte in Besitz nahmen, sondern Fahrräder nahmen, eigentlich als Preise für weniger gut Platzierte vorgesehen, um mit diesen im Saal dann zur Gaudi der Anwesenden für Unterhaltung zu sorgen. Viele unserer DDR-Athleten waren indes schon bestrebt, diese Apparate zu erringen und hätten folgerichtig anders ausgewählt.

Nicht verstehen konnte ich damals, dass der sportliche Ehrgeiz vieler junger Athleten fast schon befriedigt war, wenn sie ein paar Westmark in der Tasche hatten und etwas „westliche Ware" in ihrem Gepäck nach Hause brachten, Dinge, die sie über Mitmenschen ihres Staates hinaushob. Profane Motive, selbst kleine Güter aus der Wohlstandsgesellschaft, waren deshalb auch des öfteren eine Art „Bremsblock" für junge Sportler. Ideelle Werte, wie eine Olympia- oder WM-Teilnahme, waren für solche Athleten nicht mehr so wichtig. Und so verabschiedeten sich einige talentierte Burschen, denen man sportlich größere Perspektiven zugetraut hatte, nach kurzer „Visite" wieder aus den Auswahlkreisen.

Dass solche Motive nicht die Regel waren, beweisen natürlich die großartigen Ergebnisse des DDR-Skisprungsports, beweisen Namen wie Recknagel, Bokeloh, Neuendorf, Lesser, Queck, Schmidt, Wosipiwo, Weißpflog, Kampf, Glaß, Danneberg, Aschenbach, Ostwald, Buse, Eckstein, Zitzmann, Duschek, Stannarius und Weißflog, wobei diese Aufzählung keinen Anspruch auf Vollständigkeit erhebt. Athleten wie diese, die es zu größter sportlicher Anerkennung gebracht haben, die geachtet und geehrt waren, wurden auch mit einem Auto aus dem Sonderfond belohnt oder mit einer Kuba-Reise, die sie gemeinsam mit ihren Frauen und Freundinnen antreten durften (was vergleichbar ist mit dem derzeit existierenden „Klub der Besten"). Richtig profitieren von ihren Erfolgen konnte diese Generation aber noch nicht. Auch Jens Weißflog verdiente erst nach der Wende das ihm zustehende Geld, obwohl er in den 80-er Jahren als zweifacher Tourneesieger so dominant war wie Matti Nykänen, der von Anfang an aus seinen großartigen Leistungen Kapital zu schlagen vermochte.

Die Abreisen ins Ausland erfolgten prinzipiell über Berlin. Dort wurde die gesamte Mannschaft nochmals eingewiesen, wurde ihr klar gemacht, wie sie sich im kapitalistischen Ausland und den „Klassenfeinden" gegenüber zu verhalten hatte. Wenig Kontakt, besser noch: gar keiner, keine Interviews. Diese durfte nur der Delegationsleiter geben. Und dann das: Anlässlich meines ersten Einsatzes als Assistenztrainer des DDR-Teams in der BRD in Oberstdorf angekommen, umarmte unser Delegationsleiter gleich die Pensionswirtin und sagte augenzwinkernd in meine Richtung: „In der Praxis geht alles etwas anders zu. Da herrschen andere Regeln." Auf sportlicher und sportpolitischer Ebene war es ohnehin unmöglich, die Politik der Abgrenzung radikal umzusetzen. Politik wurde auch damals schon an den Biertischen betrieben. Das habe auch ich in der Praxis sehr schnell gelernt. Verblüfft haben mich aber auch Reaktionen führender Sportfunktionäre unseres damaligen Verbandes, die nicht im Einklang mit vorgegebenen Verhaltensregeln und Anweisungen standen. Für die aktuelle Situation im Sinne

Ein Fußballmatch gegen den „Klassenfeind"

des Einzelnen, aber auch der Mannschaft waren sie jedoch goldwert. Ich erinnere ich mich noch an zwei Begebenheiten, die sowohl die damalige Situation beleuchten wie auch die oft existierende Heuchelei der Beteiligten.

Oberstdorf, wir schrieben das Jahr 1980. Die damaligen Skiflug-Tage hatten mit wenig effektvollem Training für uns begonnen, und so rief mich unser Delegationsleiter zu sich und sagte. „Du nimmst heute die Jungs und gehst mit ihnen zur Kompensation des Programms ins Kino, damit sie sich ein bisschen ablenken. Aber: in den linken Saal!" - „Du weißt schon, was dort gezeigt wird?"- „Ja, das ist genau das Richtige, damit unsere Truppe wieder Laune kriegt." Er hatte uns einem „Sex-Film" zugewiesen. So wurde bei Bedarf sogar die verhasste „Subkultur" des Westens in Anspruch genommen, mehr noch: auf Befehl von oben.

Falun, 1981: Bei einem Springen, bei dem - wie so oft - der Wind der große Sieger blieb und der Wettkampf verschoben werden musste, vereinbarten Rudi Tusch und ich als Betreuer unserer Teams ein Fußballspiel zwischen Deutschland West und Deutschland Ost im Auslauf der Schanzenanlage zur Ergänzung des Programms. Auch einige österreichische Sportler nahmen an diesem Fußballmatch teil. Nach der Skandinavienreise in die Heimat zurückgekehrt, wurde ich auf das Spiel angesprochen und verwarnt. Wie man nur gegen den „Klassenfeind" spielen könne, wurde ich gefragt. Schnippisch kam meine Antwort: „Ich musste die Springer beschäftigen. Hätte ich sie etwa gegen die Bäume antreten lassen sollen?"

Letzter Skisprung-Cheftrainer im DSLV

Dass ich der letzte Cheftrainer der DDR-Skispringer wurde, war vielleicht meiner Geradlinigkeit zuzuschreiben. Es gibt Beispiele dafür, die meine Einstellung belegen. Bei einer Kontrollberatung im Sportclub „Motor", in dem ich vor meiner Berufung zum Cheftrainer arbeitete, wurde mir über die Kontrollgruppe des DTSB nachgewiesen, dass Axel Zitzmann, einer meiner Sportler, das vorgesehene Pensum eines Trainingsabschnittes um einen Sprung nicht erfüllt hatte. Meine Ehrlichkeit im Führen der Trainingsprotokolle und der absolvierten Kennziffern wurde mit einem Gehaltsabzug bestraft. Ganz abgesehen davon, dass ich daraufhin keine ehrlichen Protokolle mehr schrieb, im Grunde das Kontrollsystem betrog, weil realistische Analysen nicht mehr möglich waren, ärgerte ich mich maßlos über dieses Vorgehen und führte eine heftige Diskussion. In einer Disziplin, in der man bei der Beurteilung der Einsatzfähigkeit und der Effektivität des Trainings spontan Entscheidungen treffen muss, die auch im Ausnahmefall den angestrebten Umfang unterschreiten, kann man nicht die gleichen Maßstäbe anlegen wie beispielsweise in Ausdauersportarten, wo Umfangskennziffern fast schon wie ein Gesetz sind. Später, als Verbandstrainer, wusste ich deshalb einzuschätzen, wie Protokolle zu lesen und zu bewerten waren.

Trotzdem hatte ich mit Thomas K., dem damaligen Vizepräsidenten des DTSB, einen Fürsprecher, der sicherlich meinen Weg mitbestimmt hatte. Mein Einstieg zum Leiter einer Disziplinengruppe im DSLV verlief auch nicht gerade reibungslos. Die Vorbereitung der Grundsatzdokumente stand an, trainingsmethodische Grundkonzeptionen für die Olympia-Zyklen bis 1992 und 1994 sowie die Jahreskonzeption 1988/89. Das Gremium unseres Trainerrates Skisprung erarbeitete mit mir diese Dokumente, über die auch ausführlich diskutiert wurde. Im DTSB war allerdings vorgesehen, dass ich unsere Konzeptionen vor unterschiedlichsten Gremien vorzutragen, zu rechtfertigen und notfalls auch zu

Ich brauche keine „Ja"-Sager

verteidigen hatte. Diese Diskussionen hatten für mich nicht den Sinn einer eventuellen Hilfeleistung oder trainingsmethodischen Unterstützung. Ich fasste sie auf, wie sie sich in der Praxis darstellten, als Kontrollorgane, die auch sportpolitischen Druck ausübten. Viel gebracht haben mir solche Runden nicht, eher viel persönlichen Ärger gemacht, da ich bei verschiedenen Personen auch eine gewisse Arroganz erkannte und verspürte.

Im zentralen Trainerrat des Deutschen Turn- und Sportbundes, zu dem ich auch vorgeladen wurde, bin ich recht glimpflich davongekommen, da der damalige Cheftrainer der Geräteturner meine Argumente stützte, die ich zur Verteidigung meines Planes vortrug. Bernd Treiber dagegen, meinem ebenfalls neu berufenen Kollegen für den Skilanglauf des DSLV, erging es nicht so gut. Bei seinen Ausführungen und seinen Rechtfertigungsversuchen, die an eine Gerichts-verhandlung erinnerten, erschreckten mich führende Kräfte aus der Sportführung des DTSB. Es geht mir an dieser Stelle sicher nicht um eine Abrechnung mit dem damaligen Sportsystem der DDR, das hervorragende Athleten entwickelte und in dem ich integriert war, in dem ich viel lernte und von dem ich für meine spätere Arbeit profitierte. Es geht mir mit meiner Kritik aber sehr wohl darum, zu verdeutlichen, dass Macht auch missbraucht wurde, was nicht ohne Einfluss auf unsere Persönlichkeit blieb.

Was ich in dieser Zeit geschätzt habe, sind die Diskussionsrunden zur Sache, die aber heute in einer anderen Atmosphäre ablaufen. Sie werden oft sehr heftig und mit „Namen und Adressen" geführt. Sie integrieren aber immer wieder die menschliche Persönlichkeit, egal, in welcher Funktion sich der Gesprächspartner befindet. So bin ich froh, Co-Trainer wie Wolfgang Steiert und Andreas Bauer in meinem Team zu haben, die keine „Ja-Sager" sind, sondern offen und ehrlich ihre Meinung zu unseren Kernfragen sagen und auch mich dazu bewegen, mal in andere Richtungen zu denken. Um andere Menschen effektiv führen zu können, ist es wichtig, sich zuallererst mit sich selbst auseinander zu setzen. Unter diesem Grundsatz überprüfe ich mich und mein System nach Streitgesprächen immer wieder neu.

Aschenbachs Abschied

Wenige Monate, nachdem ich zum Verbandstrainer berufen wurde, erlebte ich eine herbe Enttäuschung. Hans-Georg Aschenbach, der unter meiner Regie im Nachwuchsbereich als Arzt tätig war und mit dem ich bei Lehrgängen auch mal das Zimmer geteilt hatte, war damals zu unserem Teamarzt berufen worden. Ich wollte ihn in der Mannschaft haben, ich sah eine optimale Verbindung des ehemaligen Athleten zu den aktuellen Sportlern. Aschenbach hatte medizinische Kompetenz, und für mich war er mit einbeziehbar in trainingsmethodische Abläufe. Begeistert sagte er zu, letztlich – wie sich später herausstellte – jedoch mehr aus Eigennutz als zum Wohle der Gemeinschaft. Wir trainierten in Hinterzarten, als sich Aschenbach eines Morgens nicht wohl fühlte und mir vor der Tür unseres Quartiers sagte: „Ich komme später nach." Ich dachte mir nichts dabei, antwortete ihm nur, er möge mich anrufen, wenn er gar nicht kommen könne. Das Training begann – und schließlich teilte man mir mit: „Aschenbach ist nicht da." Etwas unwirsch entgegnete ich, es sei doch klar, dass der Doktor nicht hier sein könne, wenn er krank im Bett liege. „Nein, nein, er ist weg." Da war ich einen Augenblick sprachlos: „Wohin weg?" „Er ist abgehauen." Doch der Schreck ließ sehr schnell nach. Obwohl beim Mannschaftsleiter größte Panik ausbrach, entgegnete ich ruhig, dass nun Training sei und wir uns später zusammensetzen und beraten könnten. Noch am gleichen Abend erschien ein Herr in unserer Pension, der von

Ich lernte die „Stasi" kennen

der DDR-Botschaft geschickt worden war. Dieser beruhigte mich. „Wissen Sie, wie viele Genossen jeden Tag abhauen?" - Verblüfft fragte ich nach: „Ja, nehmen Sie diesen Fall gar nicht ernst?" - „Doch, schon, aber ändern lässt sich ohnehin nichts mehr. Machen Sie einfach wie geplant weiter, machen Sie sich keine Gedanken."

Und so kam es, dass ich in Hinterzarten meine zuvor vereinbarten Termine im Hotel „Adler" wahrnahm, mit den Athleten zum Frühschoppen ging und anschließend im Bad und der Sauna des Hotels relaxte. Bei den Feiern und beim Empfang trank ich weiterhin mein Bier. Andere in unserer Mannschaft sahen es tragischer und wollten sich fast vom öffentlichen Leben zurückziehen.

Doch nur durch das Verharren in meinem täglichen Rhythmus änderte ich nicht die Situation. Auf unserer Heimreise, die damals per Zug erfolgte, durften wir diesmal nicht in Gotha aussteigen, wo wir normalerweise von den Familien oder den Kraftfahrern des Sportclubs abgeholt wurden. Dieses eine Mal musste die gesamte Mannschaft bis Leipzig durchfahren, wo wir vom Bahnhof direkt in die Deutsche Hochschule für Körperkultur gebracht wurden. Nach diesem Termin wusste ich, was das Wort „Stasi" bedeutete, ich weiß aber auch heute noch nicht, was bei der gesamten Untersuchung letztlich herausgekommen ist. Ich weiß nur, dass ich einem höheren Beamten gegenübersaß, der mir seine Macht demonstrieren wollte, indem er immer lauter schrie. Bis es mir irgendwann reichte, und ich ihm antwortete: „Erstens ändern Sie sofort Ihren Ton. Und zweitens erklären Sie mir, ob ich hier als Verbrecher gelte. Wenn ja, stehe ich auf und gehe." Von den beruhigenden Worten und der sachlichen Atmosphäre des Beamten, der uns in Hinterzarten kontaktiert hatte, spürte ich in Leipzig nichts mehr.

Meiner beruflichen Entwicklung hat diese Episode nicht geschadet. Meine Frau war in diesen Tagen allerdings sehr betroffen. Sie hörte in den Medien von der „Flucht" Aschenbachs, wir hatten aber keine Möglichkeit, Kontakt zueinander aufzunehmen. Ich empfand die Aktion des Sportfreundes als negativ, konnte sie mir nicht erklären, eine Welt brach für mich aber auch nicht zusammen. Eher empfand ich sein Tun als große Enttäuschung mir gegenüber: als Vertrauensbruch einer Person, die ich mit meiner Menschenkenntnis zu kennen geglaubt hatte. Aschenbach war ein hoch dekorierter DDR-Sportler, für den sogar Denkmäler gebaut worden waren. Was wollte er mehr? Ich habe seine Entscheidung damals nicht begriffen und kann sie auch heute noch nicht nachvollziehen. Beweggründe muss es aber gegeben haben. Immerhin sorgte er sich auch um seine Frau und sein Kind, holte beide in den Westen, schaffte für Elke eine soziale Basis, ehe er schließlich eigene Wege ging. Heute ist Aschenbach praktizierender Arzt mit eigener Praxis.

Persönliche Kontakte zwischen uns beiden im Sinne einer gezielten Zusammenarbeit gab es nach der Wende erst wieder über das Medium ARD, das Hans-Georg als „Experten" verpflichtet hatte. Seine Strategie habe ich nicht für gut empfunden, da sie nicht mit der aktuellen Skisprung-Praxis korrelierte. Kontakt hat er nicht gesucht. Unsere Athleten fanden zu ihm als Experten keinen Draht. Nicht unzufrieden war ich deshalb, als Aschenbach von Gerd Siegmund ersetzt wurde. Eine Retourkutsche meinerseits für die Ereignisse des Jahres 1988 war das aber nicht, obwohl es mir manchmal unterstellt wird. Aschenbach hatte sich damals, wie auch Nordische Kombinierer oder Langläufer der DDR, zur „Flucht" entschlossen. Ich habe ihm diese Entscheidung, bei allem Unverständnis, nie nachgetragen.

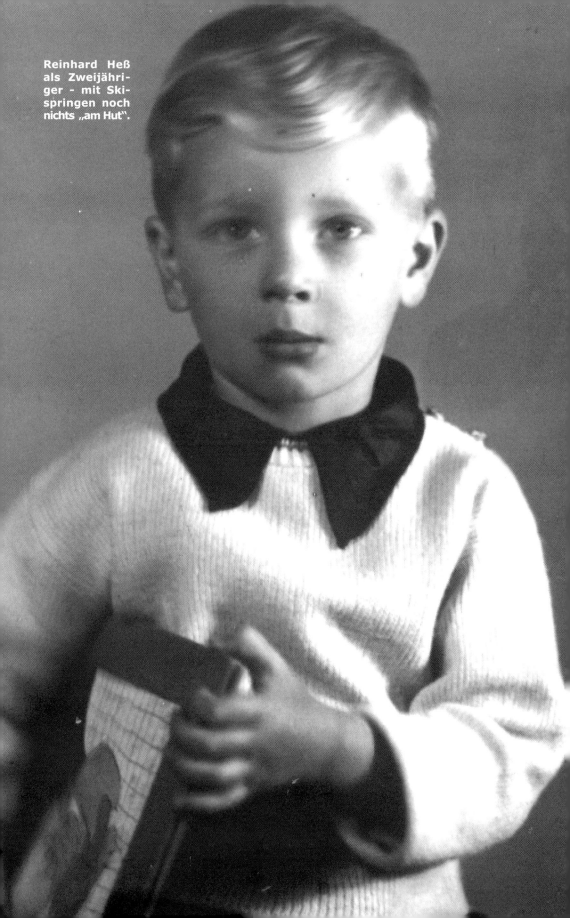

Reinhard Heß als Zweijähriger - mit Skispringen noch nichts „am Hut".

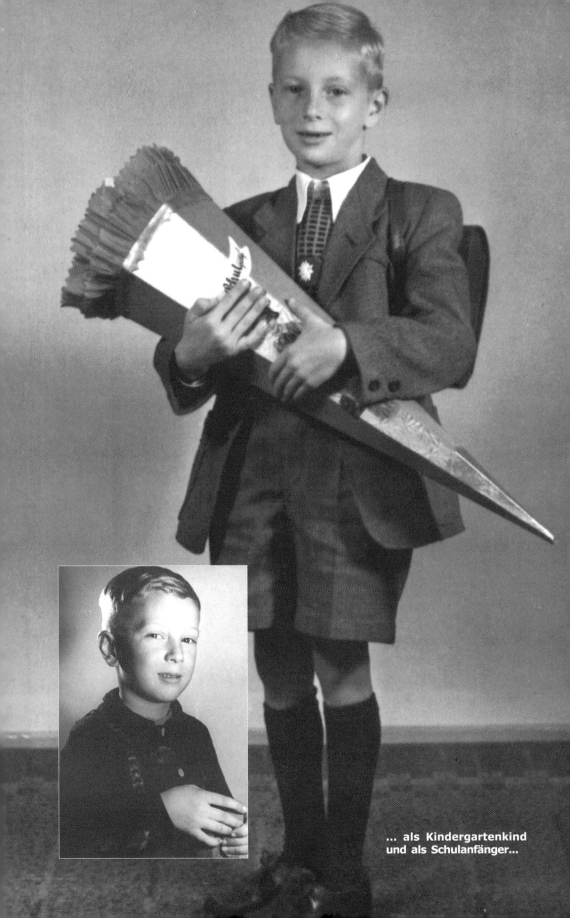

... als Kindergartenkind und als Schulanfänger...

... als Schüler und als Jüngling „Männe".

Stationen der Jugend: Jugendweihe, DDR-Jugendmeister 1964 in Johanngeorgenstadt, als Athlet beim Sommertraining auf der „Thüringen-Schanze" in Oberhof, als Skiflieger in Oberwiesenthal und schließlich als Soldat - bereits als junger Vater.

Reinhard Heß im Sommertraining.

Man schreibt das Jahr 1966 - oben: der SC „Motor" Zella-Mehlis - die Mannschaft um Reinhard Heß' besten Trainer Erhard Walther (unten im Gespräch mit dem Athleten Heß).

Die Trainingsgruppe des jungen Trainers Reinhard Heß an der KJS Zella-Mehlis - schon damals nahm er seinen „Job" sehr genau, wie die kleinen Fotos beweisen.

Standesamt Oberhof: die Trauung von Regina und Reinhard Heß im Jahr 1968.

Der stolze Vater mit Töchterchen Tina und bei der Ausübung des mittlerweile zu kurz kommenden Hobbys - dem Klavierspielen.

Die Zeiten als Verbandstrainer im DSLV der DDR waren geprägt von der Betreuung des Ausnahmesportlers Jens Weißflog: Dieser belegte unter der Führung von Reinhard Heß den zweiten Platz in der Gesamtwertung der Vierschanzentournee 1988/89 (linkes Foto) und nach der Wende den dritten Rang bei der Skiflug-WM 1989/90 in Vikersund (rechtes Foto). Weißflog beendete seine Karriere mit einem Abschiedssprunglauf in Oberwiesenthal im Sommer 1996 (Foto unten). Er und Heß sind weiter freundschaftlich verbunden.

In der Saison 1993/94 - mittlerweile war Reinhard Heß Bundestrainer im DSV - belegte sein „Schüler" Jens Weißflog den 2. Platz in der Gesamtwertung der Vierschanzentournee...

... während Dieter Thoma sich 1994 bei den Olympischen Spielen in Lillehammer über Bronze für das Springen von der Normalschanze freut, ist Jens Weißflog - der Gold beim Wettbewerb von der Großschanze holte - zusammen mit Reinhard Heß zu Späßen mit dem Olympia-Maskottchen aufgelegt.

Gold im Teamwettbewerb im norwegischen Lillehammer! Oben: immer per Funk mit seiner Mannschaft verbunden - Trainer Reinhard Heß.

Diskussionen am Kaminfeuer

4 Die Wende -
in der Politik, im Beruf, im Stil

„Trainer, schau' her, was ich habe!"

Öffne der Veränderung Deine Arme,
aber verliere dabei Deine Werte nicht aus den Augen.
Dalai Lama

Oft noch erinnere ich mich an eine Diskussion, die ich am offenen Kaminfeuer einer Herberge in Seefeld mit anderen Hotelgästen geführt habe. Wir sprachen über die deutsche Einheit, und was dort diskutiert wurde, geht mir nicht aus dem Sinn. Eine Frau sagte, dass sie für die Wiedervereinigung Deutschlands ihr letztes Hemd geben würde, dass sie dafür bluten wolle. Alle anderen waren mit ihren Gaben zurückhaltender. Einheit schön und gut, aber nicht mit ihren Opfern, mit ihren finanziellen Beiträgen, sie hätten sich auch alles selbst erarbeiten müssen. Ich verteidigte damals das System der DDR, legte dar, dass wir nicht am Verhungern seien, dass es auch soziale Strukturen gäbe, die beispielgebend seien, und dass die Menschen auch bei uns arbeiten. Ich gab aber auch Probleme der sozialistischen Wirtschaftsführung und die Tatsache zu, dass soziale Errungenschaften auf Kosten anderer Schwerpunkte erreicht worden waren. „Eine deutsche Einheit wird nicht billig, sie kostet", sagte ich damals voraus, ohne an eine realistische Chance zu glauben. „Ohne Solidarität wird sie nicht funktionieren." Es war eine rein theoretische Diskussion. Dass kurz darauf die Mauer in Berlin fallen würde, konnte keiner von uns ahnen. Und zuweilen verspüre ich den Wunsch, genau diese Gruppe wieder an einem Kaminfeuer zu versammeln, und mit ihr über die Gegenwart zu sprechen.

Die Realität hat im November 1989 begonnen, und selbstverständlich sind auch meine Frau und ich hinunter zur thüringisch-bayrischen Grenze gefahren, haben die Verbrüderungsszenen erlebt, die sich zwischen Ost- und Westdeutschen abspielten, haben die Freudentränen in den Augen der Glücklichen gesehen. Keine fünf Jahre später meinten manche, dass es vielleicht besser wäre, die Mauer wieder aufzubauen. Denn es war nicht alles Gold, was in jenen grauen Novembertagen glänzte. Die deutsche Wiedervereinigung war eine große, geschichtliche Errungenschaft, die Einheit wieder zu erlangen, ohne einen einzigen Schuss abzugeben, eine politische Demonstration. Ob die deutsche Wiedervereinigung ein Glücksfall war? Ich wusste in den Zeiten des Umbruchs keine Antwort. Inzwischen bejahe ich diese Frage. Damals sagte mir mein Verstand, dass eine Konföderation eine bessere Staatsform sein könnte, eine, die das „Zusammenwachsen" erleichtern würde. Doch es kam anders. Die deutsche Wiedervereinigung schuf eine Nation mit all' ihren positiven Seiten, aber auch mit all' ihren Konsequenzen.

Der „Osten" befand sich in einer Stimmung des Umbruchs, und auch ich musste mich finden. Unsere sozialistische DDR hielt ich nicht für den perfekten Staat.

- 49 -

Nie mehr ein Parteibuch

Den teilweisen „Selbstbetrug" des sozialistischen Systems erkannte ich auch schon vor der Wende, wollte ihn aber nicht wahrhaben. Streit mit meiner Frau, die die teilweise „Misswirtschaft" in den staatlichen Großbetrieben erlebte, die tagtäglich Einsicht in die Mangelwirtschaft bekam, wenn sie einkaufen ging, war oft programmiert. Ich weigerte mich, die Realität zu akzeptieren, glaubte immer noch an positive Veränderungen. Kein Verständnis hatte ich allerdings dafür, dass unser Staat seine Jugend einsperrte, Freiheit als „Einsicht in die Notwendigkeit" definierte. Trotzdem war ich überrascht von der Massenflucht über die ungarisch-österreichische Grenze und in die Botschaften der BRD in den sozialistischen Bruderstaaten in der Vorwendezeit. So richtig akzeptieren konnte ich sie nicht.

Die Veröffentlichungen der Gauck-Behörde ermöglichten später Einblicke in politische Vorgänge, die mich zutiefst erschütterten.

Ich war persönlich ungeheuer enttäuscht, vor allem politisch enttäuscht, weil ich an die Grundprinzipien des sozialistischen Staates geglaubt habe. Ich war für eine Sache eingestanden, die sich als Lüge entpuppte. Das tat weh, und ich konnte über Jahre das Wort „Politik" nicht mehr hören. Ich verhielt mich diesbezüglich völlig passiv und ging nur noch meiner Arbeit nach. Meiner Frau gelang es, mich Schritt für Schritt davon zu überzeugen, dass meine Position im Abseits auch nicht die richtige Strategie sein konnte. Somit vertrete ich auch wieder eine politische Meinung. Einer politischen Richtung werde ich mich aber nicht mehr zuwenden, auch ein Parteibuch werde ich nicht mehr tragen.

Die Umbruchstimmung beinhaltete auch Vorgehensweisen, die ich bis heute nicht nachvollziehen kann. Mit der „Liquidation" der DDR wurden auch sportliche Errungenschaften negiert und zerschlagen, die heute wieder als beispielgebend und anstrebenswert gelten. Weh tat es mir, als ich sah, was zum Beispiel die Öffnung unserer Spezialsportschulen mit sich brachte. Das neue Klientel öffnete Dingen Tür und Tor, die früher undenkbar gewesen waren. Es wurde offiziell geraucht und getrunken, die disziplinarischen Grundlagen unterlagen großen Schwankungen, und der eigentliche Sportschüler geriet in Gefahr, nicht mehr ans Ziel zu kommen. Eine schwere Zeit für die Insider des Sports. Das tat auch mir weh, war ich doch im sportlichen Bereich verblieben.

Mir war klar, dass ich meine 1988 angetretene Berufung als Skisprung-Verbandstrainer nicht behalten würde können, weil es meinen Arbeitgeber, den Deutschen Skiläufer-Verband der DDR, selbst bald nicht mehr geben würde. Er wurde mit seinen finanziellen Ressourcen, seiner Infrastruktur, seinem Personal zumindest teilweise dem Deutschen Skiverband angegliedert. Ich bangte um meine Zukunft, ich wollte eine Arbeit, für mich, für meine Familie. Ulrich Wehling, als DSLV-Sportler dreifacher Olympiasieger in der Nordischen Kombination und Ende April 1990 zum neuen Präsidenten des DSLV gewählt, war Mitglied einer Kommission, die sich mit Fragen im Zusammenhang mit dem Einigungsvertrag und dem daraus resultierenden Beitritt des DSLV zum DSV beschäftigte. Ihn sprach ich an. „Ich erwarte von Dir eine grundehrliche Antwort auf meine Frage: Kann ich mit Arbeit im DSV rechnen? Ich muss es wissen, weil ich mich ansonst anderweitig umschauen muss." Nach der ersten Sitzung eröffnete mir Wehling, dass ich eine reelle Chance hatte, vom neuen System übernommen zu werden. Immerhin brachte ich mit Jens Weißflog einen amtierenden Weltmeister mit.

Nach Wehlings Antwort wurde ich etwas ruhiger, und es baute sich in mir ein

Eine unglückliche Liebesbeziehung

gewisses Vertrauen auf. Mir war nie in den Sinn gekommen, Deutschland zu verlassen und in einem anderen Land anzuheuern, wie es Trainer-Kapazitäten und hochdekorierte Wissenschaftler der DDR taten. Für mich stellte sich diese Frage nicht. Ich sah meine Chance im gemeinsamen System, ich sah eine Chance auf Arbeit, in die ich mich einbringen konnte. Auf welcher Ebene sie sich abspielte, war mir letztlich egal, ganz im Gegensatz zu anderen Kollegen, die Ansprüche stellten.

Ich wurde als verantwortlicher Trainer dem B-Kader zugeteilt, und rückblickend auf jene Zeit der Wende formuliere ich ketzerisch: Wir haben den „Krieg" verloren, aber ich bin nicht in „Kriegsgefangenschaft" geraten. Ich hatte eine Arbeit in meinem Berufsstand bekommen, ganz im Gegensatz zu vielen meiner Kollegen. Mehr noch, ich konnte dort anschließen, wo ich in der DDR aufgehört hatte: relativ erfolgreich. 1990/91 betreute ich unter anderem auch Andre Kiesewetter, der bei mir groß geworden war und mit mir mitzog, als ich Jahre zuvor den V-Stil in der DDR etablieren wollte. In diesem Winter siegte er in Lake Placid mit der „neuen" Stilart und eilte von dort fast direkt in meine Arme nach Suhl. Schon auf der Treppe meines Wohnblocks rief er: „Trainer, schau' her, was ich habe!" und schenkte mir sein Gelbes Trikot des Weltcupführenden. „Mit Dir will ich die Welt einreißen", antwortete ich ihm gerührt. Und Kiesewetter sagte: „Ich alleine weiß, dass ich dies nur Dir zu verdanken habe." In diesem Winter feierte mein Andre zwei Weltcupsiege, ebenso wie Dieter Thoma und Jens Weißflog, die sich erst später entschlossen hatten, dem Parallelstil zugunsten des V-Stils zu entsagen.

Wenn man im Skispringen im übertragenen Sinne von einer verunglückten Liebesbeziehung spricht, dann muss das Verhältnis der deutschen Skispringer zum V-Stil an die erste Stelle gesetzt werden. Der Schwede Jan Boklöv hatte mit der neuen Technik im Weltcupwinter 1988/89 für Furore gesorgt, als er fünf Weltcupspringen – in Lake Placid, Sapporo, Innsbruck, Harrachov und Chamonix – gewann. Wegen der nicht parallelen Skiführung in der Luft wurde er mit großen Punktabzügen bei den Stilnoten bestraft, konnte aber aufgrund der Weiten dennoch gewinnen. Zu diesen Zeitpunkten hatte ich mit meiner Forschungsgruppe den V-Stil Boklövs bereits im Windkanal analysiert und wollte ihn auch umsetzen. Die Situation des DSLV-Skisprungs war desolat, wie ich damals belegte. Die Ergebnisse über den Gesamtzeitraum des Olympiazyklus' 1984 bis 1988 wiesen einen kontinuierlichen Leistungsrückgang auf. Im Vergleich zu anderen traditionellen Skisprungnationen konnten wir auch keine Leistungsstabilität bzw. Leistungsentwicklung nachweisen, und es war mir klar, dass wir im Hinblick auf die Olympischen Spiele 1992 und 1994 einen rigorosen Kurswechsel vornehmen mussten. Der V-Stil wäre ideal gewesen, sich einen technischen Vorsprung zu verschaffen.

Wir saßen im neu errichteten Konferenzzimmer des SC Traktor Oberwiesenthal, wo ich als neuer Cheftrainer die erste große Niederlage einstecken musste. Im „blauen Salon" legte ich meine Vorstellungen dar, die auf den Ergebnissen der analytischen Arbeit der Forschungsgruppe Skisprung am FKS Leipzig basierten. Ich forderte das versammelte Gremium der erweiterten Trainerschaft auf, diese Strategie von ganz oben bis ganz unten, bis hin zu den Nachwuchsspringern, mitzutragen. Vielleicht war unsere Überzeugungskraft unzulänglich, vielleicht spielte auch die bekannt gewordene Aversion Weißflogs dem neuen Stil gegenüber eine Rolle. Dieser hatte geäußert: „Ich werde diese Art des Skispringens nicht angehen, solange ich mit meinem schönen Parallelstil gewinnen kann." Tatsache war, dass uns in diesem Gremium blanke Ablehnung entgegenschlug. Mit

- 51 -

Probleme bei der Umstellung

Argumenten wie: „Dieser Stil setzt sich nicht durch", und „auf kleinen Schanzen ist er ohnehin nicht machbar". Weißflogs Einwurf war auch nicht gerade unserer Sache dienlich. Ich kann ihm nicht einmal einen Vorwurf machen, war er ja nach wie vor erfolgreich. Das „Sahnehäubchen" der Argumentation unserer Gegner war die Ästhetik. Der neue Stil hat den wenigsten gefallen, und, wenn ich ehrlich bin, mir in Ansätzen auch nicht. Heute denke ich, wie dumm wir waren, die technische Neuerung abzulehnen. Inzwischen empfinden die meisten Insider diese Technik als Augenweide: wenn die Beine auseinandergehen, symetrisch gar, und sich der Körper des Athleten dynamisch anpasst. Wenn ich Parallelstil-Springer Weißflog mit V-Stil-Springer Weißflog vergleiche, gefällt mir heute letzterer besser. Der V-Stil wirkt einfach dynamischer. Relativ leicht wäre es gewesen, über das damals existierende Leistungssportsystem der DDR die Neuerung durchzudrücken. Unsere Sportführung hätte es anweisen können, der Erfolg hätte sich dennoch wohl nicht eingestellt, da es nicht die Leute im Hintergrund gab, vom Übungsleiter angefangen, die den V-Stil aus voller Überzeugung heraus praktiziert hätten. Eher herrschte die Gefahr, den gesamten Skisprung zu eliminieren mit einer einfachen Drohung: Wer nicht mitzieht, muss aufhören.

Uns blieb also nichts anderes übrig, als das individuelle Gespräch mit Athleten aus dem A- und B-Kader zu suchen. Letztlich überzeugten wir zwei Sportler, Andre Kiesewetter und Ingo Züchner. Ersterem setzte ich „die Pistole auf die Brust", sagte ihm, dass er diese neue Chance ergreifen müsse, wolle er noch internationale Erfolge feiern. Kiesewetter stand mir unheimlich nahe, und ich bekenne ehrlich, dass ich ihn zu seinem Glück gezwungen habe. Züchner hingegen war ein körperlich relativ kräftiger Typ, der äußerst talentiert war. Er ließ sich in Ansätzen überzeugen, indem ich ihm erklärte, dass ihm der V-Stil bessere Auftriebsmöglichkeiten bringen würde und er damit andere Schwachstellen kompensieren könne.

Die Zeit der Umstellung, die mit der Zeit der Wende zusammenfiel, war nicht einfach. Den V-Stil beherrschten beide lange nicht stabil genug; sie reagierten auf den Wind, schlossen auch mal die Beine. Das Duo agierte im Weltcup nicht mit dem Erfolg, das es sich vorgestellt hatte. Das Resultat war, dass Züchner von seiner Familie dahingehend beeinflusst wurde, sich vom V-Stil wieder abzuwenden. Er müsse auch Leistung vorweisen, und er werde wieder im Parallelstil springen, um noch eine Chance auf große Erfolge zu haben, sagte mir damals sein Vater. „Du gibst Dich einem Trugschluss hin", antwortete ich ihm. „Wenn er nicht beim V-Stil bleibt, wird er seinen Weg nicht erfolgreich fortsetzen können." Ich glaubte an den Leistungssprung Züchners, aber ich konnte ihn nicht bei der Stange halten. Ein Jahr später stand er in keinem Kader mehr. Kiesewetter jedoch war ein Jahr später Weltcupsieger, zuerst in Lake Placid, dann in Sapporo.

Meine Theorie war bestätigt, aber bedauerlicherweise nur durch die Ergebnisse eines Athleten. Noch heute trauere ich der Tatsache nach, dass wir, bei positivem Entscheid des Gremiums kurz vor der Wende, ein System hätten haben können, das sich vom kleinsten Nachwuchsspringer bis hinauf zum Topstar der Szene nur dem V-Stil gewidmet hätte. Ein Vorsprung von mindestens zwei Jahren auf die internationale Konkurrenz lag im Bereich des Möglichen. Aber es ist nicht passiert. Den richtigen Weg hat auch das angeblich so perfekte Sportsystem der DDR verschlafen, das Skisprungsystem der BRD hat ihn zu diesem Zeitpunkt allerdings noch nicht einmal erkannt gehabt. Für Kiesewetter selbst es hat zu keiner großen Karriere gereicht. Ich tue ihm nicht weh, wenn ich heute sage, dass er bei der damals existierenden Situation als Mittelklassespringer nicht prädestiniert

Kiesewetter - deutscher Vorreiter des V-Stils

für Olympische Medaillen und Weltmeistertitel war. Gerade deshalb hatte ich ihn auch für das „Unternehmen V-Stil" ausgewählt, weil er mir ans Herz gewachsen war und weil ich für ihn die Möglichkeit sah, mit der neuen Technik das Mittelmaß zu überschreiten. Hatte es nicht Jan Boklöv, selbst kein überragender Skispringer, vorgemacht?

Nach schwerer Verletzung infolge eines Sturzes im Sommer 1991, harter „Wiederaufbauarbeit" und Rückkehr auf die Sprungschanzen der Welt erreichte Andre die Bilanz seines erfolgreichen Winters 1990/91 nicht mehr. Trotzdem werde ich ihn immer in Erinnerung behalten als den deutschen Vorreiter des V-Stils.

Tatsächlich etabliert hat den V-Stil Toni Nieminen, als er als 16-Jähriger bei den Olympischen Spielen 1992 drei Mal Gold gewann. Mit ihm glänzten auch Sylvain Freiholz oder Martin Höllwarth. Kurz vor den Olympischen Spielen war die große Hektik ausgebrochen; plötzlich wollte jeder auf den V-Stil umsteigen. In dieser Situation konnte ich mir nicht verkneifen, den Finger zu heben und daran zu erinnern, dass die neue Technik bereits vor Jahren Fundament meiner Strategie gewesen war. Besonders deutlich wurde mir die Nervosität, die Hektik unter den anderen Sportlern aber schon im Winter zuvor vor Augen geführt. Ehe Andre Kiesewetter nämlich in die USA aufbrach, um in Lake Placid zu gewinnen, trainierte der B-Kader-Athlet zusammen mit der ersten Mannschaft und bereitete sich auf interne Qualifikationen vor. Er war weitenmäßig besser als Dieter Thoma. Ich stand auf dem Trainerturm und hörte, wie der damalige Cheftrainer Rudi Tusch seinem Paradeathleten über den Sprechfunk die ersten Eindrücke zu dessen Versuch zu vermitteln versuchte: „Ja, Dieter, guter Sprung..." Postwendend kam die Antwort Thomas, der zurückbellte: „Erzähl' mir doch nicht so einen Scheiß von guten Sprüngen, solange der Kiesewetter weiter springt als ich. Da kann mein Sprung nun wirklich nicht gut gewesen sein." Ich stand da und musste Tusch recht geben: Am Versuch von Dieter Thoma war nichts auszusetzen gewesen, aber der V-Stil hatte Akzente gesetzt.

Die beiden Weltcupsiege waren Kiesewetters größte Momente im Sport. Vielleicht wäre er in Albertville für eine Olympiamedaille in Frage gekommen, wenn er nicht im Sommer zuvor in Oberhof bei einem Mattenspringen schwer gestürzt wäre. Bei Oberluft klappte der Ski weg, und Andre stürzte schwer, zog sich einen dermaßen komplizierten Bruch im Fuß zu, dass sogar eine Amputation erwogen werden musste. Der Junge kämpfte sich in ein, zwei Jahren wieder heran. Als er beim Europacup, dem heutigen Kontinentalcup, einen sechsten Rang erreicht hatte, gratulierte ich ihm: „Jetzt hast Du Dein Niveau wieder." Ungläubig starrte er mich an: „Aber wieso sind dann andere vor mir?" Der V-Stil hatte sich durchgesetzt, und Kiesewetter entschied sich, seine Karriere zu beenden. Sein Name ist aber in US-amerikanischen Skisprungkreisen immer noch ein Begriff. ◼

Meine Frau sagte: „Mach' es"

5 Ärger mit dem Vertrag und der Gauck-Behörde

„Gerade deswegen will ich ihn"

Erfahrung ist die Brille des Verstandes.
Arabisches Sprichwort

Ich war beim Deutschen Skiverband als Trainer untergekommen, ich betreute im B-Kader Sportler wie Andre Kiesewetter, Ralph Gebstedt, Thomas Klauser und Andreas Scherer. Mir ging es gut, auch in den darauffolgenden Jahren, als ich für den Nachwuchs verantwortlich war. Überraschend wurde ich im Frühjahr 1993 von Helmut Weinbuch, dem damaligen Sportdirektor, gebeten, den Cheftrainerposten zu übernehmen und Rudi Tusch zu beerben. Die deutschen Skispringer hatten gerade bei der Weltmeisterschaft in Falun kläglich versagt, mit einer Hauruck-Aktion wollte der DSV deswegen noch retten, was zu retten war. Anlässlich der Trainerklausur in Berchtesgaden wurde ich mit dieser Problematik konfrontiert. Sportwart Detlef Braun teilte mir mit, dass ich vorgesehen wäre, das höchste Traineramt zu übernehmen – aber ich hatte wenig Bedenkzeit. Ich rief meine Frau an, weil ich eine solch' große Entscheidung mit der Familie abstimmen wollte, und sie bestärkte mich. „Du hast schon einmal Verantwortung getragen für diesen Hochleistungsbereich, Du hast bestätigt, dass Du das kannst, und warum sollst Du es im neuen System nicht auch können. Mach' es!" So unterzeichnete ich im Mai einen Einjahresvertrag.

Der Umstand, dass ich nicht einen Vertrag über vier Jahre, sondern einen auf zwölf Monate befristeten Kontrakt erhielt, war mir im ersten Moment einerlei. Verärgert war ich erst dann, als ich auch im Frühjahr 1994 keinen Bundestrainervertrag für die nächsten vier Jahre angeboten bekam. Ich fühlte mich schon etwas verschaukelt. War ich etwa nur ein Notnagel gewesen, als im Frühjahr 1993 Bedarf bestand? War kein anderer Trainer „greifbar"? Diese Fragen bewegten mich zu diesem Zeitpunkt sehr wohl und ich ging mit kritischen Äußerungen schließlich an die Öffentlichkeit. Dies wiederum verärgerte Weinbuch. Er sagte, dass meine Gedankengänge falsch seien und beteuerte: „Ich habe Dich gewählt, weil ich Dich kenne."

„Wie kannst Du so etwas sagen?", antwortete ich ihm. „Zwischen Dir und mir haben zu wenig Gespräche stattgefunden, wie willst Du mich kennen?" Weinbuch erklärte mir schließlich, dass ein designierter Bundestrainer von der Gauck-Behörde überprüft werden müsse, was mich erneut in Rage brachte: „Ich bin jetzt schon drei Jahre beim DSV, und Du willst mir erklären, dass ich in all dieser Zeit an der Gauck-Behörde vorbeigegangen bin?" Mein Ringen um einen langfristigen Arbeitsvertrag war verständlich, da ich nicht so sicher war, ob ich ein Jahr später weiterbeschäftigt werden würde. Es hätte ja nach den Olympischen Winterspielen das Budget auch zurückgefahren werden können. Das soziale Vertrauen zum Verband hatte ich damals noch nicht. Die Bestätigung der Gauck-Behörde, die für mein Engagement notwendig war, bestand letztlich aus einem einzigen Satz, der sinngemäß lautete, dass meiner Anstellung als Bundestrainer nichts im Weg stehe, dass sich aus den überprüften Unterlagen keine Hinweise auf eine Zusammenarbeit mit dem Staatssicherheitsdienst der ehemaligen DDR ergeben hätten. Als ich das

- 54 -

Schreiben sah, fragte ich Weinbuch ungläubig: „Und deswegen hast Du einen solchen Aufstand gemacht?" Heute beurteile ich die Situation objektiver und müsste ihn fast um Entschuldigung bitten.

In diesem Zeitraum, in dem ich um meinen Vertrag stritt, lebte ich auch im Konflikt mit Rudi Tusch, meinem Vorgänger, der letztlich in der Nomenklatur zu meinem Vorgesetzten aufstieg. Er tat mir menschlich sehr leid, weil ich am eigenen Leib erfahren hatte, wie deprimierend leistungspolitische Entscheidungen sein können. Ich hielt ihn auch für einen guten Trainer, wenn er auch andere Wege einschlug als ich. Er tat auf seine Art eine engagierte Arbeit, die man auch mit adäquaten Bilanzen im Vorfeld der WM 1993 nachweisen konnte. Nicht beurteilen will ich, welche Fehler ihm letztlich zum Verhängnis wurden. Klar war nur, damals wie heute, dass ein Trainer an den Leistungen seiner Sportler gemessen wird. Fehlen diese, ziehen Funktionäre Konsequenzen. Das ist im Fußball nicht anders wie im Biathlon oder im Skispringen. Für ein, zwei Jahre hatte ich nicht den besten Draht zu ihm, und am deutlichsten sagte es mir seine damalige Frau bei einem Sponsorentreffen in München: „Sie haben meinem Mann den Job weggenommen. Sie stehen jetzt im Mittelpunkt mit all Ihren Erfolgen, aber diese hätte der Rudi auch feiern können." Menschlich hat mich dies damals ziemlich getroffen. Ich hatte niemandem den Job weggenommen, sondern ich war ausgewählt worden, die Arbeit zu tun. Inzwischen haben Rudi und ich ein gutes Verhältnis. Die Zeit heilt Wunden.

Über die Vertragsdauer mokierte, in Gehaltsfragen beschwerte ich mich. Weinbuch hatte sich zwar frühzeitig über die Politik hinweggesetzt, die eine 75 bis 80-prozentige Entlohnung der Arbeitskräfte aus dem Osten forderte, und stellte West- und Ostdeutsche auf die gleiche Stufe. „Ich dulde es nicht, dass Menschen in meinem Verband in einer Zweiklassengesellschaft leben, denn wir führen alle die gleiche engagierte Arbeit durch", hatte er einmal gesagt. Doch mein persönliches Problem war, dass mir meine Dienstjahre von 1968 bis zur Wende zum damaligen Zeitpunkt nicht angerechnet werden sollten. Da schlug einmal mehr die Politik zu. Ich war Trainer seit 1991, also damals seit vier Jahren – 20 Jahre waren „eingespart" worden -, und dies wirkte sich auch auf das Gehalt negativ aus. Vielleicht war ich damals auch scharf darauf, eine Vorreiterrolle zu spielen, weswegen ich mich dermaßen in diese Sache hineinkniete. Als sie bei späteren Verträgen meinen Vorstellungen entsprechend geregelt wurde, war ich zufrieden.

Was Weinbuch am meisten auszeichnete und was auch von seinen „Gegnern" mit Hochachtung zur Kenntnis genommen wurde, war sein engagierter Beitrag zur sportlichen und menschlichen Wiedervereinigung sowie seine soziale Einstellung. Wer beim DSV arbeitete, war sozial abgesichert. Wenn es sein musste, fand Weinbuch auch Wege der Mischfinanzierung, um die Gehälter sicher zu stellen, um einen Trainer, den er ins Boot geholt hatte, nicht im Regen stehen zu lassen. Das ist in der heutigen, modernen Marktwirtschaft, wo es um Plus und Minus, um Kapital und Rendite, um Angebot und Nachfrage geht, nicht mehr so ganz selbstverständlich. Weinbuch spielte eine Vorreiterrolle bei der Wiedervereinigung des deutschen Sports, und er spielte sie immer im Sinne des Menschen. Dies machte sein Schaffen unbezahlbar und moralisch wertvoll.

Eine perfekte Strategie: Mannschaftsleistung
Meine Entscheidung, das Amt des Cheftrainers zu übernehmen, war an eine wesentliche Bedingung geknüpft: Ich bestand darauf, mir meine Co-Trainer, die ich viel lieber als Mitarbeiter bezeichne, selbst aussuchen zu dürfen. Der eine war Henry Glaß, den ich schon von meiner Cheftrainerzeit in der DDR kannte, ihn als

Warnungen vor Steiert

peniblen Arbeiter schätzte (und immer noch schätze) und mit dem ich eigentlich sehr gut harmoniere. Gleiches System, gleiche Mentalität, gleiche Gedanken. „Ohne ihn geht es nicht", sagte ich zum Gremium. „Und ich möchte noch Wolfgang Steiert." Da schlugen alle die Hände über dem Kopf zusammen und rieten mir auf das Heftigste ab. Menschen aus seinem Umfeld, nicht aus dem der ehemaligen DDR, sagten, dass der Baden-Württemberger noch nicht auf dem Niveau sei, in der Nationalmannschaft eine tragende Rolle übernehmen zu können, dass er noch viel lernen müsse. Zu guter letzt: „Steiert hat keinen guten Leumund." Ich grinste in mich hinein und antwortete ernst: „Seht her. Deshalb will ich ihn."

Ich wollte Steiert, weil ich ihn brauchte. Er betreute zu dieser Zeit das Gros der Mannschaft im Stützpunkt Hinterzarten. Ihn zu negieren wäre dumm gewesen. Er sollte in meinem Sinne arbeiten. Außerdem würde ich irgendwann nicht nur an der Medaillenbilanz der Athleten gemessen werden, sondern auch an der Harmonie und Chemie, die im Betreuerteam herrschte. Diesem Anspruch stellte ich mich. Wenn es mir gelang, Wolfgang in meine „Spur" zu bringen, ihn von meiner Methode zu überzeugen, ein entsprechendes Vertrauensverhältnis aufzubauen, dann hatte ich halb gewonnen. Wir rauften uns zusammen, arbeiteten engagiert, und ich kam meinem Ziel, ein Team um mich herum zu formen, wieder einen Schritt näher. Zu dieser meiner Strategie stehe ich heute noch: Nicht nur ein Einzelner, sondern eine Mannschaft ist für den Erfolg unserer Sportler verantwortlich. Ich brauche Mitarbeiter, die vorgegebene Linien verfolgen, die auf ein Ziel hin arbeiten. Mir ist es egal, wenn ich mir zuweilen anhören muss, dass ich mein Licht unter den Scheffel stelle und mehr über andere als über mich spreche. Es ist die Teamstrategie, die ich 1993 initiierte und der ich heute noch treu bin. Für Steiert war es eine neue Erfahrung, auf einer Basis des gegenseitigen Vertrauens arbeiten zu können. Einmal sagte er mir: „Ich finde es richtig, dass Du kontrollierst und auch den Finger in die Wunde legst. Ich finde es toll, wie Du mich immer wieder ermunterst, eigene Ideen zu entwickeln und darzulegen. Es ist neu für mich, kreativ sein zu dürfen."

Wer in meiner Mannschaft arbeitet, muss am Erfolg teilhaben. Ich sorgte für meine Kollegen, wenn es in der Vergangenheit um Gehaltserhöhungen und um Akzeptanz ging. Ich will, dass wir alle moralisch, ideell und auch finanziell am Erfolg teilhaben, dass es jeder auch am eigenen Geldbeutel spürt. Es gibt Abstufungen, aber das ist normal. Dass Mitarbeiter Nummer drei nicht dasselbe verdient wie der Chef, ist nicht nur im Skisprunglager so. Doch Erfolgsbeteiligung definiert sich nicht nur über Geld, sondern auch über Öffentlichkeitsdarstellung. Ich versuche, meine Gruppe ins Spiel zu bringen. Meine Kollegen bilden mit mir eine Einheit, und das dokumentiere ich auch öffentlich. Ein Peter Lange, unser Skitechniker, oder Nicole Hoffmeyer und Rudi Lorenz, unsere Physiotherapeuten, sind auch stolz, wenn ihre Arbeit einmal in den Medien gewürdigt wird. Meinen Kollegen Andreas Bauer, der im B-Kader eine außergewöhnlich gute Arbeit im Hintergrund leistet, verpflichte ich zuweilen zu Tourneezeiten, neben mir – im Rampenlicht - zu stehen. „Du machst eine solch' wichtige Arbeit mit der zweiten Garnitur, aber in der Öffentlichkeit bist Du nicht präsent. Also, hierher!" Und schon kommt ein Anruf aus Oberstdorf, in dem sich Leute bedanken, dass ich Bauer eingebunden habe in das Forum der Popularität. Heute gibt es viele Möglichkeiten, jemanden in das rechte Licht zu rücken. Ich kenne durchaus Kollegen, die es anders halten im Umgang mit ihren Mitarbeitern, die ihrem Co-Trainer nicht einmal den Schlüssel zur Wachskiste anvertrauen. Diese will ich nur fragen: Kann so ein Verhältnis funktionieren? Kann ein System ohne Vertrauen Früchte tragen? Ich erwarte keine Antwort, weil ich sie ohnehin kenne: Nein.

Es war reiner Zufall, dass ich mich an jenem Tag im Frühjahr 1993 in München beim

Neue Wertigkeit für Vater Thoma

Deutschen Skiverband aufhielt, an dem auch Vater und Sohn Thoma mit Helmut Weinbuch zusammentrafen, um über die Zukunft des Schwarzwälders zu sprechen. Bei der WM war es zum großen Krach zwischen Cheftrainer Tusch und Thoma gekommen, der darin gipfelte, dass der Athlet vorzeitig nach Hause geschickt wurde. Nun bildete sich das Aushängeschild des Westens ein, in Finnland gemeinsam mit der dortigen Nationalmannschaft und dessen Betreuer Hannu Lepistö zu arbeiten. Thoma wäre bereit gewesen, für dieses spezielle Training eine horrende Summe zu zahlen. Zu diesem Zeitpunkt war ich bereits Cheftrainer, und ich schlug Weinbuch vor – nachdem dieser von alleine nicht auf die Idee gekommen war -, an diesem Gespräch teilzunehmen. Die Thomas wussten, wer ich war, und in aller Deutlichkeit legte ich ihnen meine Gedanken offen. Dass ich der neue Cheftrainer sei, und dass ich es als Perversität empfinden würde, dieses Amt ohne den besten westdeutschen Skispringer antreten zu sollen. Ich erklärte Thoma, dass ich für die Situation in Falun nichts konnte, auch aus meiner Perspektive nicht beurteilen könne, was Recht und Unrecht war. Ich machte ihm klar, ihn in der Mannschaft haben zu wollen, was zu diesem Zeitpunkt dem Willen einiger Athleten nicht entsprach. Kein Verständnis brachte ich für Thomas Anliegen auf, in Finnland zu trainieren: „Da bezahlst Du eine Riesen-Summe, und für was? Für eine Nebenbei-Betreuung." Ich reichte Vater und Sohn die Hand: „Lasst' uns die Zukunft gemeinsam in Angriff nehmen. Schlagt' ein oder überlegt es Euch zumindest. Ruft' mich in einer Woche an." Nach diesen Worten verließ ich den Konferenztisch.

Was danach noch besprochen wurde, entzieht sich meiner Kenntnis. Auf jeden Fall rief mich eine Woche später Vater Thoma an: „Herr Heß, wir haben uns entschieden, wir machen bei diesem Versuch mit." Wieder eine Woche später weilte ich in Hinterzarten, weil ich mit Wolfgang Steiert einige Dinge zu klären hatte und mich um die Mannschaft kümmern wollte. Im Hotel „Zartenbach", nicht bei Thoma daheim, wie vorgeschlagen, ging die nächste Verhandlungsrunde über die Bühne. Dieter Thoma stellte ich meine Strategie vor, und stieß teilweise auf große Ablehnung. Es sei nicht möglich, Lehrgänge über zehn Tage anzusetzen, weil er am Samstag (gehört der Familie) und Sonntag (gehört dem lieben Gott) nicht trainieren würde. Mit solchen Argumenten musste ich mich auseinandersetzen! Immerhin wurde aus meinem Rahmentrainingsplan ein individueller Trainingsplan gezimmert, mein Kollege Karl Haßler als Bezugsperson für Dieter auserkoren (zu Wolfgang hatte er keinen Draht). Wir rauften uns eben zusammen gemäß dem Grundsatz, dass zur Leistung auch Training gehört. Wir stellten das Athletiktraining von Dieter nicht rigoros um, und wir bauten seinen Vater in unser System mit ein. Dieser war hoch erfreut, eine neue Wertigkeit zu erhalten. Einige meiner Trainerkollegen sahen dies ungern und meinten, dass Franz Thoma nur noch „altes Zeug" trainiere, dass seine Methodik zum Vergessen sei. „Wenn es dem Jungen hilft, und wenn er dahintersteht, dann bringt es das Duo dennoch auf ein gutes Ergebnis. Es wird im Training vielleicht nicht 100 Prozent realisieren, aber 95", antwortete ich. „Und das reicht dem Dieter, um wieder Rekorde zu springen." Es war ein Kompromiss im Sinne des Athleten. Franz Thoma, der seinen Sohn zur Härte erzogen hatte und diese auch im Training forderte, hatte seine Strategie. Sie war sicherlich ein wenig veraltet gegenüber der heutigen Trainingsmethodik. Nicht alles war in meinem Sinne, aber sachte, ganz vorsichtig, versuchte ich Einfluss zu nehmen. Da sagte ich dann: „Mensch, Franz, ein bisschen müssen wir in diese Richtung arbeiten, ein bisschen muss der Dieter schon Hanteltraining machen." So gingen wir gebührlich miteinander um, ganz im Sinne des Athleten, der schon vom Naturell her ein „Schnellkraftwunder" war und einfach nicht so viel Krafttraining brauchte wie andere. Es war mein erster Sieg. Nicht auf einer Schanze, sondern im Vorfeld der Saison. Aber gefreut hat er mich trotzdem!

„Heß hat immer noch beide Beine"

6 Interview mit Wolfgang Steiert, „Mädchen für alles" der deutschen Skispringer

„Der Chef war vom Sightseeing begeistert"

Was waren Sie eigentlich 1993 für ein Trainer? Als Reinhard Heß Sie zu seinem Mitarbeiter bestimmen wollte, hatte er sich nämlich einiger Aufschreie zu erwehren: Nein, den nicht. Um Gottes willen, nur den Steiert nicht.

Nun ja, ich war ein junger, motivierter, ehrgeiziger Trainer. Ein Trainer, der allerdings auch von der Niederlage bei der Weltmeisterschaft in Falun kam. Damals war ich nämlich schon mit dabei, als Assistent von Rudi Tusch. Dass Heß Henry Glaß in das Betreuerteam nehmen würde, war uns allen klar. Aber er brauchte auch einen Co-Trainer aus dem Westen, und da ich zum damaligen Zeitpunkt der einzige war, der Spitzenleute betreute, lag es zumindest für mich auf der Hand, dass die Wahl auf mich fallen würde. Aber es war mir schon bewusst, dass ich Gegner hatte, die Reinhard sagten: Wenn Du den Steiert in Dein Betreuerteam holst, hat er Dir das rechte Bein weggesägt, bevor Du überhaupt schauen kannst. Nun arbeiten wir seit zehn Jahren zusammen, und Heß hat immer noch beide Beine.

Wie würden Sie die Zusammenarbeit mit Heß charakterisieren?

Als sehr offen und sehr ehrlich. Ich genieße, ebenso wie Henry Glaß, eine gewisse Eigenverantwortung. Probleme werden nicht nach außen getragen, intern aber sehr wohl kontrovers diskutiert. Das Schöne an unserer Konstellation ist: Der Verlierer der Diskussion ordnet sich unter und geht mit seinem möglichen Frust nicht an die Öffentlichkeit. Wir sind deswegen erfolgreich, weil sich jeder Gedanken macht, weil wir uns zusammensetzen, diskutieren und gemeinsam an der Umsetzung der Projekte arbeiten. Doch wir sind nicht nur beruflich miteinander verbunden, wir verstehen uns auch privat hervorragend. Bestes Beispiel: Immer dann, wenn wir uns einige Zeit nicht gesehen haben und wieder ein Trainingskurs ansteht, setzen sich alle Trainer und Betreuer am Abend an der Theke zusammen, trinken gemeinsam das eine oder andere Bierchen. Da gibt es keinen, der sich auf sein Zimmer verzieht. Und dieser Umstand ist nicht erzwungen, sondern gewachsen, er hat sich über Jahre aufgebaut und ist deshalb stabil.

Wie würden Sie Reinhard Heß beschreiben?

Reinhard ist ein Fanatiker, ein Fanatiker der Disziplin. Wenn er sich über einen Sachverhalt intensiv Gedanken gemacht und diese zu Papier gebracht hat, ist seine Meinung zu dieser Thematik unumstößlich. Er entscheidet nichts aus dem Bauch heraus, sondern bereitet jeden Schritt rational vor. Dies ist bei mir nicht so, bei mir passiert sehr wohl viel nach Gefühl. Vielleicht ist dies unser Trumpf: zwei Charaktere zu vermischen und beide in die gleiche Richtung zu lenken – das ist nicht so schlecht, das ist fast ein Kunststück.

Wer ist fanatischer? Sie oder Heß?

Ich glaube, da schenken wir beide uns nicht viel. Ich bin sicher vom jugendlichen

Heß und die Todesangst

und euphorischen Hitzkopf zum älteren, ruhigeren, abgeklärteren Betreuer gereift. Aber fanatisch bin doch geblieben.

Älter, ruhiger, abgeklärter? Und dennoch haben Sie einen Gag nach dem anderen auf Lager, für die Mannschaft...

In der Sommervorbereitung auf den Olympiawinter hatten wir ein etwas anderes Trainingslager mit Kart- und Formel-3-Fahren, einer alten Propellermaschine und einem Kunstflieger organisiert. Ich teilte die verschiedenen Gruppen ein, und habe Reinhard als ersten in den Doppeldecker gesteckt. Ein bisschen „Sightseeing" in der Luft, das ist nicht schlecht für den Chef – so habe ich ihm das schmackhaft gemacht. Als Reinhard in die offene Oldtimer-Mühle einstieg und die Lederhaube überzog, mussten die Skispringer und ich heimlich grinsen. Und schon ging er in die Luft, kreiste ein wenig über dem Flugplatz, stieg dann senkrecht in die Höhe bis das Motorgeräusch fast erstarb. Dann fiel der Flieger wie ein Stein einige hundert Meter herab, fing sich, um dann kopfüber zu Doppeloloopings anzusetzen. Die Sportler haben gejubelt. Ich hatte schon ein schlechtes Gewissen, als Reinhard wieder landete. Vielleicht hätte ich ihn doch warnen sollen?! Reinhard hatte jedoch absolut glänzende Augen und sagte nur noch: „Einfach geil!" Es sei das größte Erlebnis überhaupt gewesen. Erst später – nachdem wir alle einmal abgehoben waren - gestand er uns, dass er Todesangst gehabt hatte, als er kopfüber durch die Gegend schoss, war er sich sicher, dass er im nächsten Moment samt Fallschirm abgeworfen würde. Jedenfalls sei seine Hand an der Reißleine schweißnass gewesen. Aber auch dies zeichnet ihn aus. In extremen Situationen reagiert er zwar oft zunächst extrem, erweist sich dann aber im Endeffekt als so besonnen, dass er den Erfolg einer Aktion steuert und auch genießen kann.

Sie selbst sind ja aber auch kein Kind von Traurigkeit.

Sicherlich nicht, und ich sage, gottlob. Eine gute Stimmung in der Mannschaft kann ich nur erzeugen, wenn es mir selbst auch gut geht. Da gehört schon einmal ein Besuch in der Diskothek dazu, oder zwischendurch ein Glas Bier. Das schließt schon ein, dass ich mal herumalbere und über Skisprunganzüge spreche, die teilweise aus dem gleichen Material bestehen wie Kondome. Aber schauen Sie: In Lahti 2001 habe ich mich auf eine Langlaufwette eingelassen, die vier Stunden vor dem Einzelspringen von der Großschanze eingelöst wurde. Die gesamte Mannschaft war im Stadion, sie feuerte mich an. Und anschließend hat Martin Schmitt seinen Titel verteidigt. Nicht, weil er es mir nachmachen wollte, nicht, weil er noch an den Langlauf dachte. Aber sicher auch, weil er in den Stunden zuvor richtig abgelenkt worden war. Vieles, was ich mache, fällt unter die Rubrik „Beschäftigungstherapie". Spaß haben und Herumblödeln gehört im Leben, im Sport, dazu. Und wenn sich andere Nationen wegen unserer Gags auf den Schlips getreten fühlen – meinetwegen.

Welcher war für Sie der schönste Erfolg? Und weiter gefragt: Gibt es für die deutsche Skisprung-Nationalmannschaft überhaupt noch eine Steigerungsmöglichkeit?

Wir haben so viele Siege gefeiert, und es ist unmöglich, eine Rangliste der Wertigkeiten zu erstellen. Der Mannschafts-Olympiasieg in Lillehammer war sehr schön, jener in Salt Lake City aufgrund des knappest möglichen Vorsprungs einmalig. Die Saison des Martin Schmitt mit seinen Seriensiegen kommt mir in den Sinn, der Skiflug-WM-Titel Hannawalds in Vikersund oder sein „Grand Slam" bei der Vierschanzentournee. Nein, es gibt keine Steigerung, außer einer

- 59 -

„Ja, ich habe Ambitionen"

vielleicht: mit einem anderen Sportler, mit Martin Schmitt also, vier Erfolge bei der Tournee zu feiern. Mit einem anderen Athlet dasselbe zu wiederholen, was wir mit Hannawald erreicht haben. Einen „Grand Slam" zu landen ist weiterhin nicht so leicht. Es sind weiterhin vier Springen in zehn, zwölf Tagen, es sind weiterhin vier verschiedene Schanzen. Die Spitzenspringer wissen zwar seit 2001/02, dass das ein solches Unterfangen möglich ist. Hannawald hat es ja vorgemacht. Aber nur, weil eine psychologische Barriere weggefallen ist, heißt es nicht, dass es für Viele leicht zu realisieren ist.

Welche sind Ihre Aufgabengebiete?

Ich könnte sagen: Materialfragen und psychologische Betreuung. Aber „Mädchen für alles" ist angebrachter.

Sie sind seit elf Jahren 280 bis 300 Tage im Jahr unterwegs. Macht Ihnen das Leben, wie Sie es führen, überhaupt noch Spaß?

Das Wichtigste in meinem Leben sind meine Frau und meine beiden Töchter, sie sind für mich der notwendige Ruhepol, der mir die Sicherheit und ein Stück Motivation gibt, in meinem stressigen Job leidenschaftlich arbeiten zu können, ohne darin aufgerieben zu werden. Wenn das Trainerteam harmoniert, und wenn sich der Erfolg als Ausdruck der gemeinsamen Arbeit zwischen Betreuer und Sportler einstellt, dann macht mir mein Leben sehr wohl großen Spaß. Wenn wir wissen, dass wir in die richtige Richtung arbeiten, von den Medien aber aufgrund einer aktuellen Situation nur niedergemacht werden, dann fühle auch ich mich klarerweise einem gewissen Druck ausgesetzt. Wie es vor der WM in Lahti 2001 war: Man hat uns in den Keller geschrieben, dann haben wir vier Medaillen gewonnen. Je größer die Anspannung wird, die Aufgabe ist, umso ruhiger wird Reinhard Heß. Dies ist das Wichtigste, das ich von ihm gelernt habe: Ruhe bewahren, die Dingen ihren Lauf gehen lassen. Gerade Mannschaftsspringen werden nicht mit den ersten beiden Sprüngen entschieden. Prinzipiell aber gilt, dass ich mich sehr wohl fühle bei meiner Tätigkeit, und dass ich in Momenten des Erfolges weiß, dass ich meinen Job gut erledige.

Haben Sie Ambitionen, Nachfolger von Reinhard Heß zu werden?

Der Deutsche Skiverband hat ja zwei Kandidaten für die Zeit nach Heß „vornominiert". Ich bin einer von ihnen, und um auf die Frage zurückzukommen: Ja, ich habe Ambitionen. Aber das ist auch legitim, oder etwa nicht? ■

Wolfgang Steiert wurde am 19. April 1963 in Hinterzarten geboren, schloss die Schule mit der mittleren Reife ab und erlernte den Beruf eines Klempners. Im Institut für Sportwissenschaften der Universität Köln begann Steiert 1989 seine Ausbildung zum Diplomtrainer, die er 1991 abschloss. Wolfgang Steiert ist verheiratet und Vater von Mona (10) und Aline (13). „Ich bin froh, dass es keine Buben sind, sonst würde ich noch öfter an Schanzenanlagen herumstehen", sagt er verschmitzt. Seit 1991 arbeitet der ehemalige Sportler (u.a. 13. der Tournee 1985/86, dabei Achter in Innsbruck, 28. der Tournee 1981/82) im Deutschen Skiverband, zuerst im B-Kader, seit 1992/93 als Co-Trainer im A-Kader. Rudi Tusch bezeichnet er als seinen Förderer – „als einzigen neben Reinhard Heß, ansonsten hatte ich nur Gegner."

„Ich bin zu ruhig für die Chefrolle"

7 Interview mit Henry Glaß,
Co-Trainer der deutschen Skispringer

„Seine Arbeitsweise –
einfach einzigartig"

Sie waren als Aktiver 1972, 1976 und 1980 bei den Olympischen Winterspielen dabei, gewannen in Innsbruck Bronze von der Großschanze, standen als Betreuer bereits 1984 auf dem Trainerturm. Hatten Sie in den Zeiten der politischen Wende nie den Wunsch, Cheftrainer des DSV zu werden?

Nein, diese Ambitionen hatte ich nicht. Ich bin vielleicht zu ruhig für die Chefrolle, und wohl auch mit zu wenig Durchsetzungsvermögen ausgestattet. Das gebe ich ehrlich zu. Ich finde aber auch, dass die deutsche Mannschaft mit Reinhard Heß den bestmöglichen Trainer besitzt, und wir können nur alle hoffen, dass er uns so lange wie möglich erhalten bleibt und auch nach seinem Rücktritt eine Beraterfunktion wahrnimmt.

Wann haben Sie Heß kennengelernt?

Das muss Mitte der 70-er Jahre gewesen sein. Ich war als Aktiver in Klingenthal tätig, er als Trainer in Zella-Mehlis, betreute Leute wie Axel Zitzmann, Bernd Eckstein, Harald Duschek. Zwischen den Leistungszentren Klingenthal, Oberwiesenthal, Zella-Mehlis und Brotterode, zwischen Sachsen und Thüringern, herrschten dazumal harte Kämpfe, da wurde auf den Schanzen nichts verschenkt. Die konsequente Arbeit von Heß war damals bereits bekannt, ich respektierte ihn wegen seiner Leistungen. Und als er im Laufe der Jahre auch in der Nationalmannschaft als Co-Trainer tätig war, kamen wir in engeren Kontakt.

Sie haben in der Vorbereitung auf die Saison 1981/82 aufgrund von alten Verletzungen und Knieproblemen Ihre sportliche Karriere beendet. Wollten Sie immer schon den Trainerberuf ergreifen?

Ja, das war mein Ziel. Ich absolvierte ein Fernstudium an der DHFK Leipzig und beendete es als Diplomsportlehrer. Vorgesehen war, dass ich an der KJS in Klingenthal 13-jährige Kinder trainieren sollte und ich hatte auch schon mit der Sichtung begonnen, erste Lehrgänge abgehalten. Im August 1982 wurden jedoch Umstrukturierungen in der Nationalmannschaft vorgenommen. Assistenztrainer Josef Tonhauser schied überraschend aus, und ich sollte nachrücken. Das war mir eigentlich nicht so recht, da ich Abstand gewinnen wollte zu einer Mannschaft, in der Athleten standen, mit denen ich noch selbst aktiv gewesen war. Ich wollte an der Basis lieber von vorne beginnen. Letztlich sagte ich aber zu, was auch Auswirkungen auf meine Tätigkeit in Klingenthal hatte. Ich arbeitete nicht in der KJS, sondern beim SC Dynamo im Männerbereich als zweiter Trainer. Als Betreuer von Klaus Ostwald war ich in Sarajevo dabei und ein Jahr später bei der Skiflug-WM in Harrachov, die er gewann. Ich war zu jener Zeit der Heimtrainer von Mike Arnold, als der bei der Junioren-WM in Gallio 1987 siegte und bei der anschließenden WM in Oberstdorf Platz sechs belegte. Allerdings war ich nicht durchgängig bei der Nationalmannschaft dabei. Ich wechselte mich ab mit Joachim Winterlich, dem Heimtrainer von Jens Weißflog in Oberwiesenthal.

- 61 -

Er kann auch auf dem Tisch tanzen

Direkt mit Reinhard Heß kamen Sie 1988 in Kontakt, als dieser die Nationalmannschaft übernahm.

Das ist richtig. Bis zu diesem Zeitpunkt sahen wir uns zuweilen bei internationalen oder nationalen Anlässen, tauschten Erfahrungen aus und gingen dann wieder unsere eigenen Wege. Als Heß Verbandstrainer wurde, arbeiteten wir als richtiges Team zusammen, wenn auch nur vorübergehend. Zur Wendezeit wurde ich direkt vom DSV verpflichtet und kümmerte mich als Co-Trainer von Peter Rohwein um die Nachwuchsmannschaft, die 1990 aus über 14 Skispringern bestand. In einem gewissen Sinne tauschten Heß und ich die Rollen, als er 1991/92 der Jugend zugeteilt wurde und ich als verantwortlicher Trainer den B-Kader 1992/93, Heß' altes Aufgabengebiet, übernahm. Als nach dem Desaster von Falun dem Reinhard der Posten des Cheftrainers angeboten wurde, sagte er unter der Bedingung zu, sich seine Mit-arbeiter selbst aussuchen zu dürfen. Er wollte Wolfgang Steiert und er wollte mich, weil wir uns bereits kannten und gut zusammengearbeitet hatten. Seitdem arbeiten wir als Dreier-Team.

Welche sind Ihre Aufgabengebiete?

Ich kümmere mich um die Videoanalysen, um Auswertungen, um das Material, führe auch Protokoll über das, was und in welchen Umfängen trainiert wird.

Wie funktioniert die Zusammenarbeit mit Heß und Steiert?

Aufgrund der verschiedenen Charakterzüge ergänzen wir uns sehr gut. Hätten wir alle die gleichen Anlagen – wer weiß, ob wir auch die gleichen Erfolge gefeiert hätten? Ich bin der ruhende Pol, vielleicht zuweilen zu ruhig. Es muss mich jemand schon schwer reizen oder sehr ungerecht attackieren, bevor ich in die Luft gehe. Auch wenn wir ein tolles Team sind heißt dies nicht, dass es keine Diskussionspunkte gibt. Wir haben oft Auseinandersetzungen, über Nominierungen, übers Material, in trainingsmethodischen Fragen. Da kann es auch vorkommen, dass wir im Ärger auseinander gehen. Doch am Abend, bei einem Bier, wird wieder Frieden geschlossen.

Reinhard Heß und Sie kommen aus der gleichen Schule, haben ähnliche Ansichten, teilen bei Dienstreisen auch das Zimmer. Wie würden Sie ihr Verhältnis zum Cheftrainer beschreiben?

Es ist auf alle Fälle freundschaftlich, und nichts belegt dies besser als die Worte von Heß, der mir mal sagte: „Wir verbringen mehr Zeit miteinander als mit unseren Frauen." Weil wir gleiche Auffassungen haben, gibt es wenig Streit und Reibungsflächen. Das ist mit Wolfgang Steiert schon anders. Ich bringe Heß viel Respekt entgegen, für die Arbeit, die er tun muss. Er ist nicht nur Trainer, er ist schlechthin die Vertrauensperson für jeden, der ihn braucht, er ist Pressesprecher, er ist Fanbetreuer. Dass er all' seine Aktivitäten unter einen Hut bringt, dass er innerhalb kürzester Zeit gelernt hat, damit gut umzugehen, das bringt ihm ein sehr hohes Ansehen ein. Als ich 1988 Co-Trainer war, kannten mich, den ehemaligen Olympia-Teilnehmer, mehr Leute als Heß. Daran hat er schon ein wenig gekaut. Jetzt ist er eine absolute Persönlichkeit. Niemand würde auf den Gedanken kommen, mit dem Finger auf Heß zu deuten und zu fragen: Wer ist denn das??

Der „Fernsehtrainer" Heß ist streng, unnahbar, manchmal wirkt er sogar unfreundlich...

...aber jeder, der ihn ein wenig besser kennt, weiß auch, wie ausgelassen, lustig und stimmungsvoll er sein, dass er auch auf Tischen tanzen kann. Bei unserem

Lauter Glatzen - lieber nicht

jährlichen Trainer-Familientreffen geht es prinzipiell hoch her – und es ist der Reinhard, der für die gute Stimmung sorgt. Da macht er Späße, die man ihm nie zutrauen würde. Oder wenn ich an Lahti 2001 denke, als wir uns nach dem Teamgold die Haare färben ließen: Heß war nicht abgeneigt, ganz im Gegenteil. Er zog bei diesem Gag voll mit, obwohl die verrückte Idee in Oslo bei einem Glas Bier entstanden war. Wir befanden uns auf der Rückreise von unserem Trainingslager in Lillehammer, und im Flughafenhotel feierte ich meinen Geburtstag. Und da sagte unser Skispezialist Peter Lange, dass er sich eine Glatze schneiden lassen würde, wenn wir im Teamwettbewerb eine Medaille erringen würden. Das war der Ausgangspunkt. Gefärbte Haare erschienen uns letztlich aber schöner als Glatzen. Man stelle sich nur vor: Heß mit Glatze, Steiert mit Glatze, Glaß mit Glatze, Schmitt und Hannawald mit Glatzen. Lieber nicht!

Die Erfolge, die Deutschland in den vergangenen zehn Jahren erreicht, sind schier unglaublich. Worauf führen Sie diese Dominanz zurück?

Nun gut, wir hatten auch immer Top-Sportler. Zuerst einen Jens Weißflog, der anfangs gar nicht zum V-Stil wechseln wollte, dann aber als Ausnahmeathlet in beiden Stilarten zu Olympiasiegen kam. Dann hörte er auf und alle fragten sich: Wie geht's weiter? Es ging mit Dieter Thoma weiter, der vor der Wende bester Westdeutscher war, dann aber wohl an einem Weißflog-Komplex litt. Als der Jens nicht mehr sprang, war Thoma voll da. Und dann folgten Sven Hannawald und Martin Schmitt. Letzterer ist Produkt der guten Nachwuchsarbeit, ist also quasi systembedingt. Heß zieht eine klare Linie durch, vom A- bis in den D-Kader. Talente werden, mehr als früher, entdeckt und gefördert. Positiv beeinflusst wurden die letzten Wettkampfjahre auch durch das klare Bekenntnis zu den Saisonhöhepunkten, und dass alle drei Trainer sich immer einig waren: WM- oder Olympiamedaillen zählen mehr als Weltcupsiege. Den Großveranstaltungen wurden alle anderen Konkurrenzen untergeordnet, teilweise beschickten und beschicken wir sie gar nicht. Andere Nationen handeln anders – und scheitern meist. Bei den wichtigen Skispringen werden sie dann unter Wert geschlagen.

War es damals in der DDR oder ist es heute einfacher, mit Sportlern zu arbeiten?

Das war früher einfacher, weil sehr viel von oben herab diktiert wurde. Sicherlich, auch in der DDR durften die Spitzenleute ihre Meinung sagen. Heute jedoch hat der Athlet ein größeres Mitspracherecht, was ich auch gut finde. Das gesamte Umfeld hat sich verändert. Der Weltcup genießt einen hohen Stellenwert, ist eine Verdienstquelle für die Athleten, die immer mehr im Blickpunkt der Medien stehen. In der DDR war der Weltcup eine Randerscheinung, ohne große finanzielle Perspektiven. In der DDR zählte nur der Saisonhöhepunkt, darauf wurde auch ganz gezielt, wochenlang, hintrainiert. Weltcupspringen hin oder her.

Noch ein Vergleich, bitte. Was hat sich verändert von den Olympischen Spielen 1972 zu den Olympischen Spielen 2002?

Alles, einfach alles. In Sapporo, vor 30 Jahren, hatte das Internationale Olympische Komitee den österreichischen Skifahrer Karl Schranz nicht zugelassen, weil er im Vorfeld der Winterspiele seinen Amateurstatus verletzt haben soll. In Salt Lake City stand der Kommerz absolut im Vordergrund, auf allen Ebenen. Auch das IOC verdiente im großen Stil. Da hatten auch wir Skispringer so unsere Probleme, weil in Deutschland angemeldete und genehmigte Werbespots mit Milka und Martin Schmitt liefen, jene von Quam und Sven Hannawald aber nicht vom IOC autorisiert gewesen waren. Geswegen hat es eine ganze Reihe von Telefaxnachrichten und

Was passiert, wenn Heß aufhört?

Telefonaten quer über den Atlantik gegeben. Meine schönsten Erinnerungen sind allerdings jene an die Winterspiele 1976, wo ich von der Großschanze hinter Karl Schnabl und Anton Innauer Bronze gewann – mein größter sportlicher Erfolg. Unvergessen ist aber auch Lillehammer 1994, mit seinem Flair, seinen Zuschauern, unseren Medaillen, ein Jahr nach dem Totalschaden von Falun. Damit hatten ja nicht einmal wir selbst gerechnet.

In Lillehammer begann die Ära Heß, wenn man so will. Was ist seine größte Tugend?

Heß ist ein akribischer Arbeiter. Ich kenne keinen, der dermaßen genau seine Planungen und Auswertungen zu Papier bringt. Seine Arbeit ist einzigartig, weswegen ich auch hoffe, dass er noch lange das Stehvermögen aufweist, um diesen Beruf ausüben zu können. Die Frage, die mich beschäftigt, ist nicht jene, was passiert, wenn Sven Hannawald und Martin Schmitt aufhören. Die Frage, die mich beschäftigt, ist vielmehr jene: Was passiert, wenn Reinhard Heß aufhört? Heß ist nämlich unersetzbar. ∎

Henry Glaß
wurde am 15. Februar 1953 in Rodewisch geboren, wuchs in Klingenthal auf, begann als Sechsjähriger in der Schulsportgemeinschaft, Nordische Kombination zu betreiben; mit 14 Jahren stieg er auf den Sprunglauf um und wurde aufgrund der Leistungen in der Mittelschule an die KJS delegiert. 1969 gewann Glaß Silber bei der Junioren-WM in Schweden, feierte 1970 zwei Siege bei der Spartakiade, nahm 1972 erstmals an den Olympischen Spielen in Sapporo teil, nachdem er zuvor Rang zwei bei der Vierschanzentournee errungen hatte. In Japan wurde er 18. von der Normalschanze und 20. von der Großschanze. Vier Jahre später holte er in Innsbruck am Bergisel Bronze, wurde in Seefeld vom kleinen Bakken 44. 1977 gewann Glaß Bronze bei der Skiflug-WM in Vikersund und wurde 1978 in Lahti hinter seinem Team-gefährten Mathias Buse Vize-Weltmeister von der Normalschanze. Glaß ist verheiratet und Familienvater. Sein älterer Sohn Steve (geboren 1972) war selbst Springer und als Schüler sowie als Jugendlicher recht erfolgreich; aufgrund von Stürzen und Verletzungen beendete er seine Karriere als Skispringer. Marco (geboren 1981) widmet sich dem Fußball.

Beide Springer hatten Probleme

8 Jens Weißflog, Dieter Thoma:
Aus Klassenfeinden wurden Partner

Deutsche Charakterköpfe

Labor omnia vincit improbus.
Die unablässige Arbeit besiegt alles.
Vergil, Georgica

Er war erzogen worden, Medaillen zu holen. Podestplatzierungen waren das einzige, was in der DDR zählte. Und er war dahingehend getrimmt worden, vor den westdeutschen Athleten zu liegen. Und diese hatten für Jens Weißflog vor allem einen Namen: Dieter Thoma. Aber wie war es umgekehrt? Hat nicht auch für Thoma gegolten, sich an Weißflog zu orientieren? Provokant formuliert: Der Wessi Thoma wird den Ossi Weißflog nicht freundlich an sich vorbei gewunken haben im Klassement. Zu ihrer Zeit lieferten sich diese beiden Skispringer Jahr für Jahr spannende Duelle mit unterschiedlichen Ergebnissen. 1989/90 war der Winter Thomas, als er die Vierschanzentournee gewann und Skiflug-Weltmeister wurde. Aufgrund dieser Resultate wurde Rudi Tusch zum ersten gesamtdeutschen Skisprung-Cheftrainer ernannt, wie auch Helmut Weinbuch sagt.

Die sportlichen Gegner fanden sich nach der Wende schließlich im gleichen Team wieder, waren nicht mehr „Klassenfeinde", sondern ebenbürtige Partner, Leistungsträger. Und beide mit eigenen Problemen. Der V-Stil und körperliche Beschwerden bedeuteten Stagnation für Dieter Thoma, der sich fast jährlich operieren lassen musste. Erst im Olympiawinter 1993/94 konnte er sich nach einer langen Durststrecke wieder der Weltklasse zugehörig fühlen. Mit einem dritten Platz beim Weltcup in Murau (Österreich) am 9. Januar bewies Thoma, wieder eine tragende Rolle spielen zu können. „Du bist wieder zurück, die beiden mageren Jahre sind vorbei!", munterte ich ihn damals auf. Doch die große Konkurrenz im eigenen Lager belastete den Schwarzwälder, der mir den Eindruck hinterließ, die „Barriere" Weißflog mit brachialer Gewalt einreißen zu wollen. Ich wusste, dass Thoma zu weitaus mehr fähig war, als er damals im Wettbewerb abrufen konnte. Er war der bessere Skispringer, Weißflog der bessere Arbeiter, der stärkere Kopf. Der Jens hat fast nie versagt, und das war der entscheidende Unterschied zwischen diesen beiden Athleten. Der Dieter leistete sich Entgleisungen, die nicht nachvollziehbar waren, ausgelöst durch eine „Wand", die aus Oberwiesenthal kam, und über die er nicht springen konnte.

Jens Weißflog hingegen hatte ebenfalls einige Probleme, sich auf den V-Stil umzustellen. In Falun beim Weltcup stürzte er, bei den Olympischen Spielen in Albertville kam er nicht zu gewohnter Bilanz: Neunter von der Normalschanze, 33. von der Großschanze, Fünfter mit dem Team.

Und beide hatten ihre Materialgeheimnisse, die sie vor dem anderen zu verbergen suchten. Auch Martin Schmitt und Sven Hannawald handeln nicht anders. Warum soll der Konkurrent gestärkt werden, indem man Details ausplaudert? Dass das Zusammenleben der beiden Stars in eine Zeit fiel, in der das große Geld Einzug in den Skisprung-Sport hielt, erleichterte die Sache nicht gerade.

Lieber klotzen, statt kleckern

Es war in Kreischa, in einer Rehabilitationsklinik, in der ich Jens Weißflog aufsuchte, um mit ihm über die Zukunft zu sprechen. Ich sagte ihm, dass ich der neue Cheftrainer Skisprung sei, erläuterte ihm meine Strategien und hörte mir seine Vorstellungen an. Von Anfang an hatte ich den Eindruck, dass der Junge, der sich in einem sportlichen Tief befand, wieder Land sah, dass er willens war, wieder in das Gefüge der Mannschaft zurückzukehren. Ich erklärte ihm, dass er in Geldfragen nach dem Motto „klotzen, nicht kleckern" handeln und nicht zu viele Energien für geringes Entgelt vergeuden solle. In jenen Jahren, in denen der Kommerz zunahm, war Weißflog tingelnd unterwegs: eine Autogrammstunde hier, eine Autohauseröffnung dort, und an einem dritten Ort ein Zeltfest. Nicht, dass der Athlet mit Rudi Tusch und seinem Heimtrainer Joachim Winterlich nicht gearbeitet hätte, aber aus meiner Sicht nicht kontinuierlich genug. Was Weißflog in den ersten Wintern nach der Wende bot, war weder Fisch noch Fleisch. Mein Grundanspruch an den Paradesportler des DDR-Skisprungs war, sich wieder auf das Training zu konzentrieren. Jens antwortete zehn Minuten lang nicht, ehe er mir zustimmte. In der Folge musste er sich quälen, um seine Vormachtstellung zu erlangen. Der Sturz in Falun war wie ein Beinbruch für Weißflog – aber ein Bein kann man schienen, und es heilt. Als er an seiner Technikumstellung arbeitete, tat er es auf verbissene und brutale Art und Weise. Er sprang und sprang und sprang, und der Trainer durfte erst die Schanze verlassen, wenn der Sportler es zuließ. Aus Oberwiesenthal erhielt ich entnervte Anrufe: „Der Jens macht mich fertig, der glaubt, den V-Stil in drei Wochen erlernen zu müssen." In unseren ersten Vorstellungen zur Technik-Umstellung waren wir in Übereinstimmung mit der Forschungsgruppe des FKS im System des DTSB der DDR davon ausgegangen, dass ein Skipringer zwölf bis 18 Monate brauchen würde. Manche schafften es allerdings auch in kürzerer Zeit. Und Weißflog war ein Sonderfall. Sein Parallelstil war davon geprägt, dass seine Ski etwas versetzt zum Körper verliefen; sie waren seitlich „ausgelenkt". So brachte er bei der Umstellung einen Ski nach außen, den anderen nicht. Diese Schwierigkeit machte ihn oft sehr unausgeglichen und nur schwer erträglich. Als er in die Erfolgsspur zurückkehrte, änderten sich auch seine Umgangsformen wieder.

Für mich war es wichtig, auf Weißflog zählen zu können. Er sollte mein Schutzschild sein, nachdem ich nicht wissen konnte, ob ich die Herausforderung, die Dieter Thoma für mich darstellte, bestehen sollte und konnte. In der ehemaligen DDR wurde ich am einen, im Westen am anderen gemessen. Einfach waren beide Sportler nicht. Thoma, der Beinamen wie „der Feuerkopf" oder „der rote Berserker" trug, haftete ein negatives Image an. War er in Rage, landeten die Ski in einer Ecke des Auslaufs, das Sprechfunkgerät in der anderen. Was er im Zorn von sich gab, war oft nicht druckreif, und mehr als einmal lief er auch bei mir an einer Maulschelle vorbei. „Wir passen sehr gut zueinander", sagte ich ihm einmal. „So, wie Du in den Wald hineinrufst, schallt er wieder heraus. Ich kann das nämlich noch besser als Du." Trotzdem lasse ich nichts auf den Dieter kommen. Sein Charakter war offen, ehrlich, berechenbar, zuweilen drückte er sich eben „überdeutlich" aus. Ich musste ihn nehmen, wie er war. Weißflog hingegen hatte in der Öffentlichkeit einen komplett anderen Ruf – er galt allgemein als pflegeleichter Sportler. Doch auch Jens war so einfach nicht, wenn es beim ihm nicht lief. Es war dann ebenfalls schwierig, ihn in die richtige Richtung zu lenken, und in solchen Zeiten litt nicht nur ich an seiner Unausgeglichenheit. Da können auch andere ein Lied davon singen.

Beide Sportler kommen aus ländlichen Gegenden, sind aber zu verschiedenen Zeiten in verschiedenen Systemen und unter anderen Gegebenheiten groß geworden. Zwischen dem Duo herrschte ein Spannungsfeld, das nie ausgebrochen ist und das sich in einem Satz zusammenfassen lässt: Ich bin der Beste und ich werde es Dir beweisen! Thoma litt darunter, dass er nicht konstanter Erfolg haben konnte. Nach seinem Glanzwinter 1989/90 hatte in den Jahren darauf wieder sein großer Rivale im eigenen Lager die Nase vorne. Mein Herz sagte Jens, mein Verstand Dieter – nein, ganz stimmt das so auch nicht: Ich war auch Thoma durchaus emotional verbunden, war ich doch bei seiner Hochzeit Brautführer.

„Du wirst springen, ob Du willst oder nicht"
Die große Verbrüderungsparty hatte es im deutschen Team in Lillehammer 1994 gegeben, als sich Weißflog und Thoma in die Arme fielen und Mannschaftsgold bejubelten. Ein Jahr später präsentierte sich Deutschland bei der Weltmeisterschaft im kanadischen Thunder Bay mit zwei Siegspringern, wie ich betonte. Ich stellte Thoma und Weißflog auf eine Stufe. Aber die beiden waren zwei Siegspringer, von denen der eine psychisch labil war, und der andere krank. Weißflog ging es in diesen Tagen dermaßen schlecht, dass sein Start ernsthaft in Frage gestellt werden musste. Wäre es ein Weltcup gewesen und keine WM, wäre er wohl nicht angetreten. So jedoch stand Jens für die Sache in der Pflicht. Klar war, dass er im Teambewerb kein Leistungsträger sein konnte, der die Schwächen anderer zu kompensieren imstande war. Aber ich war dankbar, dass Weißflog über seinen Schatten sprang und überhaupt auf die Schanze kletterte. Er hatte erbrochen gehabt in der Nacht zuvor, er war gelb im Gesicht. Wir hätten den Organisatoren mit einem ärztlichen Attest nachweisen können, dass unser Mann krank war und deswegen einen Ersatzmann zum Einsatz bringen dürfen. „Ich springe", sagte Weißflog.

Thoma hatte hingegen auf der Großschanze Absprungprobleme und landete im Training völlig verunsichert nur auf dem Vorbau der Schanze. Der Hinterzartener war dermaßen demoralisiert, dass er im Teamwettbewerb gar nicht antreten wollte. Da fasste ich ihn unter vier Augen hart an: „Du hast für den deutschen Skisprungsport, für die deutsche Nation morgen auf dem Balken zu sitzen. Du wirst Dich überwinden und mit Körperspannung den Vorbau bezwingen. Dann kommst Du auch zum Fliegen. Wenn Du versagst, wirst Du alleine vor den Fernsehkameras stehen, weil ich nicht runterkommen werde. Du wirst springen, Du kannst Dich schon mal darauf einstellen." Mit diesen Worten verschaffte ich Thoma eine schlaflose Nacht, hilfloser als er war aber ich. Im Mannschaftsspringen, zu dem Dieter Thoma letztlich antrat, beging er die gleichen Absprungfehler wie im Training, näherte sich dem Vorbau auf erschreckende Weise, kniff aber dann die A...backen zusammen und lieferte tolle Sprünge. Als ich ihn später umarmte, sagte er mir: „Aber ein Schweinehund bist Du dennoch, so wie Du mich behandelt hast." Thomas Leistung war aufgrund der aktuellen Situation besser als jene von Jens Weißflog, der gut genug für Silber, aber zu schwach für Gold agierte. Rückgrat der Mannschaft war an diesem Tag Gerd Siegmund, der große Ausgeschlossene der Olympischen Spiele von 1994. Damit hatten wir das Ziel unserer Jahreskonzeption erreicht. Wir hatten eine Teammedaille angestrebt, um zu dokumentieren, dass Olympiagold kein Zufallsprodukt war. In Thunder Bay lagen wir sogar auf Siegeskurs, doch dann sicherte der großgewachsene, hagere Mika Laitinen Finnland Rang eins. „Der Lange hat uns den Schneid abgekauft", kommentierte ich das Ergebnis. Doch ich respektierte die Leistung der Finnen. Sie waren an diesem Tag die besten, und Silber war aus unserer Warte immer noch ein Riesen-Erfolg.

Eines von Weißflogs größten Problemen auf der Normalschanze in Thunder Bay war der Skianstellwinkel, das Druckgefühl des Systems. Die Bandlänge der Sicherheitsbindung musste immer wieder korrigiert werden. Dabei gilt: Je kleiner

„...Du kannst Dir Deinen Trainer malen"

die Schanze ist, umso länger soll das Band sein. Als ich ihm empfahl, das Band vielleicht nochmals zu verlängern, kam verärgert die Antwort zurück: „Du mit Deinem Band, ich hab' es ja schon so lang wie auf einer Jugendschanze." Wie auf einem 60-Meter-„Hügel" also. Wenn es an Kommunikation mangelt, habe ich einen Standardsatz parat, und den bekam damals auch der Jens zu hören. „Du bekommst jetzt von mir einen Bleistift und ein Blatt Papier, dann kannst Du Dir Deinen Trainer malen. Denn für Dich gibt es heute keinen." Nach einer Nacht, als wir uns wieder trafen, sagte Weißflog: „Ich brauch' keinen Bleistift." - „Hau' ab und denk' in Zukunft mehr darüber nach." Wortwechsel einer Trainer-Sportler-Beziehung, die es auch gab.

Weißflog war trotz seiner Probleme unser Aushängeschild in Nordamerika. Von der Normalschanze belegte er Platz fünf, auf der großen Anlage kam er auf Platz drei in einer Konkurrenz, die wesentlich vom Wind beeinflusst war. Der nach dem ersten Durchgang wie der sichere Sieger aussehende Andreas Goldberger wurde vom Norweger Tommy Ingebrigtsen noch abgefangen. Der „Zufallsweltmeister", den die norwegische Mannschaftsführung nach der Junioren-WM noch eingeflogen hatte, der bislang noch kein Weltcupspringen gewonnen hatte, entpuppte sich in der Folge als Fliegertyp und war Jahre später kurzzeitig sogar im Besitz des Weltrekords.

In Thunder Bay setzten sich neben den Sportlern auch meine Mitarbeiter in artverwandtem Terrain, dem Schanzenbau, in Szene. Nachdem die Anlaufspur bei warmen Wetterverhältnissen immer wieder brach, bauten sie Henry Glaß und Wolfgang Steiert neu und sicherten somit erst die Durchführung der Großschanzen-Wettbewerbe. Heute wird in der Szene darüber gesprochen, dass eigentlich wir Deutsche die Sprung-Konkurrenzen in Kanada organisiert hätten.

Die Nordische WM 1995 war die letzte, an der Jens Weißflog teilnahm. Den herausragenden Athlet hatte ich schon ein Jahr zuvor vom Rücktritt überzeugen wollen, hatte er doch gewonnen, was es zu gewinnen gab, hatte er sich als Olympiasieger im parallelen und im V-Stil in die Geschichtsbücher unseres Sports eingetragen, 1984 in Sarajevo, 1994 in Lillehammer. Weißflog jedoch wollte aus Gründen der eigenen Vermarktung weiter machen, und ich fragte mich, wieso er die Quälerei der Trainingsarbeit noch auf sich nehmen wollte. Die Antwort gab er mir auf den Schanzen. Der Oberwiesenthaler gewann die Tournee 1995/96, und er setzte bei der Skiflug-Weltmeisterschaft am Kulm, bei der er vor seinem Mannschaftsgefährten Christof Duffner und hinter Urban Franc aus Slowenien Rang vier belegte, seinen ersten und einzigen Sprung über 200 Meter, eine Weite, die damals noch eine magische Marke darstellte. Ich persönlich war begeistert von diesen Titelkämpfen, die von Andreas Goldberger gewonnen wurden: Die sportliche Qualität, die Organisation, das Umfeld – alles war perfekt. Der Funke, den die Veranstalter zündeten, sprang auf die Athleten über, und nach den beiden Flugtagen bedankte ich mich persönlich bei Hubert Neuper, einem ehemaligen Skispringer und jungen Geschäftsmann. Mich hatte positiv überrascht, mit welch' einer Professionalität der Österreicher die Großveranstaltung über die Bühne brachte.

Glücklich war ich, dass mir der Jens in diesen Jahren noch erhalten geblieben war, wenn ich jedoch meinen Blick auf Nagano 1998 warf, waren meine Gedanken bei Dieter Thoma und dem Nachwuchs. ■

Drei Faktoren bestimmen die Weite

9 Exkurs: Ein Kilometer pro Stunde gleich sieben Meter

Die Suche nach der „optimalen Technik"

Fortschritt ist die Verwirklichung von Utopien
Oscar Wilde

Beim Skispringen bestimmt die Sprungweite maßgeblich die Wettkampfplatzierung. Künftig vielleicht um so mehr, wenn man die Diskussionen ernst nimmt, die die Haltungsbewertung einschränken oder abschaffen wollen. Somit stellt sich die Frage, welche Faktoren die Sprungweite bestimmen, und welche Möglichkeiten zu ihrer optimalen Ausprägung bestehen. Die Beantwortung setzt die Kenntnis der leistungsbeeinflussenden Faktoren und ihr Beziehungsgefüge zueinander voraus. Die Sportwissenschaft befasst sich mit der Aufhellung der Leistungsstruktur des Skispringens, und die Mitarbeiter des ITA Leipzig sowie die Sportwissenschaftler des Instituts für Sport und Sportwissenschaft der Albert-Ludwig-Universität Freiburg stehen in engem Kontakt mit mir. Ich möchte dem interessierten Leser an dieser Stelle verdeutlichen, welche Vielfalt an Einflüssen es im Skisprung gibt, und welche Verantwortung ein Trainer hat, um ein Team zu dauerhaften Erfolgen zu führen.

Es gibt drei große, komplexe Faktoren, die im Skispringen die Weite bestimmen: die Anfahrts- und die Absprunggeschwindigkeit, sowie die aerodynamische Flugqualität.

Analysen zeigen, dass bei Wettkämpfen nicht selten Geschwindigkeitsdifferenzen bis zu 2,5 km/h bestehen. Diese verursachen, abhängig von der Schanzengröße, Weitendifferenzen bis zu 15-20 Metern. Die Ursachen für solche Geschwindigkeitsdifferenzen können vielfältig sein. So spielt neben der Gleitfähigkeit der Ski (die wiederum von der Skipräparation, der Qualität des Skibelages und dem inneren Aufbau der Ski abhängt), die aerodynamische Anfahrtshaltung, die „Windschlüpfrigkeit" der Kleidung und die Fähigkeit des Athleten, die Ski „sauber" in der Spur zu halten, ohne zu verkanten und seitlich „anzupendeln", eine große Rolle. Die Weltspitze weist hier geringere Unterschiede auf. Diese Springer versuchen, auch in diesem Faktor das Spitzenniveau zu erreichen, weil sie dadurch auch die Anfahrtslänge mitbestimmen können. Denn: je geringer die Anlauflänge und damit die Geschwindigkeit, umso höher die Anforderungen an den Athleten, eine hohe Flugbahn zu erreichen und eine große Körpervorlage einzunehmen, weil dadurch die Luftkraft geringer wird, die auf den Körper des Athleten wirkt. So ist es verständlich, dass an der Ausformung und Weiterentwicklung dieses komplexen Faktors Trainer, Skitechniker, Skibauer und Wissenschaftler beteiligt sind, um individuelle Reserven zu erschließen und neue Materialien zu erproben.

Die vertikale Absprunggeschwindigkeit, die maßgeblich die Höhe der Flugbahn und damit die Sprungweite mitbestimmt, ist im wesentlichen von der Schnell- und Explosivkraft des Athleten und von der Koordination der Absprungbewegung abhängig. Die Leistungsunterschiede hier sind selbst in einem Teilnehmerfeld, wie wir es bei Weltcup-Wettkämpfen vorfinden, beträchtlich. Vertikale Geschwin-

- 69 -

Schmitt kam fast an die Bestmarke heran

digeitsdifferenzen von 0.8 bis 1 m/s zwischen den absprungstärksten und – schwächsten (Sprunghöhenunterschieden von ca. 25 cm) sind keine Seltenheit. Eine Vergrößerung der Absprunggeschwindigkeit um einen Meter pro Sekunde ergibt je nach Schanzengröße einen Weitengewinn von acht - zwölf Metern. In der Saison 2001/02 hatte einer der absprungstärksten Skispringer, der Österreicher Martin Höllwarth, eine Absprunggeschwindigkeit von bis zu 3.1 m/s erzielt. Unsere Asse kamen mit Schmitt, der Werte um 2.8 m/s erreichte, dicht an diese Bestmarke heran, während Sven Hannawald mit Werten um 2.5 m/s noch Defizite aufwies, die er aber durch eine bessere Flugqualität wettmachen konnte. Für eine bessere Leistung in diesem Bereich sind also neben der Weiterentwicklung des Kraftpotentials weitere Anstrengungen zu unternehmen, um das Defizit in der Umsetzung der vorhandenen Kraft an der Schanze durch den Einsatz effektiverer Trainingsformen zu verringern.

Neben diesen komplexen Leistungsfaktoren spielt die aerodynamische Flugqualität eine dominierende Rolle. Nicht selten treten Differenzen von mehr als 30 Metern in der Sprungweite auf, die allein auf unterschiedliche aerodynamische Flugqualitäten zurückzuführen sind. Trotz hoher und zunehmender Leistungsdichte ist es deshalb immer wieder möglich, geringe Schwächen in der Anfahrts- oder Absprunggeschwindigkeit zu kompensieren. Aerodynamische Flugqualität und Flugtechnik werden im Sprachgebrauch vielfach synonym verwendet, obwohl aerodynamische Flugqualität mehr als nur von der sportlichen Technik beeinflusst wird. Man kann allgemein sagen, die Qualität der Flugtechnik ist in höchstem Maße von der Art und Weise der Anströmung des Springers und seiner Ski abhängig. Hierzu einige theoretische Betrachtungen: Beim Verlassen des Schanzentisches unterliegt der Skispringer u.a. aerodynamischen Gesetzen. Das bedeutet, dass im Flug die Luftkräfte Widerstand und Auftrieb entstehen, die unterschiedliche Wirkungen auf die Qualität und damit die Sprungweite besitzen. Der Athlet verfolgt also die Ziele, einerseits kleine Widerstandskräfte zu erreichen, um die horizontale Geschwindigkeitskomponente so wenig wie möglich zu bremsen und damit eine langgestreckte Flugbahn zu erreichen. Andererseits sollen große Auftriebskräfte erzeugt werden, um eine hohe Flugkurve zu erzielen. Deshalb war man lange Zeit der Auffassung, dass es nur darauf ankäme, ein großes Verhältnis von Auftrieb zu Widerstand zu erzielen. Heute wissen wir durch zahlreiche aerodynamische Untersuchungen unterschiedlicher Skisprunghaltungen im Windkanal, dass das Skispringen „so einfach" nicht ist. Vielmehr spielt neben einem guten Verhältnis von Auftrieb zu Widerstand auch die Größe der Luftkräfte eine Rolle. Auf der Suche nach der zweckmäßigsten Flugtechnik mussten wir erkennen, dass maximal große Gesamtluftkräfte gepaart mit maximal großen Auftriebs- und minimal kleinen Widerstandswerten nicht erreichbar sind. Das ist die "Niedertracht der Natur", haben wir oft scherzhaft gesagt, dass große Luftkräfte immer dann entstehen, wenn auch große Widerstandskräfte auftreten und das Verhältnis von Auftrieb- zu Widerstandkraft nicht sein Maximum erreicht. Computersimulationen zeigten, dass eine Reihe sportlicher Flugvarianten bestehen, die ebenbürtig sind und zum gleichen Ergebnis führen. Deutlicher: Es ist also - wohlbemerkt in einem begrenzten Rahmen - möglich, sowohl mit einer flacheren Flugkurve „schnell" durch die Luft zu segeln wie auch mit einer höheren Flugkurve etwas „langsamer", ohne dass dabei aerodynamische Defizite bestehen und folglich Weitenunterschiede auftreten.

Es war zu klären, durch welche Haltungsänderungen im Flug die Luftkraftkomponenten Auftrieb und Widerstand zu beeinflussen sind. In den zurückliegenden Jahren hat das ITA Leipzig mit Dr. Mroß und Dr. Mahnke umfangreiche Haltungsvariationen und ihren Einfluss auf die Größe der Luftkraft getestet und ihre Komponenten überprüft. Variiert wurden dabei die Anströmwinkel des Ober- und Unterkörpers, der Ski und die Größe der Körpervorlage insgesamt. Dieses Wissen über den Zusammenhang zwischen

Noch kein „Ende der Fahnenstange"

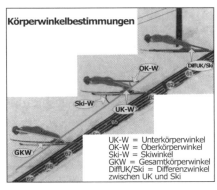

Körperwinkelbestimmungen

UK-W = Unterkörperwinkel
OK-W = Oberkörperwinkel
Ski-W = Skiwinkel
GKW = Gesamtkörperwinkel
DiffUK/Ski = Differenzwinkel zwischen UK und Ski

Größe der Ski- und Körperwinkel und der aerodynamischen Qualität setzte uns in die Lage, klare Bewegungskorrekturen durch Hinweise auf Ski- und Körperwinkelveränderungen vorzunehmen, die für die Sportler fassbar und umsetzbar sind. So haben sich im Laufe der Jahre Winkelangaben, wie im nebenstehenden Bild aufgeführt, bei den Springern eingebürgert, die zur klaren Verständigung über noch vorhandene Mängel und Schwächen der Athleten und zu weiteren Entwicklungsmöglichkeiten in der Technik führen. Damit besteht auch eine gemeinsame Sprache zwischen Trainer, Sportler und Wissenschaftler. Nun ist immer noch zu klären, welche Winkelkombinationen zu großen oder kleinen Luftkräften bzw. zu guten oder schlechten Verhältnissen von Auftrieb und Widerstand führen. Hier muss ich den Leser, der eine Auflistung erwartet, enttäuschen. Diese optimalen Flugvarianten sind nur durch umfangreiche Computersimulationen herauszufinden. Diese werden am IAT Leipzig erstellt. Somit bestehen klare Vorstellungen über optimale Körper- und Skiwinkelverläufe im Flug, die für uns eine Art Technikleitbild darstellen. Mittels prozessbegleitender Analysen werden die jeweils aktuellen Sprünge der Sportler mit den Leitbildvorstellungen verglichen und so Entwicklungsmöglichkeiten aufgezeigt. Weshalb wir Trainer im Spitzenbereich nicht auf wissenschaftliche Analysen verzichten können, liegt in der großen Wirkung von geringen Winkelabweichungen auf die Sprungweite. So wissen wir, dass manchmal Skiwinkeländerungen um 5 Grad zu Weitenänderungen von fünf Metern führen können. Diese geringen Abweichungen sind aber nur von wenigen erkennbar.

Auf Grund der dargestellten Probleme beurteilt ein Trainer die Qualität von Sprüngen auch nach der erzielten Sprungweite. Die Sprungweite wird aber bei konstanten bereits genannten Leistungsfaktoren auch durch die Luftbedingungen beeinflusst. So bewirkt Vorderluft eine Sprungweitenvergrößerung und umgekehrt. Deshalb ist die Sprungweite als Maßstab für die Beurteilung der Technik und damit der aerodynamischen Flugqualität nur bedingt geeignet. Wir als Trainer müssen immer wieder feststellen, dass Sportler mehr oder weniger gut mit Vorder- oder Rückenluftbedingungen umgehen können. Durch den Wind entstehen deutlich bessere Skianstellwinkel, wodurch automatisch eine größere Körpervorlage eingenommen wird - die aerodynamische Flugqualität verbessert sich also in doppelter Hinsicht. So wird vielleicht das im Fernsehen oft strapazierte Windproblem und die sogenannten „Vorderwindspringer", die bei Rückenluft nicht ihr wahres Leistungspotenzial erreichen, für die Leser verständlicher.

Bis jetzt habe ich versucht, den großen Einfluß der Flughaltung und der Luftbedingungen auf die aerodynamische Qualität zu erklären. Zumindest seit Baldur Preiml 1975 mit einer Reihe von Materialverbesserungen bei seinen Sportlern aufwartete, ist der große Einfluss des Materials insbesondere der Sprungbekleidung deutlich geworden. Auch bei der Materialauswahl und –gestaltung der Sprunganzüge muss, wie bei der sportlichen Technik, ein Optimum für die Luftkraftkomponenten gefunden werden.

Wegen der hervorragenden Ergebnisse der Skispringer werden wir oft gefragt, ob wir in der Entwicklung der Flugtechnik am „Ende der Fahnenstange" angekommen sind. Technikanalysen belegen, dass trotz weitgehender Kenntnis der zweckmäßigsten Gestaltung des Fluges und trotz großartiger Flüge der Spitzenspringer immer noch Reserven bestehen. So gibt es kaum Springer, die in allen Flugabschnitten das gegenwärtig mögliche Optimum in der Fluggestaltung erreichen. ■

Respekt als gemeinsame Basis

10 Interview mit Jens Weißflog, vierfacher Gewinner der Vierschanzentournee

„Konsequent, und deshalb glaubhaft"

Wo waren Sie eigentlich in jenen Tagen des Frühjahrs 1993, als Reinhard Heß zum neuen Cheftrainer der deutschen Skispringer ernannt wurde – und wie haben Sie reagiert?

Ich hielt mich gerade im Urlaub in Tunesien auf, als mich mein Heimtrainer Joachim Winterlich anrief und mich informierte, dass Rudi Tusch durch Heß abgelöst werden würde. Ehrlich gesagt, traurig war ich nicht. Veränderungen bringen mit sich, dass ein anderer abtreten muss. Tusch feierte als Trainer große Erfolge, aber es hatten sich ein paar Dinge eingeschliffen, die ein gesundes Sportler-Trainer-Verhältnis beeinträchtigten, ja, nicht rechtfertigten. Mein Vertrauen zu Tusch war nicht mehr vorhanden; er war mehr Kumpel als Trainer. Die Zusammenarbeit mit Reinhard Heß war von Anfang an von Respekt geprägt, und die Respektsperson ist er bis zum Ende meiner Karriere 1996 auch geblieben. Eine persönliche Beziehung zu ihm entstand deshalb auch erst nach meiner Zeit als Sportler. Ein zu gutes Verhältnis zu ihm wäre für mich als Athlet schädlich gewesen: Wenn ich etwas zu akzeptieren hatte, dann von jemandem, zu dem ich aufschaute. Andere mögen es anders sehen. Ich arbeitete lieber mit einem „harten Hund" zusammen als mit einem, der es mal so, mal so probierte.

Sie kannten Heß ja bereits von früher, waren in der Saison 1988/89 bereits sein Aushängeschild.

So, wie ich ihn im alten System kennen gelernt hatte, so war er auch bei seinem Amtsantritt 1993: unwahrscheinlich konsequent. In unseren ersten Gesprächen fragte er mich, ob ich nicht der Meinung sei, zu viel Energie auf Sponsorensuche und Tingeltouren zu verwenden. Aber ich musste mir damals alles selbst organisieren und wenn ich diesen Aufwand nicht auf mich genommen hätte, wäre sogar die Fortsetzung meiner sportlichen Karriere in Frage gestanden. Mir war damals nicht klar, ob Heß den Grund meiner außersportlichen Tätigkeit, die für mich einfach lebensnotwendig war, erkannt hatte. Was ich aber klarstellen will: Meine ganzen Termine haben mich im Training nicht negativ beeinflusst. Was mich Heß damals auch fragte: „Traust Du Dich überhaupt noch, über den kritischen Punkt zu springen?" Ich wusste nicht, ob er es ernst meinte oder ob er mich nur provozieren wollte. Die Saison 1992/93 sei aufgrund mehrerer Umstände nicht sehr gut verlaufen, sonst hätte ich mich sehr wohl getraut, antwortete ich ihm.

Sie hatten Probleme mit der Umstellung auf den V-Stil, Sie wollten sich anfangs überhaupt nicht adaptieren.

Warum sollte ich mich umstellen, wenn die Notwendigkeit nicht gegeben war? Bis 1991 spielten V-Stil-Springer eine untergeordnete Rolle, hatten zwischendurch eine Serie, aber das hatten wir anderen auch. Die Tournee wurde von Parallelstil-Springern gewonnen, alle Medaillen bei der WM in Val di Fiemme wurden im

-72-

Bei Heß weiß man, woran man ist

parallelen Stil erobert. Alle. Wo also lag die Notwendigkeit, sich umzustellen? Ich empfinde es heute noch als Jammerei der Medien und unserer eigenen Leute, dass plötzlich der V-Stil da war und wir ihn verschlafen hätten. Nochmals: Für mich gab es keine Notwendigkeit.

Aber dann stellten Sie doch um?

1991 wurde ich am Knie operiert und absolvierte erst drei Wochen vor Beginn der Vierschanzentournee meinen ersten Sprung. Zeit, die neue Technik zu erlernen, blieb keine. Ich verließ in der Folge in Garmisch-Partenkirchen die Tournee, um mich vor den Olympischen Spielen umzustellen. Ich hatte gesehen und definitiv erkannt, dass es ohne V-Stil nicht mehr gehen würde. Doch die Erfahrungen von Sportlern und Trainern mit der neuen Technik waren gering. Bei mir kam auf die Schnelle nur ein halber V-Stil heraus, und in Courchevel beim Olympischen Saisonhöhepunkt sprang ich deshalb noch parallel. Mit mäßigem Erfolg. Der tatsächliche Durchbruch gelang mir erst im Sommer 1993 bei einem Trainingslager in Stams. Ein neues Bindungssystem erleichterte mir die Umstellung und ermöglichte mir größere Weiten. Einen Testwettkampf gewann ich mit 40 Punkten Vorsprung. Und ich wusste nun, dass mit mir wieder zu rechnen sein würde.

Der Trainer beschreibt Sie in dieser Zeit kurz als „schwierig".

Dass ich in der Phase der Umstellung nicht pflegeleicht war, stimmt sicherlich. Eigentlich war ich prinzipiell nicht pflegeleicht, außer, es lief sehr, sehr gut.

Welche waren für Sie die markantesten Eigenschaften des Trainers Reinhard Heß in Ihrer aktiven Zeit?

Das Wichtigste, heute wie damals, ist seine Konsequenz. In den Dingen, die er macht, fährt er eine klare Linie. Er lässt sich nicht in sein Konzept hineinquatschen, sondern zieht dieses hundertprozentig durch. Heß ist mit vielen Wassern gewaschen, und niemand sollte glauben, dass er nur stur in eine Richtung geht. Er kann laut werden, aber er pflegt auch einen diplomatischen Umgang mit Journalisten, sagt zuweilen nicht alles, was er denkt. Aber sowohl gegenüber Medienvertretern, in Mannschaftsführersitzungen oder auch am Trainerturm kann er sich deutlich artikulieren und macht sich dadurch vielleicht auch unbeliebt. Das deutsche Trainergespann, nicht nur Heß, auch Wolfgang Steiert oder Henry Glaß, macht mehr den Mund auf als Betreuer anderer Nationen.

Ein Trainer also, der deutliche Worte nicht scheut?

Bei Heß weiß man jedenfalls, woran man ist. Er spricht Dinge klar an, gibt Entscheidungen selbst bekannt und lässt sie nicht ausrichten, setzt sich mit den Athleten auseinander und versucht, Lösungswege aufzuzeigen. Heß ist kein Betreuer, der seine Jungs ihrem Schicksal überlässt. Aber ich komme nochmals auf seine positivste Eigenschaft zurück: Konsequenz. Da hatte ich schon befürchtet, vor acht oder zehn Jahren, dass diese seine Kraft einmal nachlassen würde. Nichts da. In Thunder Bay wurde 1994 die Weltcupserie beendet, und ich war angetreten nach dem Motto: Entweder es läuft oder es läuft eben nicht. Ich wollte ganz einfach mit dem zufrieden sein, was am Ende unterm Strich herauskommen sollte. Und was passiert? Heß korrigiert, korrigiert, korrigiert. Ich hatte gedacht, er würde vielleicht zum Saisonausklang lockerer werden. Nichts da. Er ist ein Trainer, der vom ersten Weltcupsprung bis zum letzten konsequent seinen Anspruch durchhält. Und deswegen ist Heß auch glaubhaft. Er

Vom „fliegenden Brathähnchen" zum „Goldadler"

ist jederzeit bei der Sache. Bei ihm ist die Saison erst dann vorbei, wenn der letzte Skispringer im Auslauf abschwingt.

Welche Ihrer vielen Siege schätzen Sie als die wichtigsten ein?

Da gibt es zwei ganz Besondere. Der Einzelsieg 1994 bei den Olympischen Spielen in Lillehammer hat für mich einen hohen Stellenwert. Da empfand ich innere Genugtuung all' jenen gegenüber, die mich nach einer mageren Vorjahres-Saison schon abgeschrieben hatten. Ich war stolz, von einem „fliegenden Brathähnchen" wieder zum „Goldadler" geworden zu sein, und meine Mannschaftskollegen, mit denen ich den Teamwettbewerb gewann, ebenfalls. Doch diese neue Bezeichnung änderte meine Einstellung all' meinen übereiligen Kritiker gegenüber auch nicht mehr großartig. Einen hohen Stellenwert räume ich auch meinem vierten Tourneesieg ein. Nicht nur, weil er sporthistorisch gewesen ist. Es war ein Triumph, der mir unter größtem Druck gelang. Die Medien und auch mein Umfeld waren bereits zu den beiden vorangegangenen Auflagen mit der einzigen Frage zur Tournee gereist: „Wird Weißflog sie zum vierten Mal gewinnen?" Das war unglaublich belastend. Da wurde eine Erwartungshaltung produziert, die nicht auf Form, Tagesverfassung, Konkurrenten, Wetterverhältnisse und so weiter Rücksicht nahm. Genauso ist es Martin Schmitt in den vergangen Jahren auch ergangen: Ob er gut drauf war oder nicht, war völlig egal. Als ich es geschafft hatte, war ich wirklich froh. Froh, dass es dieses Gerede um den vierten Tourneesieg nie mehr geben würde.

Bei den Olympischen Spielen 1994 haben Sie indes Ihre schwärzeste Stunde erlebt, als Sie dem norwegischen Publikum den „Stinkefinger" zeigten.

Das war wirklich eine ganz dumme Geschichte, die mir im nachhinein fürchterlich leid getan hat. Ich hatte Masahiko Harada vor meinem Sprung schon zum Sieg der Japaner im Teamwettbewerb gratuliert, angesichts seines großen Vorsprungs durchaus nachvollziehbar. Und meine Glückwünsche waren wirklich ehrlich gemeint. Ich war zufrieden, mit meinem zweiten Versuch Silber für Deutschland absichern zu können. Aber Harada verpatzte seinen Sprung, und plötzlich standen wir als Sieger da. Dann gab Espen Bredesen, mein großer Rivale bei diesen Winterspielen, der norwegischen „Bild"-Zeitung, „VG", ein Interview, in dem er mich der psychologischen Kriegsführung bezichtigte. „VG" produzierte eine Riesen-Story, und daraufhin hatte ich ganz Norwegen gegen mich. Ich war Staatsfeind Nummer eins des Königreichs, ich war von jetzt auf nachher der unpopulärste Sportler der Olympischen Spiele. Es folgte das Springen von der Normalschanze, und beim Training war ich immer kürzer als Bredesen gesprungen. Als ich beim Probedurchgang auf dem Balken saß, hörte ich plötzlich ein Pfeifkonzert der 30.000 Zuschauer. Mir widerfuhr, was auch Sven Hannawald 2002 in Zakopane geschehen ist. Und zu diesem Zeitpunkt wusste ich nicht einmal, warum? Jedenfalls sprang ich erstmals weiter als mein norwegischer Konkurrent, und, nachdem ich Pfiffe hörte, Schimpfwörter vernahm, zeigte ich der Masse meinen ausgestreckten Mittelfinger. Das war eine falsche Reaktion und keine faire Geste, aber die Pfiffe und Beleidigungen waren auch nicht besser. Auf alle Fälle hatte ich die vielen Sympathien, die ich mir in Norwegen aufgrund meiner früheren Leistungen erworben hatte, mit einem Fingerzeig verspielt. Wie gegen mich vorgegangen wurde, tat mir wirklich weh. Heute kann ich darüber lachen, und heute wird dort meine Aktion auch nicht mehr als Geste gegen das Volk interpretiert. Damals flog ich zwar mit zwei Goldmedaillen im Gepäck nach Hause, aber meine Laune war mies, und ich hatte eine gehörige Portion Wut im Bauch. Wut auf Alle und Alles. 1996 wäre mir ein solcher Ausrutscher nicht mehr

Thoma war für mich ein Ansporn

passiert, und heute ist ein solcher emotionaler „Faux pas" fast undenkbar. Spontanität ist im Skispringen nicht mehr im gleichen Maße wie vor zehn Jahren vorhanden. Wenn Martin Schmitt in Vikersund oder am Kulm beim Skifliegen ausflippt, dann ist das schon die Ausnahme. Übersehen wird, dass Skispringer eben auch nur Menschen mit emotionalen Höhen und Tiefen sind.

Bedauern Sie zuweilen, nicht zehn Jahre später gesprungen zu sein? In der heutigen Zeit wären Sie ein Superstar und ein Top-Verdiener.

Nein, ich bedauere nichts. Ich mache mir keine Gedanken darüber, ob ich zu einer anderen Zeit hätte mehr verdienen können. Denn wenn es so wäre, würde ich mit meinem Leben nicht mehr zurechtkommen. Ich habe erreicht, was man erreichen konnte, und verdiente zum Schluss meiner Laufbahn auch ein paar Mark. Dass das Skispringen die Entwicklung genommen hat, die letztlich eintrat, dafür sind wir, Andreas Felder aus Österreich, Dieter Thoma oder ich und noch einige andere verantwortlich. Wir haben 1990 in Oslo eine Springerunion gegründet und uns dafür eingesetzt, dass es Geldprämien und keine Kassettenrekorder mehr als Preise gab. Thoma hat sich zudem in Deutschland in den Medien als einer der Ersten überhaupt dafür sehr engagiert.

Apropos Thoma. Er war vor der Wende Ihr „Klassenfeind", danach waren Sie für ihn anscheinend eine unüberwindbare Mauer in der eigenen Mannschaft. Wie denken Sie darüber?

Persönlich ist es für mich unverständlich. Wenn ein Mannschaftsgefährte besser als ich war, dann war dies ein zusätzlicher Ansporn für mich, noch härter, noch fleißiger zu arbeiten, um dessen Niveau zu erreichen. Ich sah Konkurrenz immer als Befruchtung, niemals als Hemmschuh. Sicherlich ist es schwierig, einen Kameraden im eigenen Team zu haben, der stärker ist – aber gleichzeitig ist er auch ein Gradmesser, eine Herausforderung. Und wenn ich dann im eigenen Team die Nummer eins war, dann wusste ich, auch international vorne mitmischen zu können. Thoma war für mich ein Ansporn, ich für ihn offenbar ein psychologisches Hindernis. Wahrscheinlich. ■

Jens Weißflog

wurde am 21. Juli 1964 in Erlabrunn geboren und wuchs in Oberwiesenthal auf. Weißflog schloss die zehnte Klasse an der polytechnischen Oberschule ab und absolvierte eine Ausbildung zum Elektroinstallateur. Seine größten Erfolge waren Olympiasiege von der Normalschanze (1984) und Großschanze und im Team (beide 1994) sowie Olympiasilber von der Großschanze (1984). 1985 und 1989 wurde Weißflog Weltmeister, belegte zudem vier Mal den zweiten Platz (1984, 1985, 1989, 1995) und fünf Mal den dritten Rang (1989, 1990, zwei Mal 1991, 1995). 1984 wurde der Sachse Weltcup-Gesamtsieger und ist mit 33 Einzelsiegen erfolgreichster deutscher Weltcup-Springer. Als einziger Skispringer gewann Jens Weißflog vier Mal die Vierschanzentournee (1984, 1985, 1991, 1996), die er weitere fünf Mal als Zweiter beendete. Unter dem Motto „Ruhm und Ruhe sind Dinge, die sehr wohl zusammen leben können", führt Weißflog gemeinsam mit seiner Frau Nicola (der er 1994 von den Olympischen Spielen vor laufenden Kameras eine Liebeserklärung machte) erfolgreich ein Appartementhotel in Oberwiesenthal (www.jens-weissflog.de). Weißflog ist Familienvater; seine Kinder Daniel und Niklas sind zwölf und zwei Jahre alt.

In welchem Land bin ich eigentlich?

11 Den Fernsehtrainer sieht jeder, die Arbeit am Mann und am Schreibtisch keiner

Zwei Uhr nachts. „Puh!" „Wieder ein Weltcupspringen weniger"

Wo die Pflicht gebeut zu sprechen,
da ist Schweigen ein Verbrechen.
Sprichwort

Sieben Uhr morgens. Ich wache auf und weiß nicht so recht, in welchem Land ich mich befinde. Ich weiß nur, dass heute ein Skispringen angesetzt ist. Aber eigentlich reicht dies als erste Information.

Nicht der Weltcup ist es, der bei den Sportbegeisterten, bei den meisten Skispringern und Funktionären gedanklich im Mittelpunkt steht, sondern die klassischen Wettkampfhöhepunkte, wie es Olympische Spiele oder Weltmeisterschaften sind. Auch die Vierschanzentournee übt eine größere Ausstrahlung auf die Szene aus als der Weltcup an sich. Und so gewichte ich für mich, in Absprache mit meinem Verband, anders, als es vielleicht meine Kollegen tun. Den Skisprung-Weltcup des Internationalen Skiverbandes gibt es seit der Saison 1979/80, und er ist aus dem Sportgeschehen nicht mehr wegzudenken. Insofern akzeptiere auch ich dieses System, gebe aber im gleichem Atemzug auch zu, dass meine Gefühle gespalten sind. Das Schielen nach dem Sieg im Gesamt-Weltcup ist für mich sekundär – ungleich wichtiger ist für mich, bei Olympia oder Weltmeisterschaften Medaillengewinne zu feiern. Schon klar: Sollte der Weltcup umgetauft werden in Weltmeisterschaft, sollte die Formel 1 des Wintersports den Weg gehen der echten Formel 1, dann muss auch ich umdenken. Aber derzeit ist es nicht so. Und Weltmeister ist, wer die WM gewinnt.

Meine Grundeinstellung schloss und schließt Diskussionen mit den Spitzenathleten nicht aus. Für Dieter Thoma zum Beispiel war der Gesamt-Weltcup der wichtigste Titel. „Wer die große Kristallkugel gewinnt", so sagte er, „ist der beste Skispringer der Welt". Bei solch einer Einstellung musste ich als Trainer sehr viel Fingerspitzengefühl und Überzeugungskunst aufbringen, damit der Sportler das eine oder andere Springen sausen ließ, dem Saisonhöhepunkt zuliebe. Ich vernachlässige den Weltcup nicht. Er ist eine interessante und wichtige Serie, stark motivierend in der Zeit der Preisgelder für die Hauptdarsteller, und nicht nur für sie. Wenn ich heute diesen Konkurrenzen gegenüber positiver eingestellt bin, so muss ich auch bekennen, dass dies nicht immer so war. Im Sportsystem der DDR gab es keinen Platz für den Weltcup. Wir konnten problemlos auf Weltmeisterschafts- oder Olympiamedaillen hinarbeiten. Die Saisonhöhepunkte waren in der DDR das Einzige, was zählte. Medaillen waren politisch wichtig. Meine Meinung hat sich mit der Zeit verändert. Heutzutage ist es wichtig, dass Sportler sich im Schaufenster ihrer Disziplin präsentieren. Sie selbst, ihre Manager, ihre Sponsoren, sollten aber die Reife und Erkenntnis besitzen, Abstand von der Wettkampfserie zu nehmen, wenn es der Saisonhöhepunkt erfordert.

Die Tournee als erster Höhepunkt

Wie auch immer. Ich habe mich an den Weltcup gewöhnt, ich identifiziere mich mit ihm. Der Start in jeden neuen Winter, der traditionsgemäß in Skandinavien – Lillehammer vor einigen Jahren, Kuopio oder Kuusamo nunmehr – erfolgt, wird konzeptionell vorbereitet. Hingearbeitet wird auf den ersten Höhepunkt, die Tournee – doch unheimlich wichtig ist auch ein gelungener Einstieg in den Winter. Ein Auftaktsieg ist ein Achtungserfolg und gut für die Psyche. Doch alles, was im November und Dezember passiert, kann nur als Herantasten an die Vierschanzentournee interpretiert werden. Die Tournee ist das erste Highlight, ein dermaßen strahlendes, dass es viele gibt, die behaupten: Wer die Tournee gewinnt, ist der wahre Weltmeister. Mir ist egal, was gesagt wird. Ich wehre mich nur dagegen, den Triumphator einer Weltmeisterschaft als schwächsten Sieger abzukanzeln, da er von Tagesform, Wetterbedingungen und so weiter begünstigt worden wäre. Im Laufe einer Saison verteilt sich Glück und Pech, und sicherlich bin auch ich kein Zauberer, der die Springer zur Minute X in Höchstform bringen kann. Doch ich verneine ebenfalls die Meinung anderer, dass man gar nichts vorbereiten kann im Hinblick auf den großen Tag.

Sicherlich kann man nicht mehr im Sinne klassischer Vorbereitungsmechanismen Wettkampfhöhepunkte angehen. Aber es gibt sehr wohl Regularien, die praktikabel sind. In Jahren mit Olympischen Spielen oder Weltmeisterschaften plane ich traditionsgemäß Zwischenwettkampfphasen ein, um mir Möglichkeiten zur Optimierung der Prozesse zu schaffen. Meine Ansichten werden mit den Athleten und Heimtrainern diskutiert, und wenn es gelingt, Zustimmung zu erlangen, greifen individuelle und bindende Trainings- und Wettkampfpläne. Dass wir vor Salt Lake City 2002 nicht zum Weltcup nach Japan fliegen würden, war bereits vor Saisonbeginn klar. Nicht immer fallen mir solche Entscheidungen, die ich als Cheftrainer verantworten muss, leicht. Wenn deutsche Skispringer nicht antreten, schmerzt dies die Veranstalter. Gewissenskonflikte machen sich breit, wenn mir ein Gegenbeispiel in den Sinn kommt: Auch ich möchte nicht die Tournee ohne die japanischen Stars bestreiten. Deswegen überlegen wir uns immer sehr gut, welche Wettbewerbe wir schweren Herzens auslassen müssen.

„War das klug?", wurde ich nach den Springen in Sapporo 2002 gefragt. „Andreas Widhölzl gewinnt zwei Mal, fliegt mit großem Selbstvertrauen in die USA - und Deutschland, Deutschland hält sich zurück. Ist das richtig?" Ich antwortete aus tiefster Überzeugung: „Ja, ich denke, es ist richtig" Die Ergebnisse bei den Olympischen Spielen zeigten, dass mein Weg so falsch nicht war. Anton Innauer, mein österreichischer Kollege und dessen Stab, werden sicher auch ihre Überlegungen angestellt haben. Sie wählten eine andere Strategie, aber letztlich sind ohnehin alle Entscheidungen individuell. Auffallend ist jedoch, dass die eine oder andere Nation schon ein wenig unsere Anschauungen übernommen hat. Weswegen ich „ketzerisch" frage: Warum können vor Großveranstaltungen nicht zwei oder drei Wochen Wettkampfpause eingeschoben werden, in denen wir Betreuer mit den Athleten trainingsmethodisch nach unseren Vorstellungen arbeiten können? In den vergangenen Jahren hatten wir über 30 Wettkämpfe in unserem Kalender. Die Zeiten ändern sich nicht: 1991 hatte Paul Ganzenhuber, damals Vorsitzender des Sprunglauf-Komitees, angedacht, die Zahl der Konkurrenzen von 21 auf 16 zu reduzieren, und Rudolf Tusch hatte gemeint: „Es ist nicht möglich, länger als vier Monate unterwegs zu sein. Die Belastung für die jungen Springer würde ansonsten zu groß". Das war vor über einem Jahrzehnt. In der Tat betrug die Anzahl der Weltcup-Veranstaltungen in der Folge 17 (1992/93) und 19 (1993/94). Doch ab dem Winter 1995/96 stieg die Zahl wieder rapide an (28) und wurde erst zu Beginn des neuen Jahrtausends wieder leicht nach unten korrigiert (2001/02: 24 Einzelwettbewerbe, vier Teamspringen).

- 77 -

Bischofshofen setzte Maßstäbe

„Man kann nicht nur von Tradition leben"

Die Frage, welche Stationen beschickt werden oder nicht, welche Austragungsorte eine Berechtigung haben, im Kalender zu erscheinen, und welche nicht, braucht nicht gestellt zu werden. Unvorstellbar ist beispielsweise, dass eine der Skisprung-Nationen die Vierschanzentournee nicht beschickt – es sind jene vier Wettbewerbe, die am höchsten gewichtet sind. Das heißt nicht, dass in der Vergangenheit in Oberstdorf, Garmisch-Partenkirchen oder Innsbruck immer alles wie am Schnürchen lief. „Man kann nicht nur von der Tradition leben", sagte ich in Oberstdorf einmal dem Schanzenchef, als ich mich über die Präparierung des Anlaufes beklagte und er mir antwortete: „Vor 30 Jahren ging es auch." Aber nun sind die beiden deutschen Tournee-Orte auf einem wahrlich guten Weg. In Innsbruck haben Steiert und ich schon mal am Schnee geleckt, um zu dokumentieren, dass er salzhaltig war und nicht den Ansprüchen entsprach. Die Skispringer wären auf diesem Untergrund im breiweichen Hang gefährdet worden. Klar, dass ich mir in Tirol keine Freunde machte, wenn ich dann das Bergiselspringen kurzerhand nach Bischofshofen verlegt sehen wollte. Die Unterstellung lautete: Bischofshofen sei eine „Deutschland-Schanze". Die Wahrheit ist: Was auf der Paul-Außerleitner-Schanze im Salzburger Land vollbracht wird, ist beispielgebend für alle anderen Skisprung-Ausrichter. Die Schanze ist alljährlich präpariert wie ein Billard-Tisch, und es freut mich, die Ausrichter strahlen zu sehen, wenn ich ihnen sage: „Das habt Ihr auch dieses Mal wieder sehr gut hinbekommen!" In Bischofshofen findet man, was man sich als Trainer wünscht: ein Kollektiv, das Ahnung von der auszuführenden Tätigkeit hat, das mit Hirn, Hand und Fuß arbeitet, das mit Hingabe und Euphorie bei der Sache ist. Erfreulich ist, dass inzwischen diese Kriterien auch bei anderen Veranstaltern greifen.

Die Nordlandtournee oder „Nordic Tournament", die als Gegenwicht zur deutsch-österreichischen Megaveranstaltung installiert wurde, kommt nicht an die Qualität des Traditionsevents heran. In Lahti und Oslo sind die Springen ein Fest, aber in Falun fehlt die Begeisterung der Szene, und auch in Trondheim gehen die Sportler nicht unter Jubelstürmen an die Schanze. Selbst der traditionelle Holmenkollen, die Geburtsstätte des Nordischen Skisports, hat von seinem Glanz und von seinem Ruhm einiges eingebüßt. Martin Schmitt hat sich in Norwegen nicht gerade beliebt gemacht, als er den Ausrichtern empfahl, die Anlage, weil unmodern, einfach in die Luft zu sprengen. Und auch ich habe dort schon anklingen lassen, dass ich nicht um jeden Preis ein Holmenkollen-Springen haben muss, wenn es die Witterung eigentlich verbietet. Nichtsdestotrotz besitzen die Norweger kompetente Organisatoren und ein begeisterungsfähiges und sachkundiges Publikum.

Es ist meine Art, offen und ehrlich meine Meinung zu sagen. Ich kritisierte einmal die Weltcupveranstaltung in Oberhof und erntete Unverständnis – liegt doch mein Wohnort Suhl gerade einmal 14 Kilometer von Oberhof entfernt. Aber ich lobte auch die Veranstalter in Willingen, die ohne große Ahnung an ihr Vorhaben herangingen, sich aber auf den neuesten Stand brachten und nun Jahr für Jahr ein „Event" herauszaubern, das alle begeistert, das nicht mehr wegzudenken ist aus dem FIS-Kalender. Ähnliches gilt für die Konkurrenzen in Titisee-Neustadt, die eine Bereicherung für die Szene sind. Aber so unpopulär meine Meinung auch ist: Sollte der Weltcupkalender reduziert werden, müsste auch Deutschland „bluten", müssten sich beispielsweise Willingen und Neustadt in der Austragung der Events abwechseln. Beide Orte sind qualifiziert genug, aber die demokratischen Formen bei Abstimmungen in den FIS-Gremien bestimmen die Entscheidungen. Wenn in den Kommissionen also die Finger gehoben werden, dann stehen nicht nur organisatorisches Können und euphorische Zuschauermassen zur Diskussion,

Schichtarbeiter in Sapporo

sondern auch die Interessen einzelner Länder oder Blöcke. Die Japaner pochen auf Sapporo, obwohl uns Insidern die Tätigkeit auf diesem Fleckchen Erde des Fernen Ostens nicht gerade vom Hocker reißt und wir uns eher wie Schichtarbeiter fühlen. Sapporo ist eine Großstadt, das Stadion dennoch zumeist leer. Initiativen, die Bevölkerung anzusprechen – wenn es sein muss auch mit den japanischen Helden des Sumo-Ringens – gibt es viel zu wenige. Die Athleten lieben die Schanze zwar, sie begeistern sich auf dem Turm vom Anblick auf die Stadt, sie denken daran, dass das Preisgeld gleich hoch ist wie in Europa – und sie sehnen trotzdem den Heimflug herbei.

Im Kampf der Weltcup-Veranstalter mischt auch der osteuropäische Block erfolgreich mit. Zakopane ist ein Klassiker und dank Adam Malysz auch ein Ereignis (wenn auch einige Zuschauer sich bedauerlicherweise als Rowdies entpuppten), Harrachov ist mit von der Partie, ebenso Planica als Schlussveranstaltung. Doch wer im Sommer nach Slowenien reist, erlebt in Planica ein Szenario, das surreal ist: Es sieht aus, als wäre die Schanze seit 40 Jahren nicht mehr benutzt worden. Alljährlich gelingt es den Organisatoren aber, sie manuell bestens zu präparieren. Wenn die Veranstaltung immer wieder als gelungen bezeichnet werden kann, so stelle ich mir doch die Frage, ob man sich am Ende der Saison skifliegend der Problematik der Thermik, des Windes aussetzen muss? Bei schönem Wetter kommt der Wind ab 11.30 Uhr. Geschäft? Einschaltquoten? Preisgelder? Der Wind fragt nicht, er kommt einfach. Dafür liebe ich das Flair, die Volksfeststimmung in Planica umso mehr. Der Sliwowitz gehört dazu, Aggressionen gibt es dennoch keine. Und das ist gut so.

Prinzipiell gilt: Wenn sich die Organisatoren redlich bemühen, wenn die Anlage sehr gut präpariert ist, dann sehen Athleten problemlos über vernachlässigbare Mängel im Umfeld hinweg. Dann werden auch sehr kritische Springer ruhiger (und dann wird es auch für mich angenehmer). Wenn hingegen nichts passt, drehen die Sportler durch. Ob die Anlage sprungtauglich ist, entscheidet eine Jury. Diese wird von Konkurrenz zu Konkurrenz neu zusammengesetzt, weswegen mein Vertrauen zu diesem Gremium einmal größer und einmal kleiner ist. Ich habe schon Mannschaftsführersitzungen erlebt, bei denen der Juryvorsitzende die Schanze für sprungtauglich erklärt hatte – ohne sie selbst inspiziert zu haben. Er war nämlich zu spät angereist. Das fördert kein Vertrauen. So kann es vorkommen, dass wir Trainer die Anlaufspur begutachten oder den Auslauf abgehen. Vor wenigen Jahren begann es beim Weltcupauftakt in Kuopio am Vortag des Springens zu tauen. In der Nacht regnete es, dann setzte Frost ein. Die Schanze war eine einzige Eisplatte. Ich war den Auslauf nochmals abgegangen und funkte SOS. „Unter diesen Voraussetzungen springt heute kein deutscher Athlet", richtete ich FIS-Rennsportdirektor Walter Hofer über den Sprechfunk aus, als ich sah, dass die Vorspringer schon bereit standen. Die Anlage wurde begutachtet, wobei auffiel, dass Alpinski, mit denen das Eis bearbeitet wurde, nicht einmal einen Abdruck hinterließen. Es kam zu Verzögerungen. Schnee wurde aufgetragen und aufgeraut, ehe gesprungen werden konnte. In vorderster Front: Wir Deutsche, verrufen als „beste Schanzenarbeiter der Welt". Henry Glaß und Wolfgang Steiert und andere tun es eigennützig, um die eigenen Athleten zu schützen, und uneigennützig, um die Veranstaltung zu retten. Klar ist jedenfalls, dass ich als Cheftrainer die Pflicht habe, das Risiko für meine Sportler zu kalkulieren. Also mir auch das Recht nehme, das mir mein Verband mit seiner Rückendeckung einräumt, zu sagen: Hier springen wir nicht.

Nicht alle Jurys sind „vertrauenswürdig", und es ist traurig, so etwas überhaupt sagen zu müssen. In einem hochprofessionellen Wettkampf, in dem Springer,

Walter Hofer als Fixpunkt

Trainer und Betreuer ihr Bestes geben, in dem Walter Hofer ein kompetenter Fixpunkt ist, in dem die Weitenmessung von einer Experten-Gruppe übernommen wird, in dem alle Organisatoren – die einen mit mehr, die anderen mit weniger Erfolg – bemüht sind, in dem die Medien engagiert arbeiten, ist eine Jury aus Profis schon längst überfällig. Im Skispringen gibt es genug finanzielle Ressourcen, um auch diese Fachleute nebst ihren Ersatzmännern bezahlen zu können.

Wettkampfberichte, Abrechnungen, Privatleben

Es ist nun wirklich nicht so, dass ich drei fertig gepackte Koffer bei mir daheim stehen habe, die ich einfach wechsle, wenn ich von einer Konkurrenz komme und zur anderen aufbreche. Auch stellt mir meine Frau nicht das Reisegepäck zusammen; ich habe mein eigenes System. Geändert hat sich im Laufe der Jahre mein Verhalten in den Hotels. Legte ich zuerst Wert darauf, nicht aus dem Koffer leben zu müssen, so erspare ich mir heute zumeist das ständige Ein- und Auspacken – wenn es nach 24 oder 48 Stunden zum nächsten Wettkampfort weiter geht. Das Management des Gepäcks ist eine Marginalie in meinem Beruf. Andere Umstände wiegen viel schwerer, machen viel mehr Arbeit. Es ist nämlich nicht so, wie durchaus vermutet werden könnte: Der Herr Heß steht auf dem Trainerturm, winkt einige Male mit seinem Fähnchen, fährt dann nach Hause, legt sich untätig auf die Couch und wartet auf das nächste Springen. Falsch.

Nach jedem Wettkampf oder jeder Wettkampfserie gilt es, eine Vielzahl von Aufgaben zu erledigen. Sie beginnen mit Berichten für den Verband und für die Stützpunkte. Wolfgang Steiert ist zuweilen erstaunt darüber, wie schnell diese Berichte von mir angefertigt werden – kein Wunder. Ich arbeite nach Möglichkeit auch auf den Flughäfen schon daran. Es ist ein Dienst im Sinne einer erfolgreichen Zusammenarbeit. Ich halte es für meine Pflicht, Heimtrainer zu informieren, Hinweise zu geben, Erfahrungen auszutauschen. Man könnte natürlich auch telefonieren, sicherlich. Aber bleibt dann das, was ich vermitteln will, auch im Kopf hängen? Aufzeichnungen prägen meinen Arbeitsstil: Was einmal gelesen und nicht weggeworfen wurde, kann immer wieder nachgelesen werden.

Doch während der wettkampffreien Tage in Suhl möchte ich tagsüber auch Zeit für meine Frau, für meine Tochter und für mein Enkelkind haben. Da passiert es dann schon, dass ich am Abend und in der Nacht über den Abrechnungen sitze, jeden Fahrschein aufklebe, jede Taxirechnung dokumentiere. Vorschuss erhalte ich nämlich nur, wenn alte Spesen abgerechnet sind. Und dann muss ich auch voraus denken, die nächsten Tage planen sowie über Telefon und Telefax organisatorische Notwendigkeiten realisieren. Wer glaubt, dass ich eine Sekretärin habe, die mir die Büroarbeit abnimmt, irrt. Nicht zuletzt schreibe ich meine Gedanken nieder, die Monate später in die Saisonanalyse einfließen. So sind diese wenigen Tage daheim mit oft größerem Stress verbunden als ich ihn bei den Veranstaltungen gewohnt bin. Schwerer ist es in dieser Zeit, eine Regelmäßigkeit, beispielsweise den wöchentlichen Saunagang, ins Privatleben einfließen zu lassen. Bin ich daheim, klingelt ständig das Telefon. Wenn ich schon gar nicht mehr an den Apparat gehen mag, antwortet Regina. Meinem Wunsch, mit einer Notlüge den Anrufer abzuwimmeln, entspricht sie leider viel zu selten. So höre ich mir Angebote von Firmen an, setze mich mit „Trittbrettfahrern" auseinander, gebe Medienvertretern Auskunft. Und wenn das Telefon pünktlich um 12 Uhr mittags läutet, dann weiß ich: Das ist der Manfred Hönel aus Berlin, der weiß, dass ich jetzt beim Mittagessen sitze. Ich verfluche ihn jedes Mal, und jedes Mal denke ich mir aber auch: Ein cleverer Journalist, er eben weiß, wann er mich ans Telefon bekommt.

„Ich spiele nicht den Clown"

Prinzipiell habe ich weder Probleme mit den Medien noch mit anderen Gesprächspartnern. Möglichkeiten der Regeneration sind aber fast nicht mehr gegeben. Gerne spaziere ich eine Stunde durch den nahegelegenen Thüringer Wald, um Spannung abzubauen. Ab und zu trinke ich auch ein Glas Wein und mache mich im Anschluss daran wieder an die Arbeit. Und wenn ich dann wieder auf dem Weg zum Flughafen bin oder im PKW den nächsten Wettkampfort ansteuere, bilde ich mir ein, mich erholt zu haben. Die positiven Eindrücke in heimischer Umgebung, im Kreise der Familie, bleiben hängen und geben Kraft. Vor einigen Jahren war auch für mich nicht vorstellbar, was ein Trainerberuf alles beinhaltet. Vielen bleibt verborgen, was „nebenbei" zu tun ist. Ich winke nicht nur mit dem Fähnchen, leider und gottlob. Leider – weil die Arbeit oft zu viel wird. Gottlob – weil der Beruf vielfältig ist und seine Reize hat. Manchmal tut es weh, wenn die Öffentlichkeit in mir nur den „Mann mit der Fahne" sieht. In der wettkampffreien Zeit werde ich oft gefragt: „Und nun, Urlaub?" Dies hat mich zuerst geärgert, nun antworte ich provokant: „Ja, von Mai bis November!" Dass Skispringen ein Ganzjahressport geworden ist, hat sich anscheinend immer noch nicht überall herumgesprochen und wird in den Zeiten des Sommerhalbjahres auch nicht medienspezifisch dokumentiert. Der „Fernsehtrainer", der während der Saison hoch frequentiert verfolgt wird, ist dann kaum mehr existent.

Man bezeichnet mich mit einem Augenzwinkern als den „Fernsehtrainer". In DDR-Zeiten war es die Chefetage, die von Presse und Fernsehen befragt wurde; in RTL-Zeiten suchen Kommentatoren, Regisseure und Sportchefs viele verschiedene Ansprechpartner, zu denen auch ich zähle. Alle Medienschaffenden brauchen Informationen, um ihre Tätigkeit objektiv und korrekt ausüben zu können, Fernsehleute diskutieren mit mir über besondere Kamera-Einstellungen und über Verbesserungsmöglichkeiten bei den Übertragungen. Keine Konkurrenz mehr, während der ich nicht von einer TV-Kamera verfolgt werde. Damit habe ich mich abgefunden, verdeutlicht es doch auch die „Einheit" zwischen Sportler und Trainer. Weniger passend finde ich allerdings ausgefallene Wünsche. „Lachen Sie doch mal rüber", forderte mich einmal ein Kameramann auf. „Ich bin hier, um meinem Beruf als Trainer nachzugehen, nicht um hier den Clown zu spielen", antwortete ich ernst.

Kleine atmosphärische Störungen gibt es allemal. Für gute Zusammenarbeit bedanke ich mich nach Saisonende schriftlich bei meinen Medienpartnern. Briefe gehen auch an meine wissenschaftlichen Berater, an Materialhersteller und andere Mitarbeiter. Wir sind eine Szene und wir leben in einer Wechselbeziehung (auch österreichische Firmen brauchen deutsche Siege). In meinen Briefen drücke ich Dank aus, rege an, in welchen Punkten unsere Zusammenarbeit verbessert werden könnte, entschuldige mich auch für kleine verbale Auseinandersetzungen, so es welche gegeben haben sollte. Das Schreiben der Briefe ist mir wichtig, und ich werde diese Tradition beibehalten.

Man sagt mir nach, dass ich gerne schreibe. Das ist nicht so, auch wenn ich gestehen muss, dass es mir nicht schwer fällt. Nicht nur offizielle Briefe, unter anderem auch an den Deutschen Skiverband, meinen Arbeitgeber, im Sinne einer besseren Argumentation und Kommunikation, fertige ich an, sondern auch private. Mit mir stehen Menschen in Kontakt, die zwischen 13 und 80 Jahre alt sind. Sportfanatiker, Fans, die mehrmals in der Woche telefonieren, oder Repräsentanten des sogenannten „Zahnspangengeschwaders": wirklich sensationell, was die Mädels da so zu Papier bringen. Diesen Leuten muss ich einfach antworten. Ich muss, weil ich ihre Briefe nicht einfach wegwerfen kann. Das ist keine Selbstdarstellung, es geschieht auch wahrlich nicht aus Langeweile. In meinen Briefen an die Fans

„Mein Lohn ist auch die Fanzeitung"

kann ich Dinge klarstellen, Athleten „reinwaschen", ihr Verhalten erklären, beschreiben, warum sie nicht mehr zum Anfassen sind, warum wir „Schutzwälle" aufbauen mussten. Zuweilen verteidige ich auch meine personellen Entscheidungen, weise darauf hin, dass ich anders denken muss als ein Fan, nämlich auch im Sinne des Verbandes und im Interesse der Nation. Die Nation will Gold, nicht Bronze. Ich trage die Verantwortung, diese Ziele zu erreichen. In Salt Lake City sagte vor der Nominierung zum Teambewerb mein Herz Duffner, mein Verstand forderte Hocke. Ich schluckte, als ich unserem „Duffi" gegenübertreten musste. Viele sehen in mir den Coolen, den Regungslosen. Wenn sie nur wüßten, wie es innen aussieht. Dies und anderes schreibe ich - und weiß, dass meine Erläuterungen in dieser Szene die Runde machen. Mein Lohn ist die Anerkennung, die ich erhalte, oder die Fanzeitung, die irgendwann auf meinem Schreibtisch liegt.

Wer mir vor zehn Jahren erklärt hätte, dass ich als Cheftrainer der deutschen Skisprung-Nationalmannschaft in einen fast schon regen Briefwechsel mit halbwüchsigen Mädchen verwickelt sein würde, dem hätte ich geantwortet: Du spinnst. Nun ist ein eigentlich undenkbarer Gedanke Realität geworden. Meine Arbeit stapelt sich zeitweise bis oberhalb der Nasenwurzel, und dennoch verspüre ich einfach die Pflicht, mit den Fans zu kommunizieren. Es gibt Sportinteressierte, die ich vom Gesicht her kenne, die ihren Urlaub opfern, um den Skispringern nahe zu sein. Und sie schreiben, dass sie seit zehn Jahren die Disziplin verfolgen, es nunmehr aber aufgeben, „weil es nicht mehr der Skisprung ist, den ich kenne." Und wieder ein Brief, den es zu schreiben gilt: mit Überzeugungskraft, mit Erklärungen der Umstände.

Durch Seriensiege zum Alkoholiker?
Während eines Weltcupwinters gibt es einen mikrozyklischen Ablauf der Woche, gibt es einen festgelegten Ablauf des Tages. Und es gibt Rituale, von denen das wichtigste ist, dass ein Weltcupsieg gefeiert wird. Mit zwei, drei Flaschen Sekt am Abend des Wettkampftages, die nicht immer, aber zuweilen auf die Rechnung des DSV gehen. Ein Sieg ist nichts Selbstverständliches, ein Sieg muss einfach „begossen" werden, und diese kleinen Ausgaben müssen auch im Budget enthalten sein, im Einklang mit Verbandsführung und Sportchef. Doch dann kamen die Jahre des Martin Schmitt, des Sven Hannawald mit ihren Seriensiegen, und Christoph Duffner merkte einmal an: „Wenn das so weiter geht, werden wir alle noch zu Alkoholikern." Doch bevor wir eventuell einen Grund zum Feiern haben, steht uns allen immer ein langer Arbeitstag bevor. Unterschieden werden muss zwischen Tag- und Nachtspringen, wobei bei letzteren die Problematik des Windes nicht so präsent ist, uns als Betreuer aber vor die Aufgabe stellt, den Skispringer einen Tag lang zu beschäftigen. Da kann er nicht einfach nur im Bett herumliegen: Spitzensportler sind wie Rennpferde, und wir Trainer müssen danach trachten, dass unsere Arbeit, die „Pferdchen" zu beschäftigen, nicht in „Tierquälerei" ausartet.

Tagesablauf eines Tourneespringens
07.00 Uhr   Wecken, individueller Frühsport, Frühstück.
09.00 Uhr   Vorbelastung an der frischen Luft oder Hallensport (auch Fußball), endet mit Imitationsübungen.
10.30 Uhr   Kleiner Imbiss (Salate, Suppe), ehe es an die Wettkampfstätte geht. Das Mittagessen fällt in der Regel aus.
12.00 Uhr   Probedurchgang.
13.45 Uhr   Erster Durchgang.
14.45 Uhr   Finale, anschließend Pressekonferenz.
18.00 Uhr   Abendessen, anschließend Physiotherapie.

Am liebsten täglich einen Sieger feiern

Tagesablauf eines Nachtspringens

08.00 Uhr   Wecken, individueller Frühsport, Frühstück.
10.30 Uhr   Erste Vorbelastung.
12.30 Uhr   Mittagessen, anschließend Ruhepause.
15.30 Uhr   Kaffeerunde.
16.00 Uhr   Zweite Vorbelastung (30 Minuten).
17.00 Uhr   Aufbruch an die Wettkampfstätte.
18.00 Uhr   Probedurchgang.
19.00 Uhr   Erster Durchgang.
20.00 Uhr   Finale, anschließend Pressekonferenz.

Doch was in den wenigen, vorangegangenen Zeilen dargelegt wurde, ist viel komplexer, als es eine tabellarische Übersicht ausdrücken kann. Dies gilt auch oder gerade für die Trainer. Wenn der Skispringer sein individuelles Vorbereitungsprogramm durchzieht, müssen die Co-Trainer zur Verfügung stehen. In diesen Augenblicken können wir keine Sonderwünsche der Fernsehanstalten brauchen – und sollte es tatsächlich passieren, dann werde ich richtig grantig. Wenn der Athlet seinen Trainer braucht, muss dieser zur Verfügung stehen. Bleibt Zeit, kann man sich anderen Aufgaben widmen, bleibt keine, dann eben nicht. Da wird Wolfgang Steiert, der es immer allen Recht machen will und dem Fernsehen auch zur Verfügung stehen soll, zuweilen Opfer seiner Gutmütigkeit. Der Athlet lässt es sich vielleicht ein Mal gefallen, nicht an oberster Stelle der Prioritätenliste zu stehen. Ich, im Sinne meiner Leute, kein einziges Mal. Ich weiß nämlich, dass dem Athleten keine Störgrößen zugemutet werden dürfen. Diese kommen am Turm immer noch früh genug.

Während der Wettbewerb läuft, halte ich meine Springer auf dem Laufenden. Ich weiß, dass sie zehn bis 15 Nummern vor ihrem Einsatz losmarschieren, dass sie sich mit ihrer individuellen Vorbereitung beschäftigen, die wir in der Regel auch so belassen (außer, wir erkennen, dass etwas falsch läuft). Über den Sprechfunk sage ich die Nummer jenes Sportlers an, der gerade auf dem Anlaufbalken sitzt: „Nummer zehn, 20, 30, 40." Dies ist wichtig, da die Sportler nicht immer alles über den Lautsprecher im Stadion mitbekommen. Oft höre ich auch in meinem Gerät eine Frage, nur ein einziges Wort: „Nummer?" Da antworte ich brav und bestehe nicht gerade auf dem kleinen Wort mit den beiden t (und ich meine nicht – flott).

„Der Alte weiß alles"

Die Momente und Stunden nach dem Springen sind die härtesten für einen Trainer. In der Kabine sind Frust wie Freude anzutreffen, und dorthin führt mich mein erster Weg: um den Siegern zu gratulieren, aber mehr noch, um die Unzufriedenen aufzurichten. Erst dann sind die wesentlichen Punkte meines Tagesablaufs abgehakt. Ich empfehle meinen Schützlingen, noch regenerativ tätig zu sein, mit Auslaufen etwa, und wir treffen uns dann in der Regel beim Abendessen wieder. Dort wird, sofern wir den Sieger gestellt haben, mit Sekt angestoßen, und ich sehe es gerne, wenn sich die gesamte Mannschaft in diesen Augenblicken versammelt, wenn auch jene dabei sind, die mit sich selbst nicht zufrieden waren. Ehre, wem Ehre gebührt. Dafür muss man eben auch seinen eigenen Ärger einmal runter schlucken. Am liebsten würde ich jeden Tag einen Sieger feiern, nur, damit wir uns alle zusammenfinden, die vergangenen Stunden, die vergangenen Stresssituationen einfach gemeinsam abbauen können. Die Abende kann jedoch jeder verbringen, wie es ihm beliebt. Einige Athleten brauchen Ruhe, andere wollen reden, wieder andere suchen Zuflucht in der Masse. Ich reglementiere meine Mannschaft nicht, aber ich verfolge mit wachem Auge das Geschehen. Die Springer sind Profis, sie

„Fair-Play-Preis" für Rudi Lorenz

wissen am Besten, was ihnen gut tut und was weniger, und sie sagen auch über mich: „Der Alte weiß alles". Logisch, auch ich war einmal jung und aktiver Springer. Wer frustriert ist, soll etwas unternehmen – aber am nächsten Tag muss er wieder stehen können. Und wenn einer einmal ein paar Bier über den Durst getrunken hat, drücke ich auch ein Auge zu. Die Regel darf es jedoch nicht werden, da greife ich ein. Erfreulich ist allerdings, dass Alkohol-Eskapaden in den vergangenen Jahren in unserer Mannschaft sehr selten waren.

Wir kümmern uns fürsorglich um unsere Unzufriedenen, und wir finden immer wieder Wege, sie neu aufzurichten. Da geht eben Wolfgang Steiert mit dem einen oder anderen auslaufen, da bitte ich auch mal unsere Physiotherapeutin Nicole, eine Laufrunde mit einem Springer zu drehen: „Nur bei Dir reagiert er sich noch ab, der kann heute kein Trainergesicht mehr sehen." Wenn Streicheleinheiten für die Seele benötigt werden, dann gehören Nicole und Rudi, unsere beiden Physiotherapeuten, zu den wichtigsten Leuten im Team. Wer diese beiden hat, kann auf einen Psychologen in dieser Situation verzichten. Das Duo ist mit Witz und Humor ausgestattet, versteht es, den im Herzen Verwundeten Spannung zu nehmen, sodass diese am nächsten Tag wieder ansprechbar sind und die Dinge in einem neuen Licht sehen.

Mit Rudi Lorenz und Nicole Hoffmeyer, auch mit „Ersatzfrau" Susanne Binder, haben wir viel Glück gehabt. Die ehemalige Skirennläuferin Nicole arbeitet im Krankenhaus in Titisee-Neustadt und gibt dort auch Aerobic-Kurse. Als sie bei einem Lehrgang in Fulda das erste Mal zur Mannschaft stieß, war die Sympathie, allein schon durch ihr Aussehen bedingt, gleich da. Und dann hat sie die Jungs in einer Aerobic-Stunde richtiggehend geschunden. Große Klasse, gepaart mit Kompetenz und fachlichem Können. Rudi hat andere Qualitäten. Er hat mir bei schwersten Stürzen den Arzt ersetzt, und diese Momente vergesse ich ihm nie. Ohne unseren Rudi Lorenz wäre auch ein gewisser Primoz Peterka 1997 nicht Weltcupsieger geworden, sondern hätte die letzten beiden Skiflugwettbewerbe in Planica nicht bestreiten können – und Dieter Thoma wäre wahrscheinlich der große Triumphator geworden. In jenen Märztagen kam der Slowene Peterka nach einem Trainingssturz zu Lorenz und fragte, ob unser „Medizinmann" dessen großen Bluterguss an der Hüfte behandeln könne. Wir alle waren verwundert, befand sich der junge, wilde Peterka doch in seinem Heimatland. Aber er wollte unsere Hilfe! Der gute Rudi befand sich in einer Zwickmühle. Verweigerte er seine Unterstützung, förderte er die Siegchancen Thomas. Er bat mich um Rat, und im Sinne des sportlichen „Fair plays" antwortete ich: „Wenn wir helfen können, helfen wir. Behandle ihn, als wäre er unser eigener Mann." Dies tat der Physiotherapeut, mit Medikamenten, mit seinen Händen. Peterka wurde Zweiter im zweiten Flugwettbewerb und holte sich die große Kristallkugel, Lorenz wurde mit dem Fair-Play-Preis der Slowenen belohnt.

Aber es gibt auch andere Verhaltensmuster. In Japan ersuchte ich einmal einen österreichischen Physiotherapeuten, bei dieser Gelegenheit unsere einzige Bezugsperson in medizinischen Fragen, einen unserer Athleten zu behandeln. Er konnte, aber er wollte dafür bezahlt werden. Als ich dies nach unserer Rückkehr in Europa dem damaligen österreichischen Sprunglaufreferenten Paul Ganzenhuber mitteilte, flippte der Direktor des Skisportgymnasiums Stams in Tirol aus. „Der Mann ist entlassen", brüllte er, und so war es dann auch.

Dies sind Beispiele, die verschiedene Einstellungen dokumentieren, die aber auch aufzeigen, dass es in der Szene, auch unter Konkurrenten, eine gewisse Art von

Verständigung mit Händen und Füßen

Zusammenhalt gibt. In physiotherapeutischen Fragen ist Deutschland absoluter Anlaufpunkt, und wenn es sein muss, würde Lorenz die Medikamente kistenweise weggeben. Wir haben noch keinem eine Bitte abgeschlagen.

Respekt vor Ono, Trauer um Lipburger

Im Weltcupzirkus selbst haben sich Freundeskreise gebildet. Deutsche Trainer, die im Ausland arbeiten, wie der „Koreaner" Jochen Danneberg oder der „Niederländer" Horst Tielmann sind in unserem Kreis gern gesehene Gäste. Sportler kleinerer Nationen, wie eben Asiaten, Holländer oder Schweizer (bis zum Doppel-Olympiasieg von Simon Ammann) haben gute Verhältnisse zueinander, verbringen die Freizeit zusammen, haben während der Olympischen Spiele in Salt Lake City auch Utah ausgiebiger erforscht, als wir es getan haben. Deutsche, Finnen und Österreicher spielen mal zusammen Volleyball, prinzipiell geht aber jeder eigene Wege. Zusammen arbeiten ja, zusammen leben nein – zu hart ist die Konkurrenz.

In einer Trainerkonferenz hatte ich einmal den Vorschlag gemacht, gemütliche Diskussionsrunden unter Kollegen zu organisieren. Im Sinne des Geschäfts, in dem man Gegner ist, sei es sinnvoll, sich organisiert zusammenzusetzen, gemeinsam zu essen, in die Sauna zu gehen, Skidoo zu fahren oder sich auf dem Segelboot „die Hörner abzustoßen", hatte ich gesagt. Der Hintergedanke war klar: Ich wollte die Menschen hinter den Trainern kennen lernen, ich wollte eine außersportliche, gemeinsame Basis finden, um dann in der Hektik des Alltags Probleme schneller und effizienter aus der Welt räumen zu können. Nach einem Saunaabend, bei einem Gläschen Wein, redet es sich leichter über das, was passiert ist, ohne Rednerpult, ohne Tagesordnung. In solchen Momenten kann man leichter auf andere eingehen, kann sich auch leichter entschuldigen. Diese Treffen hätten von den Veranstaltern und dem Internationalen Skiverband organisiert werden sollen, aber es funktionierte nur zwei oder drei Mal. Gerne erinnere ich mich an die von uns initiierten Treffen mit der japanischen Mannschaft, die wir in Hinterzarten einluden und mit deren Mitgliedern wir uns mit Händen und Füßen verständigten. Als es im Winter danach nach Sapporo ging, waren wir bestens integriert. Wir hatten unseren Spaß, aber am nächsten Tag waren wir auf der Schanze wieder ernsthafte Gegner.

Seit Manabu Ono nicht mehr Cheftrainer der Söhne Nippons ist, haben auch diese Treffen aufgehört zu existieren. Ono war mein Lieblingskollege. Zu ihm hatte ich den besten Kontakt, obwohl wir uns verbal kaum verständigen konnten. Was unsere Beziehung auszeichnete, war großer gegenseitiger Respekt. Auch dann, als es auf der Schanze knüppeldick zuging. Als 1999 bei der Weltmeisterschaft in Bischofshofen Sven Hannawald im Teamwettbewerb den Schnee touchierte, hätte Japan Protest einreichen können. Ono tat es nicht. Und auf meine Frage nach dem „Warum", sagte er mir: „Wenn eine Mannschaft so überlegen ist wie es die deutsche heute war, dann hat sie mit Recht gewonnen." Ein Standpunkt, den er auch seinen eigenen Leuten gegenüber vertreten musste! Ein Kollege, den ich im Weltcupzirkus ebenso sehr vermisse, ist Alois Lipburger, der im Jahr 2001 auf der Heimfahrt vom Weltcupspringen in Willingen bei einem Autounfall ums Leben gekommen ist. Ich war mit dem Österreicher wahrlich nicht immer einer Meinung. Und doch hatten wir Achtung und Respekt voreinander, wenn er des Abends in unserem Hotel vorbeikam, mir auf die Schulter schlug und sagte: „Das war nicht in Ordnung, was heute vorgefallen ist." Und dann haben wir die Probleme, wie es unter vernünftigen Menschen üblich sein sollte, ausdiskutiert. Als Trainingsmethodiker und Cheftrainer habe ich den Norweger Trond Jöran Petersen sehr geschätzt, obwohl ich mich mit ihm des öfteren gezankt habe. Besonders differierten unsere

Setzen, essen - und ein geräuchertes Rentierherz

Ansichten, wenn es um die Sicherheit der Athleten ging. Er wollte mit hoher Geschwindigkeit, bei jeden Bedingungen, die Athleten in die Radien springen sehen. Ich war dagegen: „Ist dir ein Mensch so wenig wert? Denkst du nicht an die Gesundheit Deiner Leute?" Und ich war verblüfft, als ich seine Antwort hörte: „Es gibt eine natürliche Auslese." Diese Argumentation hat mich dermaßen schockiert, dass wir deshalb oft keine gemeinsame Basis fanden. Als die deutsche Mannschaft in Planica in einer Gaststätte öffentlich den Saisonabschluss feierte, zu dem auch unsere Fans und „Kleinsponsoren" Wein und Schinken beigesteuert hatten, kam auch Petersen vorbei. Ich winkte ihn heran und sagte: „Der Streit ist zu Ende, setzen, essen!" Er setzte sich und prostete uns zu, stand aber nach einer Weile wieder auf und verschwand. Als der Skandinavier wieder erschien, hatte er ein geräuchertes Rentierherz mitgebracht, das er auf den Tisch stellte und aufschnitt. Petersen sah meinen bewegten Blick. „Was guckst du? Nicht, dass du mir jetzt dein Herz schenkst." Seine von Darwin geprägte Meinung teilte ich an jenem Abend zwar immer noch nicht, seine Geste fand ich indes einfach rührend.

Eine ehrliche, große zwischenmenschliche Beziehung zu Trainern führender Skisprungnationen habe ich ansonst nicht. Wahrscheinlich beruht es auf Gegenseitigkeit. Was mir in der Branche auffällt, ist, dass Neid und Missgunst zunehmen, und mit Grauen fällt mir ein Zitat aus George Orwells Buch „1984" ein, in dem er spitzensportliche Visionen formuliert: „Ernsthafter Sport hat nichts mehr mit Fair-Play zu tun. Er ist verknüpft mit Hass, Neid, Angebertum und der Missachtung aller Regeln." Es gibt in der Tat Tendenzen, die mit den Grundfesten des Sports nichts mehr gemeinsam haben - und diese Vision in ein reales Licht rücken. Es gibt bereits den Neid und es gibt mit dem Doping die Missachtung aller Regeln (Gott sei Dank nicht bei uns). Es gibt das Angebertum. Gemeinsam sollten wir darum bemüht sein, dass diese Entwicklung sich wieder umkehrt. Wer in meiner Mannschaft ausschert, wer sich zu unangemessenen Dingen hinreißen lässt, um den Konkurrenten auf unfaire Art und Weise zu schaden, den weise ich ebenso zurecht wie ich Reibungspunkten mit Landes- oder Stützpunkttrainern nicht aus dem Weg gehe. Wir betreiben einen ernsten Sport, mit ernsten Mitteln. Ich verlange Respekt und Achtung, von jedem, aber ich gebe sie auch jedem, der sie verdient. Und über meine Kollegen aus Finnland und Österreich möchte ich am liebsten sagen: Das sind Sportfreunde, mit denen ich mich nach dem Ende meiner Karriere eine Stunde lang zusammensetzen, gemeinsam eine Flasche Wein öffnen und sie auch mal innig umarmen möchte. Wenn wir uns nach Beendigung unserer Tätigkeiten nicht mehr in die Augen schauen können, dann wissen wir, wie viel wir in all' den Weltcupjahren falsch gemacht haben.

„Holst Du zwei Bier?"

Am Abend eines Weltcupspringens hängt jeder seinen eigenen Gedanken nach. Ausgelassen sind die Sieger, „angefressen" die Verlierer, Ursachenforschung wird betrieben. Am Abend eines Weltcupspringens ist der Tag für mich auch nach 22 Uhr noch lange nicht vorbei. Vor Jahren noch dominierte die Geselligkeit, heute kann noch um 23 Uhr dpa-Journalist Uwe Jentsch vorbeischauen, um sich seine Informationen zu holen, und nachdem ich mit ihm 30 Minuten geplaudert habe, ruft Gerd Rubenbauer von der ARD an, und dann spreche ich mit ihm über den Wettkampf des nächsten Tages. Ich lamentiere nicht. Pressearbeit ist Bestandteil meines Berufs, und was geschrieben oder gesendet wird, soll gut und richtig sein. Während des Tages erfahre ich über unser internes Funksystem, was in den Sendern läuft. Wolfgang Steiert ist ständig in Bewegung, eine verlässliche Informationsquelle. Rudi Lorenz steht im Auslauf, teilt mir den Gemütszustand der Sportler mit: „Jetzt spinnt er." Oder: „Er lacht, er gibt Interviews." Später erlebe

- 86 -

Gut, dass ich nicht alles höre

ich vielleicht auf Eurosport eine Aufzeichnung der Konkurrenz, und meine Frau Regina erzählt mir, was auf RTL zu sehen war. Aber ehrlich: Manchmal ist es auch gut, dass ich nicht alles höre und sehe, was durch den Äther schwirrt. Stefan Bier vom ZDF informiert sich wenig, er hat seine eigene Strategie. ARD-Mann Rubenbauer rückt auf die Pelle, die Reporter von RTL durchforsten Alle und Alles, recherchieren bis hinein in die Persönlichkeitsstruktur, machen aber ihre Sache gut. Und Dirk Thiele, die Skisprung-Stimme bei Eurosport, hätte gerne mal Martin Schmitt als Co-Kommentator in seiner Kabine, obwohl er ihn regelmäßig kritisiert. „Wie willst Du ihn denn mit Deinen Äußerungen für einen TV-Kurzauftritt gewinnen?", fragte ich Thiele einmal provokant. „Du darfst nicht überbewerten, was ich sage. Ich meine es anders", antwortete er. „Dann sag' es auch anders!" Am gleichen Abend liefen wir uns in einer Kneipe nochmals über den Weg. „Darf ich mich zu Dir setzen?", fragte Thiele. „Siehst doch, dass ich diesen Platz den ganzen Abend für Dich frei gehalten habe. Holst Du zwei Bier?", antwortete ich. Und die „Hörner" sind abgestoßen.

Zwei Uhr nachts. Puh, geschafft. Wieder ein Weltcupspringen weniger.

Eine Ende mit Pauken und Trompeten

12 Das „Jahr eins nach Jens Weißflog" war das „Jahr des Dieter Thoma"

„Typisk Tysk"

Zu viele Menschen machen sich nicht klar,
dass wirkliche Kommunikation
eine wechselseitige Sache ist.
Lee Iacocca

Jens Weißflog beendete seine Karriere, und er beendete sie im großen Stil mit Pauken und Trompeten. Zu seinem letzten Sprunglauf in Oberwiesenthal versammelte sich im Juni 1996 fast die komplette Weltelite. Die Konkurrenz hatte von der Qualität des Teilnehmerfeldes den Rang eines Weltcupspringens, und sie war offensichtliches Zeichen, welchen Respekt die Skisprungszene ihrem bislang größten Repräsentanten entgegen brachte. Weißflog befand sich zu diesem Zeitpunkt nicht mehr im Training; dennoch markierte er im ersten Durchgang mit 102 Metern einen Schanzenrekord, löschte damit die elf Jahre alten Bestmarke von Ulf Findeisen aus und wurde letztlich vor 15000 Zuschauern mit nur einem Zähler Rückstand hinter Janne Ahonen aus Finnland Zweiter. Was die Öffentlichkeit zu der Frage veranlasste, wieso Weißflog überhaupt aufhören wolle. Weißflog war in Topform – und zog sich dennoch auf sein Sofa zurück.

Tatsache war, dass er sich nicht mehr motivieren konnte, und das war nach über 15 Jahren auf höchstem Niveau auch mehr als verständlich. Als er sich entschieden hatte, dem Hochleistungssport ade zu sagen, war sein Entschluss unwiderruflich. Bei Fragen zu diesem Thema ließ er nicht einmal die Sätze beenden, sondern unterbrach die Journalisten: „Ich habe mich so entschieden, und dazu stehe ich." Seine Abschiedsparty war ein tolles, gut organisiertes Fest, und ich verstehe heute noch nicht ganz, warum Dieter Thoma nach dem Ende seiner Karriere seinen Abschied nicht auch in einem größerem Kreis feierte, und ihn nur bei einer Pressekonferenz verkündete. Auch Thoma wäre gehuldigt, auch ihm eine Krone und ein Heiligenschein aufgesetzt worden. Aber Dieter hatte dazu wohl eine andere Einstellung.

In meiner Laudatio bezeichnete ich Jens als den für mich „größten Skispringer aller Zeiten". Sicher haben viele Athleten entsprechend ihrer Epoche ihre Verdienste, und die Recknagels, Wirkolas, Aschenbachs, Nykänens und Goldbergers mögen mir diese Beurteilung verzeihen. Aber Jens war der einzige Skispringer unter den sogenannten „Überfliegern", der in zwei völlig unterschiedlichen Stilarten in diesem Umfang Platzierungen und Siege bei Wettkampfhöhepunkten sowie Weltcupveranstaltungen realisierte. Diese Einmaligkeit machte ihn zum „König der Skispringer".

Sehr oft wurde ich gefragt, wie sich denn der Athlet Weißflog zu diesem Phänomen entwickeln konnte. Die Antwort ist vielschichtig und umfangreich. Jens Weißflog wurde sicher das notwendige Talent, verbunden mit körperlichen Voraussetzungen, die entscheidende Grundlagen für seine Entwicklung in dieser Sportart bildeten,

- 88 -

Eine motivierende Provokation

in die Wiege gelegt. Wichtige Bausteine für das Fundament seines Leistungs-vermögens waren aber auch, oder besser, gerade die Liebe zum Skisport und zur Disziplin Skisprung, der eiserne Wille zum Sieg, die hohe Risikobereitschaft, eine enorme Absprungdynamik, deren physische Grundlagen er sich hart erarbeiten musste. Außerdem zeichnete ihn eine außergewöhnliche Motivations- und Konzentrationsfähigkeit im Wettkampf sowie in entscheidenden Wettkampf-situationen aus sowie seine Unduldsamkeit gegen sich und sein Umfeld in Phasen, in denen es nicht optimale Entwicklungsverläufe gab. Jens lebte nicht nur vom Talent, sondern er war auch immer ein beinharter Arbeiter, der von seinen Mitstreitern ebenfalls das Maximum an Einsatz forderte. Somit war er auch nicht immer einfach und pflegeleicht, weder für Funktionäre noch für Trainer. Aber auch das war eine Eigenheit, die zu seinem Persönlichkeitsbild gehörte, das sportlich erfolgsorientiert ausgerichtet war.

Der Sachse dokumentierte aber auch den einfachen und bescheidenen „Sohn des Volkes", den heimatverbundenen Menschen, den Sportler, der immer mit beiden Beinen auf dem Boden der Realität stehen blieb. Diese Charakter-eigenschaften machten Weißflog zu einem äußerst beliebten Athleten in Deutschland und in der „Nordischen Skifamilie" der ganzen Welt.

Thomas Fingerabdrücke auf unserem Steuerruder

Auch wenn ich nicht die Befürchtung hatte, dass unser erfolgreiches deutsches Skisprungschiff nach der Zeit ohne Weißflog kentern würde, so wurde mir und der Mannschaft von den Medien doch klar gemacht, dass nun die „Ära nach Weißflog" anbrach. Dies wurde dermaßen penetrant vorgebracht, dass es als Provokation auf die Mannschaft schon sogar wieder motivierend wirkte. Jeder erkannte die Verdienste des vierfachen Tourneesiegers neidlos an, jeder hatte tiefe Hochachtung vor ihm, jeder war ihm dankbar. Doch gleich danach wurden auch Fragen gestellt: Sind wir etwa nichts wert? Erkennt man unsere Arbeit nicht an? Und alle nahmen sich fest vor: „Denen werden wir es zeigen!"

Die Saison begann gut, ja sehr gut. Dieter Thoma gewann das Eröffnungsspringen in Lillehammer und stellte so von Anfang an klar, dass Deutschland nicht unter Jens-Weißflog-Entzugserscheinungen litt. Der Winter 1996/97 war nicht das „Jahr eins nach Weißflog", sondern er wurde zur „Saison des Dieter Thoma". In diesen Monaten war der Hinterzartener der weltbeste Skispringer, wenn man alle Ereignisse und Ergebnisse summiert. Er war vielleicht auch deshalb das Maß aller Dinge, weil das große psychologische Hindernis, die „Mauer" der vergangenen Jahre, die Jens Weißflog hieß, nicht mehr präsent war. Thoma gewann vier Weltcupspringen (unter anderem in Oberstdorf und Bischofshofen), wurde vier Mal Zweiter, Dritter bei der Tournee und dominierte im Prinzip die WM in Trondheim. Er war unsere Leitfigur, er war auserkoren, sozusagen als Kapitän das Schiff zu führen, und er tat es auch vorbildlich. Auch wenn Thoma sich immer wieder dagegen sträubte: „Ich bin keine Führungspersönlichkeit, ich lasse mich nicht zum Schutzschild für irgend jemanden machen, ich hatte auch keines." Da musste ich ihn schon auch daran erinnern, dass auch er nicht am nächsten Galgen aufgehängt worden war, wenn er versagt und Weißflog gewonnen hatte. Da musste ich ihm hin und wieder erklären, dass seine Fingerabdrücke auf dem Steuerruder unseres Schiffes zu sehen seien – ob er dies nun wollte oder nicht. Ich konnte die Argumentation von Dieter nicht nachvollziehen und verstehe sie heute immer noch nicht. Wie oft erklärte ich ihm, dass er auf der Schanze die Maßstäbe setzte, dass er vor der Kamera das Sprachrohr der Mannschaft, der Szene, war. Und, mehr noch, Thoma war internationaler Athletensprecher.

Thoma - zum Siegen verdammt

Dieter konnte sich sträuben, soviel er wollte. Er war nach dem Ausscheiden Weißflogs mein Führungsspringer. Er musste, die anderen durften siegen. Er änderte seinen Standpunkt seine gesamte Karriere nicht. Einmal sagte ich ihm: „Behalt' Deine Meinung, aber schau auf den Kurs." In seinem Sog fand Sven Hannawald zu sich, und Martin Schmitt tastete sich an die Weltspitze heran.

Der Kurs führte Thoma nach Trondheim, zur Weltmeisterschaft 1997. Der Schwarzwälder schielte zwei Mal nach Platz eins, und es war legitim, dies zu tun. Wenn es eine Gerechtigkeit im Sport gäbe, hätte auch der Herr im Himmel entscheiden müssen: Zumindest eine Goldmedaille gewinnt der „Feuerkopf". Aber im Sport ist nichts bis ins letzte Detail planbar, die Resultate folglich auch nicht. Die WM in Trondheim brachte Titelkämpfe, die an Turbulenz fast nicht zu überbieten waren.

Auf der Normalschanze setzte die äußerst günstige Thermik in der ersten Hälfte des Teilnehmerfeldes die Akzente. So waren der Pole Robert Mateja, der Franzose Didier Mollard und der Schweizer Sylvian Freiholz weit vorne zu finden. Doch auch Thoma befand sich bei Halbzeit noch im Rennen um Gold. Im Finaldurchgang aber wurde der Anlauf von der Jury so lang gewählt, dass er nicht mehr auf den Besten der Saison zugeschnitten war. Thoma kam bei 99 Metern auf den Hinterfuß, und Gold rutschte ihm bei Noten von 8.0, 7.5, 6.5, 7.5, 7.0 unter dem Hintern weg. Er stürzte. Und als er im Schnee lag, reckte er seine Hand in Richtung Juryturm, in dem die Herren Pierre Bailly aus Frankreich, Pekka Hyvärinen aus Finnland und Roar Stjernen aus Norwegen saßen. Der tief frustrierte Thoma zeigte ihnen den Stinkefinger!

„Typisk Tysk" stand am nächsten Tag in der „Bild"-Zeitung Norwegens, „VG" genannt, zu lesen. Das Foto von Dieter Thoma mit erhobenem Mittelfinger zog sich über eine ganze Doppelseite. Die Medien hatten nicht vergessen, dass wenige Jahre zuvor ein anderer deutscher Sportler den ausgestreckten Mittelfinger zur Kommunikation gebraucht hatte. Bei den Olympischen Winterspielen in Lillehammer war Jens Weißflog ausgebuht und beschimpft worden, weil auch er dem Publikum den „Stinkefinger" gezeigt hatte. Typisch deutsch eben. Dieter Thoma war am Ende richtig hilflos. Er hatte sich Sympathien aufgebaut, nun stand er als der „große Verbrecher" da. Der Triumph von Janne Ahonen aus Finnland, der bislang größte des schweigsamen Sportlers aus Lahti, vor Masahiko Harada aus Japan und dem Österreicher Andreas Goldberger ging in der Affäre Thoma fast unter.

Die deutsche Mannschaft logierte in Trondheim auf einem Fährschiff, und am späten Nachmittag dieses ereignisreichen Tages wurde es in meiner Kajüte etwas eng. Henry Glaß und Wolfgang Steiert fanden sich ein, der Nordische Bereichsleiter Rudi Tusch, und selbstverständlich auch Dieter Thoma. Wir öffneten eine Flasche Cognac und „ertränkten" unseren Kummer über entgangenes Gold. Schließlich öffneten wir noch eine zweite. Nicht jeder vertrug das hochprozentige Getränk. Thoma wurde als Erster dermaßen weiß im Gesicht, dass man nur mehr seine Sommersprossen sah. Auch Tusch war recht bald angesäuselt. Uns allen war aber eines gemeinsam: Die Spannung des Tages fiel ab, wir blickten gelassener auf den Sturz und auf Thomas „Fingerspiel" zurück. Ich bin wahrlich kein Trinker-Typ, aber ich stehe dazu, dass außergewöhnliche Ereignissen auch außergewöhnlichen Maßnahmen erfordern. Und gerade Thoma hatte ich in ähnlichen Situationen schon mal den ausdrücklichen „Befehl" gegeben, mit mir an der Theke zwei Wodka zu trinken.

„Unnskyld" - Entschuldigung

„Aber Trainer, ich trinke doch niemals Schnaps", hatte er sich gewehrt. „Heute schon, das ist eine Anweisung." Nachdem Thoma den Inhalt der beiden Gläser hinuntergestürzt hatte, sagte er fast schon lallend: „Jetzt fühle ich mich wirklich schon lockerer." - „Siehst Du" entgegnete ich, „genau dies wollte ich erreichen. Gute Nacht."

Gemeinsam haben wir schließlich die Dinge wieder ins richtige Lot gebracht, organisierten schon am nächsten Tag eine internationale Pressekonferenz, auf der Thoma sein Herz sprechen ließ: Er erzählte, dass er Gold gewollt hatte, mit allen Mitteln, dass er eben seinem ersten 100-Meter-Satz unbedingt einen zweiten folgen lassen wollte, dass seine Gestik jene eines enttäuschten Sportlers gewesen sei, der sich hintergangen gefühlt hatte. Und er sagte das wichtige Wort, das dann auch in allen Zeitungen zu lesen war: Unnskyld. Entschuldigung.

Die Ereignisse auf der Normalschanze strahlten auch auf das Springen von der großen aus. Thoma wollte nun unter allen Umständen diese Goldmedaille, er strebte mit Brachialgewalt nach ihr. Die Folge war, dass er nicht mehr so frei agierte, seine Überlegenheit der Vortage nicht mehr so demonstrierte, und hinter Masahiko Harada „nur" zu Silber kam. Ich war mit meinem Sportler dennoch hochzufrieden, und ich gratulierte auch meinem Kollegen Joachim Winterlich, der mit Sylvain Freiholz Bronze eroberte.

Doch der „Star" der Veranstaltung war für mich persönlich ein 19-jähriger Jungspund, der Martin Schmitt hieß. Der Springer aus Furtwangen flog im zweiten Durchgang auf 127.5, gleich darauf kam der bis dato drittplatzierte Norweger Havard Lie lediglich auf 115.5 Meter. Prompt trat die Jury zusammen, beriet und verkürzte den Anlauf. Schmitt war damals noch ein „No-Name", und das Kampfgericht konnte wirklich nicht ahnen, welch eine Super-Leistung der junge Mann vollbracht hatte. Und dennoch war die Entscheidung, den Anlauf zu verkürzen, nicht ganz fair und brachte ihn vielleicht um eine Medaille.

Schmitt war verständlicherweise stinksauer und klagte, dass er sich ein bisschen „verarscht" fühlte. Ich bestärkte ihn in seiner Meinung, sprach aber in der Öffentlichkeit auch davon, dass diese Entscheidung für seine Entwicklung vielleicht besser sei, „weil die Bäume nicht gleich in den Himmel wachsen sollten." Für Schmitt war es seine erste Erfahrung mit dem existierenden System - und er bezahlte sein erstes Lehrgeld.

Ich hatte Schmitt bereits vor dem letzten Training für den Teamwettbewerb nominiert, und zusammen mit Christof Duffner, Hansjörg Jäkle und Dieter Thoma sprang er zu Bronze – seine erste Medaille bei einer Großveranstaltung. Finnland und Japan waren für uns außer Reichweite, und sicherlich profitierten wir an diesem Tag auch von den „atmosphärischen Störungen" im österreichischen Team. Aber wir waren zufrieden, wir hatten Bronze, ohne Jens Weißflog. Unsere Welt ist nicht zusammengebrochen, und wir feierten Platz drei, als ob er Rang eins gewesen wäre.

Als wir am Ende der Saison am Biertisch zusammensaßen und den Blick zurück warfen, klatschten wir uns gegenseitig ab: Nichts gegen Jens Weißflog, aber im ersten Winter ohne ihn haben wir uns so schlecht nicht geschlagen.

Die Zukunft hatte begonnen.

Man hatte mich zum Buhmann gemacht

13 Interview mit Dieter Thoma, „Schutzschild" von Schmitt und Co.

„Ein Brummbär mit einem weichen Kern"

Als Reinhard Heß zum Cheftrainer des Deutschen Skiverbandes ernannt wurde, machten Sie gerade die vielleicht schwerste Zeit als Sportler durch und trugen sich mit der Absicht, mit Hannu Lepistö in Finnland zu trainieren. Wie verlief denn Ihr erstes Zusammentreffen?

Es war die Zeit, in der ich total verunsichert war. Obwohl ich kurz vorher in Oberhof noch Deutscher Meister wurde, ging die Weltmeisterschaft 1993 aus meiner Sicht voll in die Hosen. Aufgrund gewisser Umstände war ich zum Buhmann gemacht und nach Hause geschickt worden. Ich trug mich tatsächlich mit dem Gedanken, wie es Andreas Goldberger in Österreich später machte, allein zu trainieren. Aber das war emotional und finanziell nicht machbar, Skispringen hatte vor zehn Jahren noch nicht den Stellenwert, den es heute hat. Mit dem V-Stil und meinem linken Knie hatte ich Probleme, und für mich war eigentlich klar: Ich höre auf. Das erste Gespräch mit Reinhard Heß führte ich dann zusammen mit meinem Vater und Helmut Weinbuch in der DSV-Zentrale, der erste Lehrgang fand in Oberwiesenthal statt. Mit meinem Heimtrainer Karl Hassler hatte ich mir zuvor auf kleinen Schanzen mühsam den neuen Stil angeeignet, und erst später erfuhr ich, dass der Reinhard meinem Heimtrainer aufgetragen hatte: „Pass' mir auf diesen Jungen auf!" Mir hatte der neue Cheftrainer gesagt: „Wenn Du den V-Stil erlernst, bist Du wieder voll im Geschäft, und ich wäre froh, Dich in der Mannschaft zu haben." Aber er sagte auch: „Wenn Du ihn nicht erlernst, kannst Du aufhören." In Oberwiesenthal war ich dann zurückhaltend, misstrauisch – ich hatte den Glauben an Partnerschaft, an Freundschaft verloren. Jens Weißflog sagte mir damals aber auch: „Schön, dass Du wieder zurück bist", und das freute mich sehr.

War Heß in dieser Situation für Sie ein persönlicher Glücksfall?

Ja, für mich war es wahrscheinlich ein Glücksfall, dass Reinhard Heß Nachfolger von Rudi Tusch wurde. Ich konnte dem Rudi nach Falun 1993 nicht mehr vertrauen. Wenn sich ein zu freundschaftliches Verhältnis aufgebaut hat, ist das in einer Trainer-Sportler-Beziehung nicht besonders gut. Wenn es Entscheidungen wie in Falun gibt, ist man persönlich sehr enttäuscht. Mit Reinhard erhielt ich einen Betreuer, der Charisma hatte und hat, der väterlich und streng sein konnte, der zuweilen auch verletzend war, aber dann doch die Größe hatte, eventuelle Fehler einzugestehen und sich zu entschuldigen. Er trägt sein Herz, seine Emotionen auf der Zunge, eigentlich wie ich: Deshalb passten wir tatsächlich gut zusammen. Reinhard Heß war für mich als Sportler ein Brummbär mit einem weichen Kern. Lass' ihn brummen, dachte ich mir einige Male, und dann reden wir. Heß war und ist für mich eine wahnsinnige Respektsperson. Ich habe Respekt vor seiner Vergangenheit und seiner Arbeit. Er gestaltet die Regeln, an die sich andere zu halten haben, er lässt aber seinem Trainerteam auch eine gewisse Eigeninitiative

Ich wollte nicht das Idol sein

und verlangt, diese zu nutzen. In seinen Planungen ist er eisenhart. Aus der DDR-Schule hat er seine Ideen mitgebracht, dass bei Trainingslehrgängen so und so viele Sprünge zu absolvieren seien. Da ist es dann schon vorgekommen, dass wir in Gällivari in Schweden unsere Schneesaison begannen und bei starkem Wind vom Balken mussten. Es gab zwei Stürze, und zum zweiten Sprung bin ich nicht mehr nach oben gestiegen. Ich hatte nicht verstanden, warum ich meine Gesundheit schon vor der Saison riskieren sollte.

Reinhard Heß hat sich gewandelt, ist eine Person des öffentlichen Interesses geworden, ein „Fernsehtrainer".

Es ist schon interessant, welche Anpassungsfähigkeit Reinhard über die Jahre hinweg bewiesen hat. Zuerst die Wende, der Wechsel von einem System in das andere, dann der massive Einstieg des Fernsehens mit RTL – Heß hat immer alles souverän geschafft. Ich glaube, dass dies auch der Einfluss seiner Frau ist. Regina ist die gute Seele, sehr einfühlsam, mit richtigem Gespür für schwierige Situationen. Dieses Ehepaar passt sehr gut zusammen.

Sie waren für Heß zu Zeiten eines Jens Weißflog vielleicht weniger, umso mehr aber nach dessen Karriereende der Leitwolf der Mannschaft, das Schutzschild. Mit dieser Rolle haben Sie sich aber nie identifiziert.

Im nachhinein ist mir schon klar, was Reinhard damit ausdrücken wollte. Man braucht in der Mannschaft einen sehr guten Sportler, der den Anlauf festlegt, der den anderen zeigt: Im Weltcup liegt der Balken bei dieser Marke. Wenn einer für den Erfolg sorgt, können die anderen mit geringerem Druck der Öffentlichkeit in den Wettkampf gehen. Aber zur damaligen Zeit kam die Rolle des Leitwolfes für mich nicht in Frage, weil ich Angst davor hatte, ein Idol zu sein. Ich wollte kein Anführer sein, weil ich der Meinung war, dass wir alle gleich viel wert seien. Gleichzeitig lebte ich aber in einem Zwiespalt, denn selbstverständlich wollte ich auch etwas Besonderes sein. Aber als Waage-Geborener brauchte ich immer ein sehr gutes emotionales Verhältnis im Team. Ich konnte äußere Einflüsse nicht einfach übergehen. Aber zurück zum Begriff des Schutzschilds: Klingt es nicht ein wenig arrogant, wenn ich heute sage, dass ich vor einigen Jahren Schutzschild von Martin Schmitt und Sven Hannawald war? Sicher, Sven Hannawald hat es sehr gut verstanden, sich vor dem Abstieg in den Intercontinentalcup zu retten. Dass aus ihm solch' ein Star werden würde, hat damals keiner vermutet. Und Martin Schmitt hat auch einen schweren Einstieg in den Weltcup hinter sich, mit zwei verpatzten Qualifikationen in Harrachov. Ich erinnere mich, wie er damals in der Kabine saß, den Kopf schräg haltend, mit den Schultern zuckend, wie es eben so seine Art ist. Einfach süß.

Sie sprechen von Emotionen im Team. Waren auch Ihre Leistungen zu Weißflogs besten Zeiten von psychologischen Problemen überschattet?

Diese Frage wird mir immer wieder gestellt und ich kann sie nur verneinen. Die Beziehung zwischen Jens Weißflog und mir begann schon lange bevor wir in der gleichen Mannschaft standen. Man muss dazu zum besseren Verständnis wissen: Mein sportliches Vorbild war Matti Nykänen, und da Weißflog an meinem Idol kratzte, war er mir von Anfang an ein Begriff. Als sich die Wiedervereinigung abzeichnete und damit auch eine gesamtdeutsche Mannschaft, suchte ich erstmals beim Weltcup in Japan den Zugang zu Weißflog, traf aber auf einen sehr zurückhaltenden Athleten. In den Jahren 1989 bis 1991 war ich sportlich sehr gut unterwegs, Weißflog war mir als Mitkonkurrent eher egal, denn wenn

„Ich dachte, ich müsse sterben"

ich gewinnen wollte, musste ich sowieso alle schlagen. Allerdings schien nach der Wende ein Umzug des Oberwiesenthalers nach Hinterzarten oder Oberstdorf möglich, und mein Vater trieb sogar den ersten Sponsor für ihn auf, s.Oliver. Als ab 1994 Weißflog im Mittelpunkt stand, war ich schon sehr irritiert, wie schnell man nur noch die zweite Geige spielt und vergangene Erfolge vergessen werden. 1990 hatte ich als erster West-Deutscher 30 Jahre nach Max Bolkart die Tournee gewonnen. Ich war einer von jenen, der engagiert für die Skispringer auftrat, der bei den Lehrgängen nicht mehr in den Kasernen mit Morgenwurst, Mittagswurst, Abendwurst wohnen wollte, der auf internationaler Ebene Preisgelder forderte. Ich kämpfte mit Verletzungen, mit dem Material und plötzlich erkannte ich, dass die Öffentlichkeit anscheinend ein schlechtes Gedächtnis hat, dass sie sich nur auf die Gegenwart konzentriert – so war und ist es eben. Für mich war das alles neu. Ich befand mich erstmals in einer solchen Situation, weswegen es mir auch anfangs schwer fiel, mich in ihr zurecht zu finden. Mir wurde zum ersten Mal bewusst, dass diese Welt eine andere ist, wie ich sie mir vorgestellt hatte. Weißflogs Erfolge waren natürlich unbestritten hervorragend, und ich musste mich mit dieser Situation abfinden. Wir waren charakterlich nicht die ähnlichen Typen, aber zusammen mit Heiko Hunger, der mit uns beiden ein sehr gutes Verhältnis hatte, haben wir sehr wohl das eine oder andere Bierchen miteinander getrunken.

Doch erst nach Weißflogs Karriereende waren Sie wieder voll da.

Ja, anscheinend ganz nach dem Highlander-Motto: Es kann nur einen geben... Im Ernst: Ich glaube, dass das reiner Zufall war. Schade war, dass ich in meinem sprungtechnisch besten Jahr 1996/97 bei 15 Konkurrenzen zwar am weitesten sprang, doch lediglich vier Weltcupsiege, eine WM-Silbermedaille und im Gesamtweltcup den zweiten Platz feiern durfte. Mit dem Telemark hatte ich eben „kniebedingt" so meine Probleme. Bei der Tournee war ich in Oberstdorf und Bischofshofen Erster, stellte auch in Garmisch-Partenkirchen (im Probedurchgang) und Innsbruck Schanzenrekorde auf. In Garmisch wurde aber der Anlauf verkürzt, was mir eigentlich hätte entgegenkommen müssen. Doch ich wollte zu viel, konnte mein eigentliches Potenzial nicht abrufen und blieb mit einem Fehler unter meinen Erwartungen. So wurde ich wegen eines Zehntelpunkts Rückstand auf Andi Goldberger lediglich Dritter in der Gesamtwertung. Trotz der vielen verpatzten Siegchancen hatte es bei den Mannschafts-Wettkämpfen von 1991 bis 1999 immer sehr gut geklappt. Komischerweise hatte ich bei diesen Konkurrenzen eigentlich immer meine Nerven im Griff, obwohl gerade bei einem Teamwettbewerb der größte Druck auf einem Sportler lastet. Springe ich schlecht, zieht dies die ganze Mannschaft in den Keller. Reinhard sagte mir einmal: „Auf Dich ist Verlass", und das hat mir schon sehr gut getan.

Gibt es besondere Augenblicke, die Sie mit dem Namen Reinhard Heß verbinden?

Da gibt es einige. Wir haben ja so viele Höhen und Tiefen gemeinsam erlebt, wie beispielsweise die Weltmeisterschaft 1997 in Trondheim, als ich auf Goldkurs von der Normalschanze lag und dann bei einem weiten Satz stürzte. Vor Wut auf den zu langen Anlauf zeigte ich der Jury den ausgestreckten Mittelfinger. Ich war natürlich wieder mal der Buhmann, und als wir mit dem Auto zurück zu unserem Quartier auf ein Schiff im Hafen fuhren, fühlte ich mich, als ob ich nun sterben müsste. So elend war mir zumute. In Sekundenbruchteilen hatte sich an der Schanze mein Gemütszustand von himmelhoch jauchzend in zu Tode betrübt verändert. Ich hatte Glücksmomente, die man im normalen Leben vorher und nachher nicht so oft erlebt, und gleich darauf war ich der große Depp. Ich

Probleme mit der Motivation

war in der Kajüte neben jener unseres Chefs untergebracht, und als Reinhard Heß anklopfte und fragte „Trinkst Du was mit?" antwortete ich nur knapp mit „Ja". Vor lauter Nervosität hatte ich den ganzen Tag nichts gegessen, und nach zwei Schlucken Hennessy-Cognac war ich schon angetrunken.

Wie war Heß als Motivator?

Bei all' den vielen guten Eigenschaften hat mich an Reinhard meist nur eines gestört: Er konnte – zumindest mich - nur mittelmäßig motivieren. Seine harte Art mag ja vielleicht auch missverständlich gewesen sein, aber mit Sätzen wie: „Wart' mal ab, im Wettkampf fährst Du zwei Luken tiefer an, dann wirst Du schon sehen, wohin Du springst", oder: „Wenn Du Deine Technik nicht veränderst, kannst Du gleich aufhören", konnte ich mich nicht so gut aufbauen. In solchen Fällen sind dann die Co-Trainer, der Heimtrainer und die Familie gefragt. Aber prinzipiell war die Zusammenarbeit mit Reinhard Heß hervorragend und sehr lehrreich.

Nun sind Sie der Skisprung-Experte des Privatsenders RTL, ausgestattet mit einem in der TV-Szene unüblich langen Dreijahresvertrag nebst zweijähriger Option, und beleuchten die Leistungen ihrer früheren Kollegen von der anderen Seite. Was fällt Ihnen auf?

Zunächst mal zum Medialen: So, wie sich RTL für die Sportart Skispringen einsetzt, haben es andere Sender früher nicht getan. So viel, wie die Kollegen von RTL fragen, ob, wann, wo und wie sie welche Aufnahmen drehen dürfen, ist in der Vergangenheit nicht gefragt worden. Da konnte es schon vorkommen, dass Kamerateams in unsere Container eindrangen, ohne sich vorher überhaupt angekündigt zu haben. Aber ich will auch festhalten: RTL macht nicht die Regeln, diese bestimmen die FIS, Rennsportdirektor Walter Hofer und die Jury. RTL ist lediglich daran interessiert, möglichst bald die Entscheidungen über Verschiebungen, Abbrüche oder Absagen zu erhalten, weil in solchen Fällen das Programm sofort umgeplant werden muss. Es kann heute nicht mehr passieren, dass ein Springen nicht mehr in voller Länge übertragen wird. Entweder alles oder nichts, so lautet die Philosophie bei RTL. In diesem Zusammenhang fällt mir eine Episode aus dem Jahr 1986 ein. Ich war 17 Jahre alt und lag wegen eines Kreuzbandrisses im Krankenhaus von Rheinfelden. Im Fernsehen lief auf einem Kanal der Öffentlich-Rechtlichen die Skiflug-WM am Kulm in Österreich, die Visite hatte ich aufgrund dieser Übertragung gebeten, später nochmals vorbeizuschauen. Obwohl nur noch sieben Sportler anzutreten hatten, darunter Matti Nykänen und Andreas Felder, wurde die Sendung abrupt beendet. Die Zeit war abgelaufen, es folgte – „die Sendung mit der Maus, Folge 1034". Das ist doch unglaublich, oder? So etwas kann heute nicht mehr passieren, auch dann nicht, wenn der Titel einer Skiflug-WM-Titel erst an einem Montag vergeben wird, wie es in Vikersund 2000 der Fall war. Da parodierte Günther Jauch gekonnt die eigentliche Sendung „Mein Morgen", und wir beide bekamen für unsere Moderationen die „Goldene Viktoria" der ARD verliehen. Im Jahr 2002 erhielten Regisseur Volker Weicker und ich den bayrischen Fernsehpreis. Ich bin zwar nicht erpicht auf diese Auszeichnungen, nichtsdestotrotz bestärken sie mich in meiner Arbeit und wohl auch RTL, weiterhin mir und dem Sprungsport treu zu bleiben. Wenn beide Seiten zufrieden sind, dann profitieren wir alle und dann fühle auch ich mich wohl in meiner Haut.

Wie lange soll Heß Ihrer Meinung nach weitermachen?

Was den sportlichen Bereich angeht, bin ich der Meinung, dass ein Cheftrainer

Heß soll noch lange weiter machen

Heß so leicht nicht zu ersetzen sein wird. Ich fände es echt doof, wenn er - wie kolportiert - in zwei Jahren abtreten sollte. Jetzt kann er doch die Früchte aus der langen Arbeit ernten. Und heißt es nicht: „Never change a winning Team"? Warum auch? Die Co-Trainer ergänzen Reinhards Arbeit perfekt. Ich bin auch überzeugt, dass Co-Trainer Wolfgang Steiert, der sehr viel für die Stimmung, für die Weiterentwicklung des Materials und für die Organisation in der Mannschaft tut, Skidoo-Fahren veranstaltet, Bowling-Termine organisiert, Eishockey-Karten besorgt, als Cheftrainer diese Bereiche nicht mehr so gut abdecken könnte. Das wäre schade, weil „Jappo" seine Arbeit sehr gut macht, seinen Anteil an den deutschen Erfolgen hat. Ich würde Reinhard als Cheftrainer möglichst lange noch belassen. Wichtig dabei sind natürlich seine Gesundheit und sein Spaß an der Arbeit. ■

Dieter Thoma

wurde am 19. Oktober 1969 in Hinterzarten geboren, schloss seine Schulausbildung mit der mittleren Reife ab und erlernte auf Rat seines Vaters Franz („wenn Du Dich verletzt, stehst Du mit leeren Händen da") den Beruf eines Einzelhandel-Kaufmanns. Eine Ausbildung zum Versicherungskaufmann begann Thoma, brach sie aber ab: zu trocken. „Ich möchte etwas verkaufen, weswegen Interessierte zu mir kommen sollen, nicht umgekehrt, ich möchte Menschen mit und von meinem Produkt begeistern", sagt der ehemalige Skispringer, der zusammen mit Geschäftspartnern in Freiburg im Breisgau die Firma „Unlimited" zum Vertrieb von Hard- und Software für Special Effects, Videocomposing, Bildmischung usw. gründete. Aufgrund einer Flaute im Geschäft entschieden sich die Unternehmer, auch selbst zu produzieren. Im Vorjahr war RTL größter Kunde. Bei den Skisprung-Übertragungen wurde das von „Unlimited" entwickelte Analyse-System „Best view 3d" eingesetzt. Im Winter 2002/03 könnte dieses auch in anderen Sportarten zum Einsatz kommen. Im Laufe seiner Karriere gewann Dieter Thoma die Vierschanzentournee 1989/90, die Skiflug-WM 1990, wurde Dritter beim Springen von der Normalschanze bei den Olympischen Spielen 1994, Großschanzen-Zweiter bei der WM 1997 und stand bei allen Mannschaftsmedaillen Deutschlands von 1991 bis 1999 im Team: Dritter bei der WM 1991, Olympiasieger 1994, WM-Zweiter 1995, WM-Dritter 1997, Olympia-Zweiter 1998, Weltmeister 1999. Im Gesamtweltcup der Saison 1996/97 kam Thoma mit vier Siegen und vier zweiten Rängen auf Platz zwei. „Mein Vater Franz, nicht mein Onkel und Olympiasieger Georg, brachte mich zum Skispringen", erzählt Thoma, dem Elternhaus und Familie sehr wichtig sind. „In der heutigen Gesellschaft kann man fast niemandem vertrauen, da ist es wichtig zu wissen, wer hinter einem steht." Aus erster Ehe stammen Dieter Thomas Kinder Nikolas Maximilian (6) und Noemi Rebecca (3), der zweiten Beziehung entsprang Kim Mona (10 Monate).

Der wichtige „Tunnelblick"

14 Exkurs:
Menschenführung, Motivation, Psychologie

„Geh' hoch und springe!"

Was wir am nötigsten brauchen,
ist ein Mensch, der uns zwingt,
das zu tun, was wir können.
Ralph Waldo Emerson

Auch in unserem Sport wird die Effizienz der Leistung neben den physischen und technischen Grundlagen, neben der Feinabstimmung zwischen Mensch und Material vom Kopf des Athleten mitbestimmt. Über den Anteil der Psyche am Gesamtergebnis gibt es unterschiedliche Aussagen. Ich möchte mich an diesen Spekulationen nicht beteiligen.

Selbstverständlich weiß aber auch ich, wie wichtig die Funktion des „Kopfes" für den Abruf und die Bestätigung des Leistungsvermögens zu einem definierten Zeitpunkt ist. Wie oft werde ich mit dem Vorwurf konfrontiert, keinen Psychologen oder Mentaltrainer an meine Sportler heranzulassen, und in aller Deutlichkeit wehre ich mich gegen diese Anschuldigung. Ich stehe zwar zu meiner Überzeugung, dass vor allem die Trainer notwendigen Einfluss auf Motivation und psychische Eigenschaften ihrer Athleten ausüben müssen, und dass die Möglichkeiten der Spezialisten nicht überbewertet werden sollten. Doch niemals habe ich mich gegen den Wunsch von Athleten gestellt, wenn diese das Bedürfnis hatten, im mentalen Bereich arbeiten zu wollen. Es gab auch Zeiten und Situationen, in denen auch ich diese Verbindung suchte und herstellte.

Ich weiß zu beurteilen, wie wichtig es ist, in der Wettkampfsituation den sogenannten „Tunnelblick" zu besitzen, sich einzig auf die bevorstehende Aufgabe konzentrieren zu können, unbeeinflussbar zu sein von äußeren und inneren Umständen. Ich beachte die Einheit zwischen biologischem und mentalem System und kann einschätzen, wie über deren Abstimmung und Verbindung das Ziel des leistungsbezogenen Handelns möglich ist. Das Resultat ist die optimale Leistung zum definierten Zeitpunkt. Als Trainer werde ich immer alles unternehmen, um die optimale Form, körperlich wie geistig, bei meinen Sportlern herbeizuführen. Solange ich glaube, dass mir dies in Zusammenarbeit mit meinen Kollegen gelingt, werde ich nicht zusätzlichen Einfluss auf die Skispringer herbeiführen. Erkenne ich aber, Probleme nicht lösen zu können, habe ich mich noch nie gescheut, Hilfe zu suchen und anzunehmen.

Unsere psychologischen Kenntnisse und daraus resultierende Handlungsweisen entstammen vor allem der Praxis, gründen auf Erfahrungswerten vieler Trainings- und Wettkampfjahre. Ich bin mir bewusst, nicht die spezifischen Grundlagen zu besitzen, die einen geschulten Psychologen ausmachen. Trotzdem bin ich so selbstbewusst zu behaupten, dass auch mein psychologischer Einfluss wirkt. Oppositionelle Grundhaltungen bauen sich bei mir zu Psychologen oder „Motivatoren" auf, wenn diese mich in Situationen kontaktieren, in denen über die Medien öffentlich

Wenn „Psychologen" Ratschläge geben

wird, dass unsere Leistungsträger, unsere Spitzenathleten, aktuelle Schwachstellen aufweisen. Es gibt dann genügend Vertreter dieser Fachgebiete, die mir immer wieder erklären wollen, was dann für Martin Schmitt oder Sven Hannawald im mentalen Bereich wichtig und notwendig sei.

Unglaublich, was ich in diesem Zusammenhang schon alles erlebt habe.

Da hatte beispielsweise Schmitt vor der Weltmeisterschaft 2001 größere Probleme zu bewältigen, die vor allem beim Weltcup in Willingen deutlich wurden. Schon schrieben mir drei, vier Psychologen, gaben Ratschläge und fixierten Konzepte, wie Martin wieder aufzubauen sei. Eine Dame aus Hamburg formulierte in ihrem Schreiben sogar schon erste, konkrete Anweisungen. Ich persönlich hatte den Brief nicht gelesen, da ich mich schon in der unmittelbaren Wettkampfvorbereitung auf die Weltmeisterschaft befand und zu diesem Zeitpunkt in Lillehammer weilte. Meine Frau hatte mich aber über diesen Brief informiert.

Was passierte? Martin wurde – mit unseren psychologischen Möglichkeiten – in Lahti Weltmeister auf der Großschanze, holte mit dem Team auf der gleichen Anlage Gold und eroberte Silber auf der Normalschanze, wobei noch die Bronzemedaille mit der Mannschaft auf dieser Schanzengröße hinzukam. Nach diesem Ergebnis kontaktierte die Mentaltrainerin meine Frau und bat sie, die Schreiben zu vernichten. Regina tat dies nicht. So konnte ich nachlesen, welche Handlungsanweisungen vorgesehen waren.

Für mich stellt sich die Frage, wie man sich einbilden kann, aus der Ferne einen Menschen, den man nicht einmal kennt, kurieren zu wollen. Steckt in dieser Anmaßung nicht auch ein Teil Borniertheit? In solchen Situationen prägen sich bei mir Begriffe wie „Trittbrettfahrer" ein, und meine Einstellung zur psychologischen Hilfestellung wird nicht gerade positiv beeinflusst. Professor Hans Eberspächer von der Universität Heidelberg und alle Sportpsychologen, zu denen ich schon Kontakt hatte, sollten mir diese Einstellung verzeihen, die sicherlich nicht umfassend zutrifft.

Es gab aber auch Problemfälle in meiner Tätigkeit, da war ich es, der Athleten nahegelegt hatte, die Hilfe eines Sportpsychologen in Anspruch zu nehmen. Ronny Hornschuh und Michael Uhrmann zählten zu diesen Sportlern. Auch Dieter Thoma hatte ich zu bestimmten Zeiten überzeugen wollen, in diesem Bereich zu arbeiten, doch bei ihm hatte ich keine Chance, entsprechende Verbindungen herzustellen. In den Fällen Hornschuh und Uhrmann hatte ich das geschafft. Doch wenn im mentalen Bereich in der Partner-Beziehung der Funke nicht überspringt, dann werden alle Bemühungen vergeblich sein, Erfolg zu erzielen. Die Arbeit mit einem Psychologen ist ein Geben und Nehmen. Das Vertrauensverhältnis des Sportlers zu seinem Betreuer muss bis ins letzte Detail gehen, muss sich grenzenlos öffnen. Dies ist jedoch nur dann möglich, wenn auch das entsprechende Vertrauen vorhanden ist. Bedauerlicherweise kann Vertrauen aber nicht gekauft werden. Entweder es ist da, oder aber nicht.

Ronny Hornschuh, der ein Sven Hannawald hätte werden können, wenn er dessen mentale Stärke besessen hätte, arbeitete auf eigenen Wunsch mit einem Thüringer Psychologen zusammen, der schon bei den Sportschützen gute Arbeit geleistet hatte. Doch die Erfolge mit meinem Jungen blieben aus, und auch ein Hypnotherapeut aus Wiesbaden konnte Hornschuh psychisch nicht stärken. Ob Ronny die Therapie richtig oder falsch anging, kann ich nicht beurteilen. Der Erfolg blieb jedenfalls aus.

- 98 -

Weißflog ließ sich helfen

Auch wir als Trainer haben es nicht mehr geschafft, Ronny auf den Erfolgsweg zu führen. Michael Uhrmann hingegen, der über lange Zeit ein psychisches Trauma infolge eines schweren Sturzes zu bewältigen hatte, wurde ebenfalls an einen Psychologen vermittelt. Michael konnte aber keine Vertrauensbasis aufbauen und gab diese Initiative auf. Inzwischen wurde Michael Weltmeister und Olympiasieger und hat sein Trauma überwunden.

Jahre zuvor hatte Jens Weißflog sehr wohl mit einem Psychologen zusammengearbeitet und gemeint: „Er bringt mir ein paar Dinge bei, die mir helfen." Weißflog verinnerlichte die Hinweise, doch andere Sportler der Trainingsgruppe sprangen nicht erfolgreicher. Nun kann eine Arbeit auch mit nur einem einzigen Athleten als gelungen dokumentiert werden – als ein Allheilmittel stellte sie sich aber nicht heraus. Auch deswegen erhob ich es nicht zu meiner Strategie, prinzipiell einen Psychologen in der Mannschaft zu haben. Ich war nicht von dessen Notwendigkeit überzeugt, verneinte aber gleichzeitig auch nicht seinen mögliche Nutzen.

1999 las ich in einer Zeitschrift über eine Trainings- und Adventure-Institution in Blaichach bei Sonthofen. Ich hatte die Idee, die Möglichkeiten dieses Centers zu nutzen, um psychisch-mentale Grundlagen zu legen bzw. aufzufrischen und im Zusammenhang mit den angebotenen sportlichen Möglichkeiten den Teamgedanken zu fördern. Seilgarten, Baumscheibe, Canyoning, Kajakfahrten im Wildwasser und Klettern im Seil waren Ansprüche, denen sich die Mannschaft zu stellen hatte. Gesprächsrunden mit drei Psychologen vervollständigten das Programm. Die Umsetzung der sportlichen Aktivität war different. Einige Athleten bewältigten sie mit Selbstverständlichkeit, andere Sportler zitterten teilweise wie Espenlaub bei einzelnen Aktionen oder gerieten in Panik, bevor sie erfolgreich und dann auch stolz die festgesetzten Ziele erreichten.

Zu diesem Zeitpunkt war unser Team auch schon medial sehr gefragt. Ich konnte einen Sonderpreis aushandeln und dabei darauf verweisen, dass Printmedien, Fotografen und Fernsehteams präsent sein würden. Ein Jahr später hatte ich ins Auge gefasst, eine ähnliche Aktion zu starten, die die Erfahrungen des Vorjahres berücksichtigen und weitere Akzente setzen sollte. Bei der Vorstellung des Projekts vor der Mannschaft schlug mir eine gewisse Antipathie meiner Leistungsträger entgegen, die von dieser Maßnahme nicht voll überzeugt waren. Über eine Aussprache mit dem Leiter der Einrichtung und einem Psychologen versuchte ich, eine positive Resonanz zu erzeugen. Vergeblich. Sowohl Martin wie auch Sven waren nicht gewillt, sich diesen Einflüssen zu stellen, weil sie überzeugt waren, ihre mentale Stärke nachgewiesen zu haben. So fuhr ich in diesem Jahr mit Athleten in den Allgäu, die dem Anschlusskader und der Perspektivgruppe angehörten. Die günstige finanzielle Basis war nicht mehr gegeben, da der Fokus der Medien sich in andere Richtungen bewegte. Ich musste richtig Geld zahlen und ärgerte mich deshalb über die ausufernde kommerzielle Verwendung unseres Kurses nach dessen Beendigung.

Wunder erwähnenswerter Art sind auch nach dieser Aktion bei den sportspezifischen Übungen ausgeblieben. Eine Abwechslung im Trainingsablauf war trotzdem gegeben. Deshalb sehe ich inzwischen von solchen „Events" ab und konzentriere mich wieder auf grundlegende Dinge unserer Trainingsarbeit. Einen Skispringer bei einem Wettkampf zu motivieren und zu steuern ist eine sehr individuelle und situationsabhängige Aufgabe. Ich habe keine Standardsprüche, die ich im Hotel oder im Container noch schnell von mir gebe. Läuft es gut, reicht ein anerkennendes, aufmunterndes Klopfen auf die Schulter, ein Lächeln, um dem Sportler das Gefühl

Hannawald: „Ich bin kein Warmduscher"

zu geben, dass er alles richtig macht, dass er heute unbesiegbar ist. In anderen Situationen ist es schwieriger, und besondere Umstände verlangen besondere Maßnahmen.

Im Weltcupwinter 2001/02 hatte Sven Hannawald die Tournee gewonnen, und wir befanden uns im vorolympischen Weltcup-Stress in Zakopane. Ich hatte mir in meiner Strategievorbereitung im Hinblick auf die Olympischen Winterspiele sehr lange überlegt, ob ich diesen Weltcup mit dem Olympiakader wahrnehmen oder anders gewichtete Phasen einschieben sollte. Die Rolle von Weltcupsieger Adam Malysz und sein Start bei deutschen Wettbewerben gaben den Ausschlag, mit unseren Spitzenathleten in Polen anzutreten. Dies sollte auch ein Zeichen der Anerkennung für Adam und den polnischen Verband sein. Hannawald war dermaßen gut in Form, dass er es mit der ganzen Welt hätte aufnehmen können. Doch in Zakopane schlug ihm eine Welle der Antipathie entgegen, die für uns unerklärbar war. „Mister Grand Slam" wurde gnadenlos ausgepfiffen, und die Aktionen der Zuschauermassen brachten Hannawald aus dem Konzept. Er war drauf und dran, wegen dieser äußerer Umstände seinen „Tunnelblick" zu verlieren und nicht mehr das abrufen zu können, was er sollte. Hannawald war an einem Punkt angekommen, an dem er zu resignieren begann.

Was hätte ich ihm sagen sollen? Hätte ich ihm mitleidsvoll auf die Schulter klopfen sollen und sagen: „Mein lieber, armer Sven, all' die bösen Pfiffe gegen Dich... Was wollen wir machen? Wollen wir abbrechen?" Nein, dazu war ich nicht bereit. Sven hatte in dieser Saison Situationen gemeistert, die verdeutlicht haben, dass er mit früheren, negativen Erscheinungsformen gebrochen hatte.

Wir waren in Polen, um mit Hannawalds aktueller sportlicher Hochform Adam Malysz zu schlagen, nicht, um in ein Schneckenhaus zu kriechen und uns zu verstecken. Dies hatte ich ihm zu deutlich zu machen. In der Folge stimmten Wolfgang Steiert und ich uns gegenseitig ab. Unsere Strategie war, dass der Sportler über mich die erste Attacke erfahren sollte, den zweiten Akzent musste mein Kollege Steiert setzen, der mit Sven mit der Aufstiegshilfe zum Anlauf fuhr. Für schwache Nerven waren unsere Argumentationen nicht bestimmt, die wir Hannawald laut und deutlich kundtaten, um die notwendige Motivation zu erzeugen. Und feine Worte wurden auch nicht gewählt. „Geh' hoch und springe!", lautete der letzte Satz Wolfgangs. Letztlich reagierte Sven Hannawald wie erhofft: „Euch beweise ich, dass ich kein Warmduscher bin." Wir hatten Wut erzeugt, Aufbegehren provoziert. Wir hatten es geschafft, die sich anbahnende Selbstaufgabe zu besiegen. Auch wenn nach dem folgenden Sprung Hannawalds Geste in Richtung Zuschauer nicht sehr fein war – sie war ehrlich, sie war emotional geprägt. Mir war ein Stein von Herzen gefallen. Wir hatten gewonnen. Hannawald belegte bei beiden Wettbewerben den zweiten Rang. Was aber noch viel wichtiger und wertvoller war: Hannawald besiegte sich bei dieser Gelegenheit auch selbst.

Was wir taten, war ein Rückfall ins Mittelalter der Psychologie. Ich hatte vor dieser Aktion keine Lehrbücher gelesen und auch keinen Psychologen an der Sporthochschule Köln konsultiert. Was ich tat, war durchdacht. Steiert und ich hatten Hannawald dermaßen lange provoziert, dass er einfach gut springen musste – um sich zu beweisen, primär vor uns, sekundär vor den 80000 Polen. ∎

Ein risikobereiter Typ

15 Die Geburt neuer Stars: Sven Hannawald und Martin Schmitt

„Der Trainer redet viel, aber wir sehen nichts"

Die das Dunkel nicht fühlen,
werden sich nie nach dem Lichte umsehen.
Henry Thomas Buckle

Im Winter 1992/93, in Oberstdorf, war Andre Kiesewetter auf Rang 48 gelandet. Das war für einen Sportler, der zwei Jahre zuvor zwei Weltcupspringen gewonnen hatte, mäßig, hatte jedoch mit der Umstellung der Weltelite auf den V-Stil und mit einer schweren Verletzung meines Schützlings zu tun. Wer ebenfalls keine Rolle spielte in diesem Winter: Sven Hannawald. Er wurde 49.!

Sven Hannawald kommt aus dem alten System der DDR. Im sächsischen Erlabrunn wurde er im gleichen Krankenhaus geboren, in dem auch Jens Weißflog zur Welt gekommen ist. Das hat Hannawald später mal zur Aussage verleitet, dass dieser Umstand zwar ganz nett sei, dass es aber wohl ein bisschen mehr benötige als diese Gemeinsamkeit, um ein guter Skispringer zu werden. Dies sagte er zu einem Zeitpunkt, als er nach dem Besuch des Ski-Internats Furtwangen bereits nach Hinterzarten umgezogen und der Öffentlichkeit ein Begriff war. Tatsache jedoch ist, dass Hochleistungssportler Hannawald sich Jahr für Jahr durch den Winter quälte und einfach nicht das in ihm schlummernde Potenzial im Wettkampf abrufen konnte. Bereits 1992 hatte er bei der Junioren-Weltmeisterschaft im finnischen Vuokatti zusammen mit Ronny Hornschuh, Rico Meinel und Timo Wangler den dritten Rang in der Teamkonkurrenz belegt. Es waren besondere Titelkämpfe, denn mit dabei waren auch die neuen Stars der Szene: Doppel-Olympiasieger Toni Nieminen aus Finnland, Sylvain Freiholz aus der Schweiz, Martin Höllwarth aus Österreich, der bei den zuvor stattgefundenen Olympischen Winterspielen in Albertville mit drei Silbermedaillen ebenfalls eine überragende Rolle gespielt hatte. „Da hast Du mir einen sehr guten Athleten geschickt", sagte mir Rudi Tusch, der damalige Bundestrainer, der ebenfalls Svens Potenzial erkannte, später. Hannawald war 1992 Mitglied des Kaders geworden.

Sven war immer schon ein äußerst eleganter Skispringer, und der Junge war risikobereit. Er stürzte sich bei jedem Trainingssprung ohne Rücksicht auf Verluste vom Schanzentisch. Dieses Verhalten imponierte mir, gleichzeitig aber lebte ich immer mit der Angst, dass Hannawald, wie schon so oft, seinen Geburtstag am 9. November im hohen Norden am Polarkreis im Krankenhaus verbringen könnte. Wenn er stürzte, dann geschah dies oft spektakulär. Das war das auffälligste Zeichen seiner Risikobereitschaft, und vielleicht stand ich auch deshalb während der Zeit seiner „Übergangsjahre" uneingeschränkt zu ihm. Verletzungen und psychische Traumata nach Stürzen warfen ihn zurück, nicht Unvermögen. 1993/94 war Hannawald 90. im Gesamtweltcup, 17. im damaligen Intercontinentalcup. Mit anderen Worten: Er spielte keine Rolle. Es waren Jahre, in denen besonders

- 101 -

Einen Wunsch hat der Trainer frei

Wolfgang Steiert und ich uns für den Sportler eingesetzt haben. 1994/95 bescheinigten wir ihm eine positive Entwicklung, 1995/96 war er wie im Jahr zuvor zwar im Kader, aber wenig präsent in den Ergebnislisten – und dennoch beschwor ich die Verantwortlichen des Deutschen Skiverbandes ein ums andere Mal: „Gebt' dem Jungen Zeit, er kommt noch, ich will ihn in der Mannschaft haben. Ich habe nicht das Gefühl, dass er die Zügel in seiner sportlichen Karriere schleifen lässt. Sicher macht er auch Fehler, aber er ist ein junger Mensch, und sie sind ihm erlaubt. Er zeigt ja zuweilen auch gute Ansätze, und ein guter Sprung ist besser als kein guter Sprung." Wenn die Argumente knapp wurden, dann griff immer noch das letzte: Einen Wunsch, einen Kaderplatz, hat der Trainer frei."

Doch was geschah? Im Winter 1996/97 zeigte Martin Schmitt erstmals seine Klasse auf, und Sven Hannawald war 59. des Weltcups. Uns allen war klar, dass „Hanni" auf Dauer nicht zu halten sein würde.

Und dann kam der Olympiawinter, und es kam der Durchbruch jenes Athleten, um den ich in meiner langen Trainerlaufbahn am längsten gekämpft hatte. Am Dreikönigstag 1998 feierte Sven Hannawald in Bischofshofen seinen ersten Weltcupsieg, und im Lichte nachfolgender Ereignisse war dieser Triumph ein wenig bezeichnend: Nicht Kazuyoshi Funaki gewann im Salzburger Land, was den „Grand Slam" bedeutet hätte. Der Japaner wurde nur Achter. Es gewann jener, der die vier Siege bei der Tournee vier Jahre später realisieren sollte. Hannawald war immer schon ein Flieger-Typ, und so blickte ich erwartungsfroh der Skiflug-WM im eigenen Land, in Oberstdorf auf der Heini-Klopfer-Schanze entgegen – wohlwissend, dass sie nichts anderes war als eine Zwischenstation Richtung Olympische Winterspiele. Tourneesieger Funaki, der in jenem Winter eine unglaubliche Konstanz an den Tag gelegt hatte, holte sich auch diesen WM-Titel, doch nach dem ersten Tag lag der Japaner auf Rang zwei, hinter Hannawald. Am zweiten Flugtag machte Funaki, der bei dieser Veranstaltung erst als zweiter Skiflieger nach Toni Innauer 1976 mit fünf Idealnoten (20) von den Stilrichtern ausgezeichnet worden war, alles klar. Hannawald wurde hinter Dieter Thoma Dritter der Tageswertung, behauptete aber vor seinem Teamgefährten den zweiten Platz im Gesamtklassement. Bei den Olympischen Winterspielen jubelten sie gemeinsam über Silber mit dem Team. Das Ringen um ihn hatte sich ausgezahlt. Ich weiß nicht, ob ich noch ein weiteres Jahr die Geduld mit ihm aufgebracht, und ich weiß auch nicht, ob die DSV-Leitung dann noch mein Anliegen unterstützt hätte. Schon zuvor hatte es in diesem Kreis wohl des öfteren geheißen: „Der Trainer redet viel, aber wir sehen nichts."

Nach Hannawalds Umzug im Sommer 1991 von Sachsen nach Baden-Württemberg, der in seiner ursprünglichen Heimat lange Zeit nicht verstanden wurde, entstand eine Freundschaft zu Dieter Thoma. Die beiden Skispringer frönten der Modell-Fliegerei, verbrachten sehr viel Zeit zusammen, gingen gemeinsam ins Kino, spielten Tennis. In Hinterzarten war Hannawald von Dieter Thoma fast adoptiert worden. Bei Trainingskursen oder Wettkämpfen teilten sich die beiden Sportler das Zimmer – so lange jedenfalls, bis Hannawald leistungsmäßig gleichzog. Als dies der Fall war, als sich Dieter mannschaftsintern wieder mit einem ebenbürtigen Sportler messen musste, schien es mir, als würde sich für ihn eine zweite „Weißflog-Wand" aufbauen. Das Verhältnis der beiden Sportkameraden war nicht mehr wie zuvor von großer Herzlichkeit geprägt. Es bestand sogar der Wunsch, die Zimmerbelegung neu zu durchdenken. Eine solche Situation, die ich mit anderen Namen unterlegt später noch einmal erleben sollte, verdeutlichte mir, dass es wahre Freundschaft in solch' extremen Konkurrenzsituationen nicht geben kann. So oder so: Hannawald hat es Jens Weißflog und Dieter Thoma zu verdanken, dass er in ihrem Sog seine eigene Entwicklungsphase durchmachen konnte, ohne gleich von Anfang an Leistungen erbringen zu müssen.

Die Zeit der Erfolge Hannawalds begann jedenfalls ein Jahr früher als die von Martin Schmitt, der gleich alt wie Michael Uhrmann, Frank Reichel, Alexander Herr und Kai Bracht ist. Nur eines ist klar: Während sich Martin Schmitt Schritt für Schritt nach oben tastete, während er in der Zeit vor seinen großen Taten einfach reifte, nutzte Sven Hannawald sozusagen seine „Last-minute-Chance" und griff nach dem letzten Strohhalm.

Schmitt stand in seiner Juniorenzeit nicht an vorderster Front. Zwei Mal qualifizierte er sich für die Junioren-WM, kam aber weder 1994 im österreichischen Breitenwang, wo er sich im unmittelbaren Vorfeld verletzte, noch 1996 im italienischen Gallio zum Einsatz. Doch allein die Tatsache, dass er berufen worden war, zeugte von einem guten Niveau, das er schon als Jugendlicher aufwies. Bei der Junioren-Weltmeisterschaft in Gallio war ich mit meiner Frau Regina vor Ort und erlebte die erfolgreiche Mannschafts-Konkurrenz. Das deutsche Team gewann Gold. Ich erinnere mich aber auch noch an die Unstimmigkeiten zwischen Nachwuchs-Trainer Dietrich Kampf und Martins Mutter, die nicht glücklich darüber war, dass ihr Sohn keinen Einsatz bekommen sollte.

Es waren Jahre, in denen der heutige Star der Szene von der Öffentlichkeit fast unerkannt durch die Wettkampfsysteme des Juniorenalters und den Inter-continentalcup tingelte. Als er bei einem Skispringen in Harrachov 1996 erstmals in der Weltcupmannschaft stand, waren Schmitts große Füße und große Hände seine auffälligsten Merkmale, nicht seine sportliche Leistung: Zwei Mal landete er auf dem Vorbau, zwei Mal schaffte er die Qualifikation nicht. Wolfgang Steiert hatte sich für den Einsatz Schmitts in Tschechien stark gemacht, und ich konnte nicht anders: Ein wenig musste ich meinen Co-Trainer deswegen schon auf die Schippe nehmen. Als ich die Ergebnisliste studierte, sagte ich zu Steiert.: „Entschuldige bitte, aber jenen, den Du mir so wärmstens empfohlen hast, kann ich leider nicht finden..." Dem Sportler gegenüber verhielt ich mich selbstverständlich anders und zeigte Mitgefühl. Ich nahm Schmitt, dem die Tränen in den Augen standen, zur Seite, klopfte ihm auf die Schulter und sagte aufmunternd: „Geh' wieder in den Intercontinentalcup zurück, mach' dort Deinen Weg, und wenn Du soweit bist, sehen wir uns im Weltcup wieder." Ich wusste, dass er körperlich und psychisch noch reifen musste. Schmitts V-Stil indes war damals schon eine Augenweide.

Anlässlich der Nordischen Skiweltmeisterschaft in Trondheim im Jahr 1997, zu der ich Martin „modifiziert" nominierte, ließ er erstmals sein Potenzial aufblitzen, ein Jahr später, in Nagano, stand er in der Mannschaft, die Silber gewann. Und dann folgten seine drei besten Jahre, mit 27 Weltcupsiegen, zwei gewonnenen Gesamtwertungen, vier Weltmeistertiteln, je zwei in Ramsau und Lahti. Das WM-Silber von der Normalschanze 2001 war eine schöne Zugabe, Silber bei der Skiflug-WM-2002 aber ungleich wertvoller, ein kräftiges Lebenszeichen Schmitts nämlich. Es gibt wenig Athleten, gleich in welcher Disziplin, die innerhalb solch' kurzer Zeit so viel wie er gewonnen haben. Lediglich die Vierschanzentournee, bei der Schmitt zwei Mal als der große Favorit angetreten war, konnte er nicht für sich entscheiden – was aber wohl weniger an seinem Können als am Umfeld und an der Erwartungshaltung lag, mit der er konfrontiert wurde. 1998/99 gewann

„Hanni" stand mehrfach vor dem Aus

Janne Ahonen, obwohl er im Gegensatz zu Schmitt (zwei Siege) keine einzige Konkurrenz für sich entscheiden hatte können, und einen Winter später siegte Andreas Widhölzl, der auch das Duell bei den Tagessiegen mit 3:1 gegen unseren Mann gewann.

Martin Schmitt und Sven Hannawald versinnbildlichen zwei unterschiedliche Karrierewege. Beide gehören zu den Besten, die unsere Sportart derzeit zu bieten hat. Doch während der eine linear nach oben strebte, verlief die Laufbahn des anderen kurvenreicher. Größtenteils unbeachtet bleiben all' jene, die nur bei ausgewählten Anlässen plötzlich in das Rampenlicht der Öffentlichkeit rücken. Christof Duffner gehört seit zehn Jahren zu den Konstanten in der deutschen Mannschaft, wurde Olympiasieger, Weltmeister, war und ist ein hervorragender Skiflieger - und doch wurde er von den Stars in die zweite Reihe verdrängt. Hansjörg Jäkle, einer meiner professionellsten „Sportarbeiter", erzielte viele beachtliche Erfolge, ging aber durch die Konzentration auf die Leistungsträger dennoch relativ unter. Ähnlich erging es Gerd Siegmund, der mir über Jahre geholfen hatte, die Mannschaft zu formen. Michael Uhrmann hatte für mich ähnliche Voraussetzungen wie Hannawald; einen schweren Sturz in Oberhof mit einer Schleimbeutelverletzung am Ellenbogen überwand er aber zweieinhalb Jahre nicht. Deutscher Meister war er geworden, Juniorenweltmeister auch, und er spielte damals sogar mit dem Gedanken, seine Laufbahn zu beenden. Meinem „Kronprinzen" brachte ich unheimlich viel Vertrauen entgegen, Vertrauen, das Uhrmann brauchte. In Salt Lake City zahlte er es mir mit einer tadellosen Leistung im Mannschaftswettbewerb zurück. Und er kam, wie er es selbst formulierte, zu Olympiagold „wie die Jungfrau zum Kind". Ronny Hornschuh hatte ich eine große Karriere zugetraut, aber er scheiterte an seinen psychologischen Barrieren. Er war den Anforderungen mental nicht mehr gewachsen, und irgendwann gab auch ich als Trainer auf. Ich denke, dass zuerst der Betreuer von seinem Tun überzeugt sein muss. Nur dann gelingt es auch, den Athleten richtig zu motivieren. Ich muss die Hoffnung haben, dass die Arbeit Früchte trägt, erst dann kann ich diese Zuversicht auch ausstrahlen und weitergeben. Aber ich muss auch ehrlich sein, zu mir selbst und auch zum Sportler: Wenn alle Bemühungen umsonst sein sollten, müssen Konsequenzen gezogen werden, dann ist es besser, wenn sich der Athlet einer anderen Tätigkeit zuwendet. Trainer haben auch in dieser Situation die Verantwortung, ihre Jungs richtig zu beraten.

Heute kann man es kaum glauben, aber es ist wahr: Hannawald stand einige Male kurz davor, seine Sportlerkarriere zu beenden, oder beenden zu müssen, wenn es nach dem Willen anderer gegangen wäre. Er hätte nicht den „Grand Slam" bei der Tournee gewonnen, keine Skiflug-WM-Titel und keine Olympiasiege gefeiert. Es kam anders, gottlob. Für ihn und für den deutschen Skisprungsport. Unbeantwortet muss ich die Frage lassen, ob Martin Schmitt es allein geschafft hätte, die gesamte Last der Verantwortung zu tragen. Hannawald und Schmitt bilden ein ideales Paar, das sich gegenseitig zu Höchstleistungen anspornt, das aber bis zu einem gewissen Punkt auch Schutzschild für den jeweils anderen ist. Schmitt wird immer Aufmerksamkeit erregen und im Gespräch sein. Doch ein Tourneesieger Hannawald nimmt auch ihm den Druck von außen, was bei einem Tourneesieger Widhölzl logischerweise nicht so wäre. ∎

Allen seinen Schützlingen - und nicht nur den hier abgebildeten - war und ist Reinhard Heß ein guter Betreuer und ein väterlicher Freund. Von oben nach unten: Hansjörg Jäkle, Dieter Thoma, Jens Weißflog, Sven Hannawald und Martin Schmitt.

Beim Wettbewerb: die Mannschaft hinter der Mannschaft - und ein konzentriert beobachtender Bundestrainer.

Der Mann mit der Fahne -
oder manchmal auch dem
Programmheft...

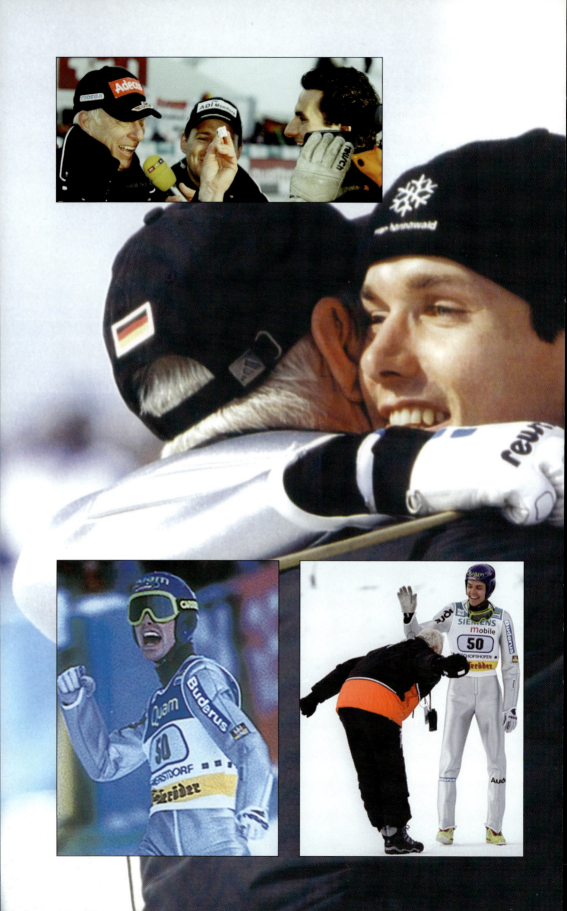

Ein Glücksschweinchen und viele Emotionen. Zum Beispiel beim Silbermedaillen-Gewinn (Normalschanze) von Sven Hannawald bei Olympia 2002 (großes Foto) und natürlich auch beim sensationellen „Grand Slam" dieses Springers bei der Vierschanzentournee 2001/2002, die mit der Verbeugung von Heß vor „Hanni" endete.

**Freude mit dem Team über das Abschneiden bei Olympia 2002...
...Freude mit Enkelin Linda nach Opa's Rückkehr aus Salt Lake City.**

Silber hat vieles kaschiert

16 Nagano 1998:
Martin Schmitts 98 Meter und eine Lehre

„Feierst Du jetzt auch schon Niederlagen?"

*Eine Niederlage darf nicht zur Schmach werden,
denn die Vernunft soll größer sein als der Sieg.
Karl Peltzer, „An den Rand geschrieben"*

Das Wort „Niederlage" höre ich nicht gerne, weil Niederlagen relativ sind. Gute Platzierungen, selbst Siege, übrigens auch. Was ist denn höher zu bewerten: Rang eins, ersprungen bei optimalen Bedingungen, günstiger Vorderluft, oder Platz drei, mit den Zähnen erkämpft, bei störendem Rückenwind? Die Ergebnisliste erzählt nicht immer die ganze Wahrheit, obwohl sie das wichtigste Papier eines vergangenen Wettkampfs bleibt. Waren die Olympischen Spiele in Nagano eine Niederlage? Bei der Bewertung unserer damaligen Leistung tue ich mich heute noch sehr schwer, und – ungern vielleicht – muss ich eingestehen, dass die Mannschafts-Silbermedaille sehr Vieles kaschiert hat. Heute noch befasse ich mich mit diesen Olympischen Winterspielen, heute noch habe ich die Ereignisse von damals nicht richtig verkraftet und verarbeitet, und heute noch schüttle ich ungläubig den Kopf, wenn ich an unsere Fehler denke. Immerhin haben wir alle daraus gelernt. Ich persönlich hatte mir geschworen, es in Salt Lake City vier Jahre später anders und besser zu machen.

Aber der Reihe nach. Der Winter war bis zum Saisonhöhepunkt für uns sehr gut verlaufen. Bei der Vierschanzentournee hatte Sven Hannawald hinter Kazuyoshi Funaki den zweiten, Dieter Thoma den sechsten Rang belegt. Dieses Trio – Funaki vor Hannawald vor Thoma – sicherte sich in Oberstdorf auch die Medaillen bei der Skiflug-Weltmeisterschaft, und gelassen blickte ich Nagano entgegen. Wir hatten zwei Siegspringer, wir hatten Martin Schmitt, der sich in einem ersten Moment gar nicht für die Mannschaft qualifiziert hatte, der sich jedoch in guter Form präsentierte, und wir hatten den „Shooting Star" des Jahres.

Michael Wagner aus Berchtesgaden verblüffte in diesem Winter die Öffentlichkeit mehrmals, und insgeheim dachte ich mir: Wenn dieser Junge seine Topform halten kann, wenn er ein wenig Glück bei seinen Versuchen hat, dann kann er sogar Olympiasieger werden. Nicht, dass Wagner vom technischen Standpunkt aus in unser Leitbild gepasst hätte, aber was tat dies zur Sache, nachdem er flog wie ein Blatt Papier? Wir waren jedenfalls gerüstet. Doch der Teufel liegt im Detail. Rückblickend betrachtet war es ein Fehler, die Deutsche Meisterschaft während der unmittelbaren Vorbereitung auf die Spiele zu bestreiten und sich nicht Materialtests zu widmen. Doch bis zu diesem Zeitpunkt bestand einfach der Anspruch, dass sich unsere international Besten auch auf heimischer Ebene messen mussten, mit ihrer Präsenz die Arbeit der Landesskiverbände und der vielen ehrenamtlichen Helfer würdigen sollten. Mit dieser bewussten Einstellung fuhr ich nach Ruhpolding, dem damaligen Meisterschaftsort.

Es gibt keine schlechten Schanzen...

Als der erste Wettbewerb in Hakuba, das eine Autostunde von Nagano entfernt lag, gestartet wurde, hatten wir eigentlich schon verloren. Auf der Normalschanze kam keiner unserer Springer mit der Anlage zurecht, die von Torbjörn Yggeseth, dem Vorsitzenden des FIS-Komitees für Sprunglauf, als unzeitgemäß und alt eingestuft wurde. Mein Standpunkt war (und ist) ein etwas anderer: Es gibt keine schlechten Schanzen, nur schlechte Sprünge. So siegte bei Wind und Wetter etwas überraschend Jani Soininen (Finnland) vor dem „Hausherren" Kazuyoshi Funaki und um die Platzierungen der eigenen Leute zu erfragen, musste man in der Ergebnisliste weit nach unten blicken. 13. Dieter Thoma, 14. Sven Hannawald, 17. Hansjörg Jäckle, 19. Martin Schmitt. Das war mannschaftlich nicht so schlecht, „Schönfärberei" konnte mit diesen Resultaten aber auch nicht betrieben werden. Es war eine Niederlage. Michael Wagner, der Aufsteiger der Saison, kam gar nicht zum Einsatz, weil sein Leistungszustand schwächer und schwächer wurde, fast direkt proportional zu jenem von Martin Schmitt, der stärker und stärker wurde.

Abhaken, nach vorne blicken, Vorbereitungen für den Großschanzen-Wettbewerb treffen. So lautete unsere Devise. Wir wollten der Vergangenheit nicht nachtrauern, sondern unsere beiden verbleibenden Chancen nutzen. Die Wetterbedingungen waren nicht entscheidend besser als beim Auftaktwettbewerb, unsere Resultate waren eher noch schlechter. Während an der Spitze Funaki und Soininen die Plätze tauschten und Masahiko Harada den Österreicher Andreas Widhölzl wegen 0.1 Punkten um seine zweite Bronzemedaille bei diesen Spielen brachte, war Deutschland wiederum nur in der zweiten Reihe abwärts zu finden. Zwölfter Dieter Thoma, 14. Martin Schmitt, 48. Sven Hannawald, 57. Hansjörg Jäckle. Der Heß, hatte ich im Vorfeld der Spiele gehört, der Heß ist so erfolgreich, der hat einen Bonus. In Nagano merkte ich nichts mehr davon. Da hörte ich nur, wie die Medien ihre Messer wetzten. Zwei Drittel der Konkurrenzen waren vorbei, und Deutschland stand immer noch mit leeren Händen da. Ich ließ mich dennoch nicht beirren. Am Tag des Wettbewerbs von der Großschanze hatte Henry Glaß Geburtstag. Dessen Feier hatten wir schon länger vorbereitet, mit Kaffee und Torte und - wer wollte - mit Bier. Trainerkollegen, die nicht wussten, was der Anlass der Feier war, sagten mir kopfschüttelnd: „Dass ihr Deutschen Euch nach jedem Sieg zusammensetzt und Eure Siege begießt, haben wir gewusst. Dass Du nun aber auch schon Niederlagen feierst, ist uns neu." Es war ein gelungener Abend, wir lachten, flachsten und ließen den Henry hochleben. Was hätten wir denn sonst auch tun sollen? Die Feier absagen, nur weil unser Abschneiden in der sportlichen Konkurrenz schlecht war? War dies vielleicht die Schuld unseres Co-Trainers?

Die Distanz zu den Dingen hat es der Mannschaft und auch mir ermöglicht, locker zu bleiben. Als der Tag des Teamspringens gekommen war, dachte niemand von uns Trainern, dass es eventuell um den Arbeitsplatz des einen oder anderen gehen könnte. Zu erfolgreich war der erste Teil der Saison verlaufen, und mir klangen auch die Worte meines damaligen Generalsekretärs Helmut Weinbuch im Ohr, der mir immer wieder soziale Sicherheit signalisierte. Ohne Medaillengewinn nach Hause zurückzukehren, hätte uns sicherlich mediale Prügel eingebracht, meine Anstellung aber sah ich nicht als gefährdet an. In Nagano jedoch ohne Medaillen zu bleiben, hätte bedeutet, den einmal erarbeiteten Bonus wieder zu verlieren. Doch das sind lediglich Spekulationen. Deutschland holte Silber, hinter Japan, vor Österreich, und die im Umfeld der Mannschaft geführten Diskussionen verstummten.

Schon sonderbar. Da hatte ich bei zwei Olympischen Wettbewerben keinen einzigen Mann unter den ersten Zehn der Wertung, in der Teamkonkurrenz war aber Gold

Probleme mit den Anzügen

möglich mit Sven Hannawald, Martin Schmitt, Hansjörg Jäkle und Dieter Thoma. Zur Halbzeit hatte Österreich geführt, während wir auf Rang zwei, vor Norwegen und Japan, lagen. Martin Schmitt hatte bei seinem ersten Versuch versagt: 98 Meter kurz war der Superstar der kommenden Winter „gehüpft" und in der Pause zwischen erstem und zweitem Durchgang untröstlich. Zu dritt richteten wir ihn auf, sprachen auf ihn ein: Sieh' es locker, Du hast noch einen Sprung, mach' Dir keinen Streß und so weiter und so weiter. Und auch die Mannschaftskameraden nahmen positiv Einfluss. Im ersten Durchgang hatte die dritte Gruppe mit den schlechtesten Bedingungen zu kämpfen. Masahiko Harada war bei 79.5 Metern gelandet, Hansjörg Jäkle bei 96 – auf einer Großschanze, wohlgemerkt! Doch weil alle Nationen davon betroffen waren, schmälerten die geringen Weiten unsere Medaillenchancen nicht. Es kam zur Entscheidung. Schmitt rehabilitierte sich mit sehr guten 126.5 Metern. Harada flog auf 137 Meter, machte sein psychologisches Versagen von 1994 in Lillehammer wett und trug maßgeblich zum Erfolg Japans bei. Als Dieter Thoma, unser letzter Athlet, auf dem Anlaufbalken saß, herrschten Super-Bedingungen. Meine Augen glänzten erwartungsfroh, und innerlich freute ich mich bereits: Wenn dieser Mann zeigt, was er kann, dann verteidigen wir unseren Titel. Und dann passiert wieder so ein unerklärbarer Moment im Sport. Thoma ist übermotiviert, er schießt ohne Gefühl über den Schanzentisch hinaus, er agiert einzig mit brachialer Gewalt. Unerfahrenere Sportler wären auf dem Vorbau gelandet, Thoma aber macht in der Luft aus einem eigentlich indiskutablen Versuch noch einen brauchbaren Sprung. Als der Wettkampf vorüber war, freute ich mich über das, was wir gewonnen hatten. Ärger über das, was wir verloren hatten, kam keiner auf. Den Berichterstattern diktierte ich in ihre Blöcke: „Vor vier Jahren waren wir reif für Bronze und haben durch das Missgeschick der Japaner Gold geholt. Heute haben wir Silber erkämpft."

Seit 30 Jahren war ich zu diesem Zeitpunkt im Trainerberuf tätig, und dennoch sagte ich mir in Nagano: Du hast diesen Sport immer noch nicht begriffen. Auf der Normal-Schanze war Erklärungsbedarf meiner Athleten vorhanden, doch ich befand mich im Erklärungsnotstand. Leute, hatte ich ihnen gesagt, so, wie ihr springt, passt es. Ich sehe keine Fehler. Was nicht stimmte war wohl das Material. Wir hatten neue Anzüge, die im Vorfeld der Winterspiele aber nicht getestet worden waren. In Japan wurde bei den ersten Sprüngen klar, dass sie wenig Tragegefühl entwickelten. So griffen die Athleten auf die Weltcup-Utensilien zurück, mit der Folge, dass sich Stress und Hektik breit machten.

Bei Olympischen Spielen ist es verboten, mit Sponsorenlogos anzutreten. Diese müssen überklebt werden. Die Tapestücke hielten aber mehr schlecht als recht. Dieter Thoma war noch am Anlaufbalken mehr mit der Abdeckung der Sponsorenlogos beschäftigt als mit seinem anstehenden Sprungversuch. Meine Lehre war, in Zukunft nicht auf die Testserie des Materials vor Großveranstaltungen zu verzichten und bei den Transportkosten nicht beim Material zu sparen. Seit Nagano 1998 sind wir mit genügend Anzügen unterwegs, und wenn es zehn pro Sportler sein müssen. Im Nachhinein erkannten wir auch, dass der Schliff der Beläge unserer Ski nicht der allerbeste war. Unsere Skijäger machten uns vor, wie man kurzfristig reagiert: Sie ließen sich ihre Ski umschleifen und gewannen dadurch Gold in der Staffel. Fast durch Zufall. Seitdem beschäftigen auch wir uns vermehrt mit dem richtigen Schliff. Auf der Großschanze waren Thoma und Co. aufgrund ihres unbändigen Willens gehemmt. Alle wollten beweisen, besser zu sein als beim Auftakt-Wettbewerb. Und nach dem zweiten Springen schworen wir uns, als Team nachzuweisen, dass wir stärker waren als gezeigt. So kam es dann auch, gottlob.

Zur Demut erzogen

Die Olympischen Winterspiele 1998 waren für den Medaillenspiegel von Skisprung-Deutschland keine Offenbarung, aber sie waren ein Meilenstein auf dem Weg zu künftigen Großtaten. Sie erzogen zur Demut. Sie zeigten auf, dass nicht alles im Leben reibungslos funktioniert. Sie führten uns zurück zu den Wurzeln. Nagano 1998 bewies mir, dass keiner von uns unfehlbar war. Im Vorfeld Olympias hatten wir die Materialfragen aus dem Blickfeld verloren. Wir hatten anderen vertraut, obwohl wir hätten wissen müssen, dass Vertrauen zwar gut, Kontrolle aber besser ist. Ob ein Stoff schön aussieht oder nicht – wen kümmert's am Ende? Nur effizient muss er sein!

DM im Sommer für erfolgreichere Winter

Die Winterspiele in Fernost markierten auch jenen Einschnitt, in dem sich die deutsche Skisprung-Nationalmannschaft wieder eigennützig auf sich selbst konzentrierte. Was nutzt es, allen Wünschen nachzukommen, wenn man dabei selbst auf der Strecke bleibt? So entschied ich, die Deutsche Meisterschaft im Vorfeld einer Großveranstaltung nicht mehr zu besetzen, um nicht abgelenkt zu werden vom eigentlichen Ziel des Winters, und auch aus leitungspolitischer Sicht rang ich um die Genehmigung des Verbandes. 1999 führte dieser Umstand noch zu erheblichem Ärger, da die Titelkämpfe in Oberwiesenthal ausgetragen wurden, der WM-Kader im Vorfeld der WM in Ramsau aber in St. Moritz trainierte. Uns fehlten aufgrund vorangegangener Wetterkapriolen bei Lehrgängen in Predazzo und St. Moritz zu diesem Zeitpunkt rund 30 Sprünge, und ich war gewillt, diese noch nachholen zu lassen. Jens Weißflog wurde in der sächsischen Lokalpresse zitiert, und meinte, dass es nicht um Trainingsmaßnahmen oder Materialtests ginge, sondern es sich um einen Boykott der „Schwarzwald-Connection" handeln würde: „Die glauben, dass hier immer schlechte Bedingungen herrschen." Diese Aussage ärgerte uns und auch mich, weil sie jeglicher Grundlage entbehrte. Ich stand und stehe immer zur Deutschen Meisterschaft, wurde in der Vergangenheit von den Veranstaltern auch gelobt, weil ich mich immer bemühte, den vollständigen Teamkader bei den nationalen Titelkämpfen am Start zu präsentieren. Doch was nicht mehr ging, ging nicht mehr, das „Hemd" war mir näher als die „Jacke".

Im Prinzip bin ich ein „knüppelharter" Vertreter meiner Ansichten: Der Winter beinhaltet die Wettkampfserien, im Sommer wird der Athlet ausgebildet und trainiert. Im Winter gibt es die Großveranstaltungen, die unmittelbare Wettkampfvorbereitung dafür, und es gibt den Weltcup, bei dem die Athleten Geld, viel Geld, verdienen können. Da kann ich Niemanden dazu zwingen, bei sechs bis acht Wettbewerben nicht anzutreten; also gilt es, Regularien zu schaffen, die eine verkürzte Vorbereitung auf den Wettkampfhöhepunkt möglich machen. Mit dieser Grundeinstellung war die Verlegung der Deutschen Meisterschaft ins Sommerhalbjahr letztlich nur eine logische Schlussfolgerung. Eine Entscheidung, die weder in der Szene noch außerhalb voll mitgetragen wurde. Biathlon-Trainer Frank Ullrich zum Beispiel hatte damals kein Verständnis dafür, die Deutsche Meisterschaft einer Wintersportart im Sommer auszutragen. Dennoch zogen die Skijäger später nach. Die Landesverbände sind heute noch nicht glücklich mit dieser Entwicklung, übersehen aber, dass im Sommer tolle Veranstaltungen geboten werden können, mit größerer Zuschauerresonanz in der betreffenden Region, attraktiven Springen und einem Sieger. Meister ist Meister.

Ullrich hatte im Prinzip ja nicht einmal so ganz Unrecht. Auch typische Sommer-sportarten gehören nicht in den Blickpunkt der Wintermonate, auch Fußball nicht. Auch dann nicht, wenn dem runden Leder in der Halle nachgejagt wird. Das ist ein künstliches Gebilde und es bewirkt nur, dass die Wertschätzung für andere Disziplinen,

Mattenspringen soll nicht olympisch werden

typische Wintersportarten, sinkt. Diese Überlegung muss natürlich auch umgekehrt gelten. Skispringen wird mit Schnee, mit Kälte, einfach mit dem Winter identifiziert. Mit Visionen, nach denen Mattenspringen in das Programm der Olympischen Sommerspiele aufgenommen werden sollen, kann ich mich auch deshalb wirklich nicht anfreunden. Der Sommer gehört den Sommersportarten. Für uns bedeutet Sommer Training, und das haben alle Sportler nötig. Die einen müssen ihr Niveau erhöhen, die anderen es stabilisieren. Ich glaube nicht, dass es im Winter Zufallsprodukte gibt. Sollte es so sein, hätte das Training keinen Sinn und keinen Wert. Das trainingsmethodische Dreieck „Training-Wettkampf-Training" beinhaltet die Leistungsüberprüfung, die neue Ansätze für das weitere Vorgehen analysiert. Bewusst ist mir, dass dadurch der Sommer-Grand-Prix seine Wertigkeit hat, und auch wir nehmen aktiv daran teil. In den Focus der Öffentlichkeit sollten wir ihn aber nicht rücken. Dorthin gehören Sportarten wie Fußball, Formel 1 und die Leichtathletik. Deswegen sollte der Sommer-GP im Skispringen begrenzt bleiben und der Standortbestimmung dienen. So ist auch die Deutsche Meisterschaft sinnvoll in dieses „Dreieck" eingebunden, als „Event" für die Öffentlichkeit und gleichzeitig als Überprüfung für unsere Arbeit.

Im Sommer 2002 wurde ich von mehreren Seiten aufgefordert, Martin Schmitt in Hinterzarten beim Grand-Prix-Auftakt starten zu lassen. Dieser Umstand wäre für den Kurort im Schwarzwald sehr wichtig gewesen, weil auch das Fernsehen seine Strategie nach dem Auftritt unseres Stars ausgerichtet hatte. Trainingsmethodisch war ein Start aber nicht vertretbar, er wäre sogar unverantwortlich gewesen. Als Trainer muss ich nicht nur auf die Bedürfnisse der Zuschauer, der Veranstalter und der Medien eingehen, sondern vor allem jene meines Athleten berücksichtigen. Ich kann Schmitt, körperlich angeschlagen bzw. „unfertig", nicht auf die Schanze schicken. Das ergibt keinen trainingsmethodischen Sinn, und zudem wird Martin als Leistungsträger immer am Ergebnis gemessen werden. Kein Mensch fragt später danach, ob der Bürgermeister von Hinterzarten über die Präsenz Schmitts auf der Schanze erfreut gewesen wäre. In Nagano hat mich 1998 auch niemand gefragt, ob die Organisatoren der DM in Ruhpolding stolz gewesen waren, die Olympiamannschaft auf ihrer Schanze in Aktion gesehen zu haben...

Alles ging schneller als erwartet

17 Interview mit Helmut Weinbuch, ehemaliger DSV-Generalsekretär

„Aus eins und eins machten wir – eins"

Unter Ihrer Leitung als Sportdirektor wurde Reinhard Heß 1993 zum Cheftrainer der deutschen Springermannschaft bestellt. Können Sie sich noch erinnern, wann Sie das erste Mal auf ihn aufmerksam wurden?

Nun, der Name Heß war mir schon zu DDR-Zeiten geläufig; aufgrund meiner Tätigkeit im Internationalen Skiverband kam ich aus beruflichen Gründen regelmäßig nach Ostdeutschland. Auf Heß tatsächlich aufmerksam wurde ich jedoch erst 1990, zu Zeiten der Wende, als der Deutsche Skiverband mit dem gesamten Personal des Deutschen Skiläuferverbandes konfrontiert wurde, und wir zu entscheiden hatten: Wie legen wir die beiden Verbände zusammen, welche Einrichtungen, welche Sportstätten und welches Personal können wir übernehmen?

Hätten Sie jemals geglaubt, mit einer solchen Situation konfrontiert zu werden?

Schauen Sie, ich, wie viele andere auch, haben uns immer wieder gefragt, ob wir die Wiedervereinigung Deutschlands noch erleben dürfen, ob Deutschland wieder ein Ganzes wird? Ich habe es nicht geglaubt – und dann ging es schneller als erwartet. Als Vorsitzender des Beirates der Sportdirektoren arbeitete ich in einem Gremium, in dem die Richtlinien zur Vereinigung der Sportverbände erarbeitet wurden. Gleichzeitig erstellte diese Kommission ein Papier, anhand dessen die Stasi- und Doping-Vergangenheit aufgearbeitet werden sollte. Wir hatten uns fest vorgenommen, alle Problemfälle mit offenem Herzen anzugehen. Insgesamt empfand ich es als unwürdig den Menschen der ehemaligen DDR gegenüber, sie zu durchleuchten. Aber die Bürger der neuen Bundesländer wollten Sühne, sie wollten, dass ja keiner übrig blieb, der belastet war.

Sie hatten zwei Systeme, zwei Verbände, zwei Nationalmannschaften zusammenzufügen. Kein leichtes Unterfangen.

Das größte Problem war in der Tat, aus eins und eins nicht zwei, sondern eins zu machen. Vor der Wende hatte die DDR ihre Startplätze, und auch die BRD. Danach hatten wir doppelt so viele Sportler, aber lediglich die Hälfte der Plätze. Wir stellten Kriterien auf, nach denen die Mannschaften zu nominieren seien. Die neuen Bundesländer waren im Vorteil – und wer dies nur auf Doping-Praktiken zurückführt, der irrt. Der Sport in der DDR war staatlich gelenkt. Probleme, die wir im Westen hatten, gab es im Osten nicht. Bei uns war der Skisport ein Werbeträger für den Tourismus. Das heißt: Alle Wintersportorte, die etwas auf sich halten, wollen Trainingszentren errichten, wollen Sportler als Aushängeschilder. Das geht nicht immer gut, weil zuweilen die besten Sportler im Trainingszentrum A zu finden sind, die besten Trainer aber im Stützpunkt C. In der DDR waren die Trainingszentren begrenzt aufgrund der Tatsache, dass es nur wenige hochqualifizierte Trainer gab. Und so wurde zentralisiert: in Sachsen und Thüringen. Alle Kräfte wurden dort

- 118 -

Ein Trainer wird geboren, nicht gemacht

konzentriert. Das qualifizierte Personal reichte aus, und dies war die Stärke der DDR, zusammen mit ihren sportwissenschaftlichen Anstrengungen.

Waren die DDR-Trainer um soviel besser als westdeutsche Experten?

Wenn ich die Ausbildung der Betreuer vergleiche, muss ich feststellen, dass die Leute aus der Trainerakademie in Köln mindestens so gut waren wie die anderen – wobei ein Trainer geboren wird, und nicht gemacht. Ich muss einem Talent, das für einer Betreuerlaufbahn berufen ist, jedoch auch die nötige Ausbildung ermöglichen, um es in die Lage zu versetzen, konzeptionell zu arbeiten und die Sprache der Wissenschaftler zu verstehen. Nur dann steht am Ende vielleicht der perfekte Trainer. Ich wollte paritätisch vorgehen in unserem Verband: ein Trainer von drüben, ein Trainer von hier. Starke Trainer aus dem Westen, starke auch aus dem Osten – die Besten sollten die Chefpositionen bekleiden. Zu Zeiten der Wende hatte Dieter Thoma unter der Führung von Rudi Tusch die Tournee gewonnen, war absolute Spitze. Da war es naheliegend, dass Tusch Chef der Springer wurde. In Betriebsversammlungen hatte ich damals alle Trainer versammelt, die ich nach sozialen Kriterien und ihren persönlichen Qualifikationen übernahm. Reinhard Heß setzten wir auf den Nachwuchs an. Ich glaubte fest daran, dass er den Nachwuchs aus dem Bereich der alten Bundesländer zusammen mit jenem aus dem Osten zu einer Mannschaft formen könnte. Dies hat sich auch bestätigt. Heß ist ein sehr konzeptionell, sauber arbeitender Mann, der exakte Berichte abgegeben hat. Seine Einschätzungen trafen immer zu. Da fiel bald, welche Kapazität er ist. Und auf Anhieb konnte er mit Jugendlichen aus zwei verschiedenen Systemen umgehen. Jens Weißflog wollte sich in den ersten Jahren nach der Wende nicht von Joachim Winterlich, seinem Heimtrainer, trennen, weswegen es Rudi Tusch nicht möglich war, radikal auf den V-Stil umzustellen. Der Erfolg stellte sich nicht mehr ein, das Umfeld mischte sich immer mehr in das Team ein; dies führte bei der Weltmeisterschaft 1993 in Falun zum Eklat. Obwohl Tusch ein guter Trainer war, war er für die schwierige Arbeit der Umstellung der Stile sowie in der Phase des politischen Wechsels vielleicht doch nicht erfahren genug. Keine negative Bewertung, aber ein Wechsel, eine Ablösung war nötig, und für mich als Sportdirektor gab es damals nur einen Namen: Reinhard Heß. Mein Vorschlag wurde in einer Sitzung der DSV-Spitze angenommen. Vom Alter und von seinem Charisma her konnte Heß der typische Trainer in der Vaterrolle sein. Das war mein Hintergedanke. Und er war richtig.

Heß kam als Weltmeister-Trainer von Jens Weißflog. Warum stand er nicht von Anfang an zur Debatte?

Weil wir paritätisch vorgehen wollten, und weil Weißflog auf seinen Heimtrainer Winterlich fixiert war. Wäre Heß gleich unser Cheftrainer geworden, wäre er vielleicht gescheitert, wer weiß. So bewältigte er die V-Stil-Umstellung, konnte 1993 auf einen nach einer schweren Knieoperation wieder genesenen Jens Weißflog bauen – aber das Wichtigste war: Er hat aus zwei verschiedenen Teams eine Mannschaft geformt. Ich habe immer gesagt: Er ist wie ein Vater. Heß ist das, was man von einem absoluten Führungstrainer erwartet, nämlich, dass er auch Psychologe ist, Durchsetzungsvermögen, konzeptionelles Denken und technisches Know-How hat. Hinterher ist es leicht, dies zu sagen. Damals hatten wir eine glückliche Hand und hofften einfach: Er wird schon der Richtige sein.

Warum schuf die Umstellung auf den V-Stil dermaßen viele Probleme?

Die Topathleten hatten Angst, ihre Form zu verlieren, und so konnten Leute aus der zweiten Reihe, wie beispielsweise Andre Kiesewetter, plötzlich für Furore sorgen.

- 119 -

Der RTL-Vertrag - ein entscheidender Schritt

Erst dann ging ein Ruck durch die gesamte Meute. Zuvor wurden alle Alternativen ausprobiert.

Hat es Probleme gegeben in der Bewertung von Reinhard Heß durch die Gauck-Behörde oder bei Gehaltsfragen?

Bei uns im DSV erhielten alle ehemaligen Trainer des Deutschen Skiläuferverbandes von Anfang an die gleichen Bezüge, wie ihre westlichen Kollegen. Jede andere Regelung hätte ich nicht verstanden. Unsere Trainer sind 280 Tage im Jahr unterwegs, sie halten sich auch viel im Ausland auf – und da darf keiner benachteiligt werden. Man konnte niemanden so behandeln, als würde er weiterhin im Osten leben und dort zur Arbeit gehen. Vom ersten Tag an waren die Trainer des DSLV *unsere* Trainer und voll integriert. Ganz konsequent wehrte ich mich gegen jedwede Benachteiligung; diese durfte es im DSV nicht geben! Im Leistungssport zählt das Können – und nicht, woher man kommt. Ich war Vertrauensperson der Trainer und hatte von diesen die Vollmacht, bei der Gauck-Behörde Auskunft über sie einzuholen. War alles in Ordnung, konnte eine Anstellung erfolgen. Diese Prozedur verfolgt uns heute noch, immer dann, wenn der DSV einen Trainer aus der ehemaligen DDR einstellen will. Probleme bei Heß gab es nicht.

Eine Ihrer größten Leistungen war, mehr Freiheiten für den Deutschen Skiverband zu erwirken, indem Sie Event- und Teamvermarktung forciert haben.

Das war in den Jahren 1992/93, als ich die Geschäftsführung des DSV übernahm. Ich habe gleich den Skipool Skipool sein lassen und mich auf neue Schwerpunkte konzentriert. Ich fand für Events Werbepartner, die auch in die Teamvermarktung einstiegen. Dadurch erhöhten wir unsere Eigenmittel; im Subsidiaritäts-System gingen die Bundesmittel zurück. Egal: Wir wurden freier. Letztlich rissen wir auch die Bundestrainerstellen an uns. Zuvor hatten wir rund zwölf Stellen, die vom Bundesministerium des Inneren bezahlt wurden. Diese Trainer hatten einen Vertrag über vier Jahre, waren halb-verbeamtet und kaum zu kündigen aufgrund der geltenden Vorschriften. Und das war schlecht. Wir erlangten finanzielle Freiheiten und änderten auch dieses System. Zuvor gab es Bundes- und DSV-Trainer, danach ein Trainersystem, so wie wir es brauchten: mit Cheftrainer, Nachwuchstrainer, Disziplinentrainer und so weiter. Der letzte, entscheidende Schritt war der Vertrag mit RTL, der in der Zwischenzeit bis 2007 verlängert wurde. Dadurch konnten und können wir uns entwickeln, wie wir es für richtig halten. In der Planung unserer Trainingslager agieren wir nun flexibel. Dies war vorher nicht möglich. Früher musste der DSV im Frühjahr seine Planung für das gesamte nächste Jahr nebst anfallenden Spesen zuerst dem Deutschen Sportbund, dann dem Innenministerium vorlegen. Das waren 600 Seiten, mit der Bilanz über Eigenmittel. Dann wurde über die Bundesmittel, die wir erhalten sollten, entschieden. Trotzdem muss ich sagen, dass wir den Umständen entsprechend von den Bundesstellen immer fair und gut behandelt wurden.

Was ist eigentlich das „Ferrari-System"?

Im TV-Vertrag mit RTL gibt es eine Passage, die besagt: 15 Prozent der gesamten Vertragssumme gehört den Athleten und dem Personal, die sich diese Gelder aufgrund eines Prämiensystems teilen. Alle sind daran beteiligt: Vom Sportler, über den Cheftrainer, bis zur Sekretärin, die in Planegg in unserer Zentrale sitzt und dort Flüge umbucht, wenn es sein muss. Es ist wie bei Ferrari, wo auch nur die Mannschaft als Team gewinnen kann, und deswegen haben wir es das „Ferrari-System" genannt. Eine Crew, eine Einheit, in der jeder vom Erfolg profitiert, in der sich ein Wir-Gefühl entwickelt. Und das entfacht Kräfte, die es sonst nicht gibt. Selbst wenn ein Mitglied dieser Mannschaft mal nichts zu tun haben sollte, muss es vor dem Fernseher mitfiebern, mitzittern, Daumen drücken – denn es geht auch um sein, um ihr Geld.

Wie sehen Sie die Entwicklung des DSV?

Absolut positiv. Der TV-Vertrag ist langfristig abgeschlossen, Deutschland kann auf seine Skispringer bauen, ebenfalls auf die Nordischen Kombinierer, die sich auf einem sehr guten Weg befinden, auf die Biathleten, die zur absoluten Weltspitze zählen. Was die Alpinen angeht? Hier sind wir geographisch benachteiligt. Wir benötigen eine groß angelegte Talentsuche und dürfen uns den Luxus nicht erlauben, die wenigen Talente, die wir finden, wieder zu verlieren. Überzeugt bin ich jedoch, dass es der DSV schaffen wird, auch in dieser Sparte wieder ganz nach oben zu gelangen. Aber schauen Sie: Bei den Olympischen Winterspielen 1992 gewann der DSV acht Medaillen, 1994 13 – und wir sagten, das kommt nie wieder. 1998 waren es 15 – unser Kommentar, jetzt ist der Zenit erreicht. 2002 waren es 18. Was soll ich dazu noch sagen?

Wenn Sie an Reinhard Heß denken,...

...dann fällt mir ein, wie sehr er Jahr um Jahr darum gekämpft hat, Sven Hannawald in der Nationalmannschaft zu halten. Sven ist ein großes Talent, den muss ich in meinem Team haben, hat er immer wieder gesagt. Er hat sich durchgesetzt, allen gegenteiligen, wirtschaftlichen Standpunkten zum Trotz, weil der Erfolg anderer da war. Ich muss es nochmals probieren, hat Heß gemeint, verbissen und konsequent. Heß ist ein Trainer, der besten Zugang zu seinen Athleten hat. Auch das macht ihn stark. Es liegt in der Natur des Sports, dass die Co-Trainer auch einmal ganz oben stehen möchten in der Hierarchie – aber die Zeit ist noch nicht reif. Die Deutsche Mannschaft kann auf eine Integrationsfigur wie Reinhard Heß noch nicht verzichten. Jede Saison, in der er das Team zusammenhält und führt, in der er weiter Erfolg hat, ist ein gewonnenes Jahr. Der Deutsche Skiverband sollte alles unternehmen, um bei der Weltmeisterschaft 2005 in Oberstdorf, im eigenen Land, Heß als Gallionsfigur in der Springermannschaft zu haben. Irgendwann werden junge Trainer Anspruch auf den Chefsessel erheben, schon klar. Aber noch tun sie alle gut daran, mit Heß mitzuziehen – auch zu ihrem eigenen Vorteil. ∎

Helmut Weinbuch

wurde am 2. Februar 1937 in München geboren, erlernte den Beruf eines Speditionskaufmanns, ist verheiratet, Vater dreier Kinder (unter ihnen Hermann Weinbuch, dreifacher Weltmeister in der Nordischen Kombination); war in seiner aktiven Zeit als Mittelstrecken-Leichtathlet tätig, engagierte sich dann im Tourenbergsteigen, der Bergrettung und im Skisport überhaupt. 1958 wurde er Kreissportwart von Berchtesgaden, 1961 des Chiemgaus, 1968 wurde er zum bayrischen Jugendsportwart Nordisch und Alpin bestellt, 1969 für die gesamte Bundesrepublik. Als der Deutsche Skiverband neu strukturiert wurde, stieg Weinbuch 1970 dort ein und verblieb in diversen Funktionen (Technischer Leiter Nordisch/Alpin, Sportdirektor, Geschäftsführer, Generalsekretär) bis zum 1. März 2002. Von 1988 bis 1996 war Helmut Weinbuch Vorsitzender aller deutschen Sportdirektoren. Im Internationalen Skiverband war Weinbuch von 1975 bis 1979 Sekretär des Komitees für Nordische Kombination, das er in der Folge bis 1996 als Vorsitzender führte. Gleichzeitig war der in Bischofswiesen bei Berchtesgaden wohnhafte Bayer Mitbegründer des FIS-Ausrüsterkomitees, dessen Vorsitz er seit 1996 inne hat.

Grundsätzlich gleiche Interessen

18 Interview mit Thomas Pfüller, Sportdirektor des DSV

„Heß ist ein Kämpfer für seine Sache"

Erinnern Sie sich noch, wann Sie Reinhard Heß kennen gelernt haben?

Oh nein, das weiß ich wirklich nicht mehr. Wir waren beide in den verschiedensten Bereichen im DSLV tätig. Als ich für den Nordischen Nachwuchs verantwortlich war, traf ich mit Heß, zu dieser Zeit Trainer des SC Motor Zella Mehlis zusammen. Später hatten wir direkten Kontakt, als Heß zum Cheftrainer der Skispringer ernannt wurde. Ich kümmerte mich zu diesem Zeitpunkt um die Jugend, wir liefen uns regelmäßig über den Weg und tauschten unsere Gedanken aus. Zeitgleich wechselten wir auch zum Deutschen Skiverband, wo ich für den Biathlonsektor verantwortlich war und Reinhard Heß den Skisprung-Nachwuchs betreute. Unser gemeinsames Arbeitsverhältnis begann 1993, als Heß Cheftrainer wurde, ich Technischer Leiter für den Nordischen Skisport und Biathlon.

Wie ist das Arbeiten mit Reinhard Heß?

Grundsätzlich vertreten wir gleiche Interessen. Naturgemäß gibt es immer wieder bestimmte Punkte, bei denen Heß disziplinspezifisch denkt, ich aber als Sportdirektor die Interessen des gesamten Verbandes im Auge behalten muss. In diesen Punkten müssen dann die verschiedenen Auffassungen angeglichen, muss festgestellt werden, was für den Verband relevanter ist. Dabei kann es durchaus vorkommen, dass es sich um eine für den Skisprung nicht optimale Regelung handelt, die jedoch im Interesse des Verbandes durchgezogen werden muss. Letztlich sitzen wir alle in einem Boot, und es lässt sich sehr gut mit den Springern, mit Reinhard Heß arbeiten. In gewissen Punkten gibt es eben Unterschiede, ja, muss es sie geben. Heß vertritt Standpunkte, die seiner Disziplin zum Vorteil gereichen – beispielsweise, dass die finanziellen Mittel, die die Springer heranschaffen, auch wieder für diesen Sport verwendet werden. Mit einem Prämien- und Gehaltssystem greift der DSV regulierend ein. Die Gelder werden gerecht verteilt, nicht im prozentuellen Sinne, sondern nach einem Solidarsystem. Gemeinsam sind wir stark, gemeinsam dokumentieren wir bei Olympischen Spielen und Weltmeisterschaften unsere Klasse. Aber: Nicht immer ist der gleiche oben und der gleiche unten. Die Skispringer werden nicht immer die Stars des Deutschen Skiverbandes stellen, da wird es vielleicht mal andere geben. In einer neuen, derzeit hypothetischen Situation, würden dann die Springer vom Solidarsystem profitieren. Als Verband muss man der Vorzeigesparte klar machen, dass alles getan wird, um sie an der Weltspitze zu halten, dass aber nicht alles, was möglich auch umsetzbar ist. Es gibt nämlich auch noch andere Disziplinen - und auch die kosten Geld.

Der Schluss liegt aber dennoch nahe, dass Vorzeigesportler einen Vorzeigestatus, auch finanzieller Natur, erhalten wollen.

Es gibt sicherlich Situationen, in denen die Athleten als Opposition auftreten und versuchen, gewisse Dinge durchzusetzen. Aber wir haben es immer wieder geschafft, Problematiken in fruchtbaren Diskussionen zu bereinigen. Und was auch gesagt gehört: Die Skispringer

- 122 -

Keine überzogenen Forderungen

sind nie mit überzogenen Forderungen dahergekommen. Dass unser Prämiensystem für alle Disziplinen gilt, haben die Skispringer mit abgesegnet. Besonders Martin Schmitt, den ich an dieser Stelle ausdrücklich erwähnen will, hat sich immer wieder gesprächsbereit gezeigt und auch eingesehen, wenn seine Wünsche nicht erfüllbar waren. Auch Heß sowie seine Trainer sind immer auf dem Teppich geblieben. Was unrealistisch ist, ist eben unrealistisch. Darüber brauchen wir nicht sprechen. Punkt.

Nun gibt es ja nicht nur die Trainer und Athleten, sondern auch deren Manager. Wie ist das Verhältnis zu den Sportmarketing-Agenturen?

Manager verfolgen logischerweise andere Gedanken, andere Ziele, wie es der Verband tut. Sie nehmen Einfluss auf die Athleten, weswegen es für mich ein Hauptanliegen ist, unsere Sportler möglichst schnell über gewisse Sachverhalte zu informieren. Kommunikation wird groß geschrieben, was nicht immer so einfach ist, da unsere Sportler und Trainer rund 250 Tage pro Jahr unterwegs sind. Im „Haus des Ski" in Planegg sehen wir sie meistens nur einmal pro Saison, am Tag der Einkleidung. Aber es ist auch nicht gewollt, dass der Athlet zum Verband kommen muss, sondern eher umgekehrt. Ich nutze die Gelegenheiten bei Weltcupveranstaltungen, Sommerwettkämpfen oder Schwerpunkttrainings, mit den Athleten und Trainern zu sprechen. Dabei versuche ich auch, „große" Zusammenhänge im DSV aufzuzeigen. Wertvoll finde ich unser Treffen aller Cheftrainer, das zwei Mal im Jahr stattfindet und Möglichkeiten des Gedankenaustausches bietet. Reibungspunkte zwischen Managern und DSV gibt es insofern wenige, weil der DSV nur geringe zeitliche Anforderungen an seine Sportler stellt. Dass sie sich bei Events unserer Großsponsoren sehen lassen müssen, steht in der Aktivenvereinbarung. Allerdings sehe ich größere Probleme zwischen den Agenturen und dem Trainerbereich. Die Betreuer kommen mit Trainingsplänen, Trainingszeiten und hören dann, dass Sven Hannawald dahin und Martin Schmitt dorthin gehen soll. Dann fällt das Training aus, dann werden die Inhalte umverlagert, und das kann - methodisch gesehen - nicht richtig sein. Doch ich will nun nicht alle Manager über einen Kamm scheren. Selbstverständlich gibt es auch jene, die langfristig denken und die an der Leistung ihres Athleten interessiert sind.

Wer löst anstehende Probleme, Heß oder der Verband?

Reinhard Heß ist mit recht vielen Vollmachten ausgestattet worden. Was er alleine lösen kann, löst er alleine und informiert uns darüber. Zuweilen fordert er die Unterstützung des DSV. Ich glaube, wir haben eine optimale Mischung gefunden, wir ergänzen uns sehr gut.

Welche ist die größte Leistung des Cheftrainers Heß?

Ich könnte sagen, Sven Hannawald zur Unsterblichkeit verholfen zu haben mit vier Siegen bei einer einzigen Tournee. Das war eine Leistung, die nicht so bald wieder kommen wird, das war einmalig. Ich könnte sagen, Team-Gold in Ramsau 1999, trotz zweier Stürze. Ich könnte alle Einzeltitel erwähnen, die letztendlich gewonnen wurden. Aber was mich am meisten berührt, ist die Tatsache, dass Deutschland mit Cheftrainer Reinhard Heß seit neun Wintern, von 1994 bis 2002, zur absoluten Weltspitze zählt, ohne einen Einbruch erlebt zu haben. Jens Weißflog beendet seine Karriere? Kein Problem, wir haben Dieter Thoma. Und als er sich zurückzog vom Hochleistungssport waren Sven Hannawald und Martin Schmitt schon da. Solch' konstant hohe Leistungen haben andere Nationen nicht zustande gebracht, nicht die Finnen, die Japaner, die Norweger, nicht einmal die Österreicher. Was erreicht wurde, war Verdienst der Athleten, eines Reinhard Heß und der Struktur, die wir im DSV haben. Im Gegensatz zu Spitzentrainern in anderen Nationen muss Heß nicht eine Gruppe von Athleten übernehmen. Dadurch hat er die Möglichkeit

- 123 -

Unterstützung durch die Wissenschaft

bekommen, immer wieder nach dem Nachwuchsbereich zu schauen, seinen Blick dorthin zu werfen, dort seine Forderungen zu formulieren. Sein Weitblick, sein Engagement und seine Erfahrung im methodischen Bereich machen unseren „Springer-Vater" zu einer charis-matischen Figur in der aktuellen Szene. Große Herausforderungen versteht Heß eben großartig zu meistern.

Provokant könnte man entgegnen, dass die Überlegenheit Deutschlands auch auf überlegenem Material basiert.

Schauen Sie: Deutschland ist eine der wenigen Nationen ohne eigene Skifirma. „Germina" rüstet ja nur Stephan Hocke aus. Die Anzüge von „Meininger" bestehen aus dem gleichen Stoff, aus dem gleichen Schnitt für alle Nationen. Wo ist da der Vorteil? Wo Deutschland vielleicht anderen einen Schritt voraus ist, mag in der wissenschaftlichen Unterstützung der Mannschaft liegen. Material gehört ausgetestet, um eben das Optimale herauszufiltern. Ein schneller Ski ist nicht eine Frage der Marke, sondern eine Frage der Präparierung: Welche Struktur, welcher Schliff, welches Wachs wird angewandt? Um darauf die bestmöglichen Antworten geben zu können, brauchen wir auf diesem Gebiet eben Experten.

Zurück zu Reinhard Heß: seine Vorzüge, seine Fehler?

Unser Springerchef hat eine ganze Reihe von Vorzügen. Er ist ein sehr gut ausgebildeter Trainer. Aufgrund seines Alters war er vom Kinder- bis zum Spitzenbereich tätig. Aus den Erfahrungen, die er in allen Sparten gesammelt hat, setzt sich zusammen, was ihn ausmacht: absoluter Weitblick der Dinge, Entscheidungen, die nicht nur das Heute, sondern auch das Morgen betreffen, Liebe zum Detail. Heß ist ein Ehrenmann, eine Persönlichkeit, der für seine Leute Verantwortung übernimmt, vom jüngsten Springer bis zum Weltcupsieger. Er ist für jeden da, der ihn braucht – für jeden, nicht nur für die Superstars. „Die Sportler brauchen mich mehr in der Niederlage, nicht nur im Erfolg", pflegt er zu sagen und nach diesen Worten handelt er auch. Dies zeichnet eine Vertrauensperson aus, mit einem engen Verhältnis zu den Athleten wird er belohnt. Heß kann aber auch cholerisch sein, aber das ist eine Charaktereigenschaft. Aufbrausend wird er, wenn von außen Druck erzeugt wird, wenn zu komplexen Problemstellungen schnelle Lösungen gefordert werden. Aber ganz ehrlich: In gewissen Dingen kann auch ich sehr schnell sehr zornig werden. Doch bei ihm wie bei mir geht es – erstens - prinzipiell immer um die Sache und – zweitens – bewerten wir mit angemessenem Abstand zu den Vorfällen die Dinge neu, bemühen uns wieder um eine vernünftige Zusammenarbeit. Heß ist nicht nachtragend, aber er kämpft um seine Sache. Und er ist sich auch nicht zu schade, Streitgespräche zu relativieren. „Es war nicht persönlich gemeint", sagt er dann. Solche Trainer, die mit Vehemenz um ihre Standpunkte ringen, sind mir im DSV lieber als andere, die sich sehr schnell und gerne in einem Schneckenhaus verkriechen, nicht anecken wollen und nur an die Hierarchie denken. Ohne fruchtbare Auseinandersetzungen gibt es keine Fortschritte! ■

Thomas Pfüller
wurde am 17. Juni 1949 in Stollberg in Sachsen geboren, bestand 1968 das Abitur und war bis 1971 Biathlet (SG Dynamo Zinnwald). In diesem Jahr wechselte er zum DSLV und begann ein Fernstudium an der DHFK Leipzig. Bis 1989 war er Instrukteur, Nachwuchstrainer Biathlon, Verbandstrainer Langlauf und Verantwortlicher des Nachwuchs-Leistungssports. Nach der Wende zeichnete er im DSV für den Biathlonsport verantwortlich, wurde 1994 Technischer Leiter der Nordischen Disziplinen und Biathlon, 1995 Sportdirektor und 2002 Nachfolger von Hermann Weinbuch als Generalsekretär. Pfüller ist verheiratet und Vater von fünf Kindern.

Skispringen - ein High-Tech-Sport

19 Exkurs:
Mensch und Material

„Ich habe wieder mein Gefühl"

Wer nicht über den Bergkamm steigt,
gelangt nicht in die Ebene.
Chinesisches Sprichwort

Es ist eine Arbeit ohne Anfang und Ende. Immer wieder werden wir mit Regeländerungen und mit neuen Erzeugnissen der Ausrüsterfirmen konfrontiert, und immer wieder beginnt die Arbeit von vorne: testen der Ski, testen der Anzüge, testen von Bindungen, Schuhen, Helmen. Die Suche nach dem besten Material. Vernachlässigt von Außenstehenden, aus der Skisprungszene nicht mehr wegzudenken. Wenn ich mich mit meinen alten Kumpels im SC Motor Zella-Mehlis treffe, wo ich immer noch Vereinsmitglied bin, dann fragen sie mich oft: „Wir hören immer nur von Material, Material, Material, hören von Vorder- und Rückenluft. Springt da eigentlich nicht immer noch ein Mensch?"

Geduldig erkläre ich, dass sie schon recht haben. Es ist immer noch der Mensch, der springt. Doch die Sportart hat sich verändert. Es ist nicht mehr der „handgeschnitzte" Sport der 50-er oder 60-er Jahre, als es noch keine Helme gab, als die Sportler noch Keilhosen und Pullover trugen, und der V-Stil nicht einmal ein Fremdwort war, weil es ihn einfach noch nicht gab. Auch die Athleten dieser Zeit warteten mit höchster sportlicher Leistung auf und begeisterten die Massen. Skispringen des ausgehenden 20. und beginnenden 21. Jahrhunderts ist jedoch ein High-Tech-Sport geworden. Viele Trainingssprünge, die wir im Sommer auf der Mattenschanze oder zu Beginn des Winters in Skandinavien absolvieren, sind zugleich auch ein Test für das Material. Wie müssen wachsam und innovativ sein, wenn wir unsere erarbeitete Position in der Weltspitze halten wollen. Die Konkurrenz schläft nicht, und sehr leicht können wir ins Hintertreffen geraten. Wer sagt, dass die letzte große Revolution in diesem Sektor Mitte der 70-er Jahre stattgefunden hat, als die österreichischen Skispringer mit neuen Anzügen antraten, hat nicht ganz unrecht. Aber es hat auch danach große Erfindungen, wenn auch vorübergehende, gegeben, die zum Erfolg führten. Und das „Surfbrett" Hannawalds bei der Skiflug-WM 2000 fällt für mich auch in diese Kategorie. Dass wir bei den Olympischen Spielen zwei Jahre später nicht unseren futuristischen Helm verwenden durften, ist ein anderes Kapitel. Dass allerdings Ausrüster „Uvex" deshalb aus unserem Skipool ausstieg, finde ich nicht ganz gerechtfertigt.

In der ehemaligen DDR war anfangs die Skifirma „Poppa" in Oberwiesenthal auf dem Sprungskisektor führend. Eigentlich war es die Skiproduktion eines Privatmannes im sozialistischen System, der zu dieser Zeit hervorragendes Material produzierte, das auch international genutzt wurde. Doch als Anfang der 70-er Jahre die Firma „Kneissl" mit den ersten Kunststoffski auf den Markt kam – zuvor waren die Latten aus Holz oder, wie bei der Firma „Gefäller" in Österreich, aus Metall -, stellten sich unsere Sportler während der Vierschanzentournee 1974/75 um. Die Ge-

- 125 -

Alternativen sind wichtig

schwindigkeitsrückstände unserer Athleten waren enorm, und ohne den Umstieg auf das neue Produkt waren die Sportler chancenlos. In der Folge nahm die sportpolitische Führung stärkeren Einfluss auf den Sportgerätebau, wobei auch der Bereich der Skiproduktion in das Konzept einbezogen wurde. Ab 1975 gab es Bemühungen, über die Firma „Germina" die Produktpalette bei den Sprungski zu verbessern, den aktuellen Trends anzupassen und letztlich vielleicht solche zu schaffen. Diese DDR-Firma erreichte zwischenzeitlich einen hohen Standard, den auch einige Athleten erfolgreich nutzten. Ab 1986 nahm der Trend zu, dass sich die Spitzenathleten vermehrt dem Material ausländischer Firmen zuwandten. In der Nachwuchsproduktion war „Germina" aber weiterhin engagiert. Inzwischen wurde die Firma reaktiviert; sie wird als relativ kleines Unternehmen geführt, und ihre Produkte im Sprungskibau besitzen wieder eine gute Qualität. Von unserer Mannschaft errang Stephan Hocke mit diesem Ski olympisches Gold im Team-Wettkampf, und im Nachwuchs- sowie Anschlussbereich gibt es einige Athleten, die mit dem „Germina"-Ski gutes Niveau bieten.

Ich persönlich war an der Reaktivierung der Firma nicht unbeteiligt. Eine sogenannte Skisprungnation sollte auch auf eine eigene Firma zurückgreifen können. Die Erfahrung im Sprungskibau war vorhanden, der Wille der Beteiligten auch. Die internationalen Hersteller sind selbstverständlich ständig innovativ tätig, und die von uns genutzten Produkte erfüllen ihren Zweck. Zur Zeit dominiert in unserem Team die Firma „Rossignol"; mit deren Ski erreichten Hannawald und Schmitt die Erfolge des vergangenen Winters, und auch Uhrmann nutzte dieses Material in der erfolgreichen Saison 2001/02.

Doch in der Skisprung-Szene geht es auch darum, Alternativen zu besitzen, um kurzfristig reagieren zu können, wenn es Abstimmungsprobleme gibt oder eine andere Firma auf dem „Vormarsch" ist. Unsere Tür sollte für alle Hersteller offen bleiben. Als sich Schmitt vor den Olympischen Spielen in der sportlichen Krise befand, ließ ich für ihn bei „Germina" fürsorglich einen Ski zimmern. Er kam nicht zum Einsatz, aber er wäre uns in Salt Lake City im Notfall wenigstens zur Verfügung gestanden. Ich wache ohnehin mit einem sorgsamen Auge darüber und betone meiner Mannschaft gegenüber immer wieder: Der Ski ist Euer wichtigstes und sensibelstes Arbeitsinstrument. Bindet Euch nicht mit Verträgen an eine Firma, bleibt flexibel! Sicher, ich kann mich nicht dagegen wehren, wenn ein Athlet über einen Ausrüstervertrag zusätzliches Geld verdienen will. Gutheißen kann ich es aber nicht.

Ich weiß, dass beispielsweise Martin Schmitt einen Vertrag mit „Rossignol" hat, und es ist legitim, dass sich auch andere Firmen um unseren Leistungsträger bemühen. Legitim war es aber auch unter den gegebenen Umständen, dass Sven Hannawald von einem österreichischen zu einem französischen Skibauer wechselte, als er dort den Ski entdeckte, der seinem Gefühl mehr entsprach. Wenn die Feinabstimmung zwischen Mensch und Material nicht mehr passt, kann der Körper in noch so guter Verfassung sein – das Endprodukt wird nicht optimal gelingen. Für mich als Trainer gibt es hingegen nichts schöneres zu hören, wie wenn mir ein Skispringer sagt: „Ich habe mein Gefühl wieder gefunden." Unsere Disziplin ist dermaßen sensibel, dass das richtige Gefühl zum Wichtigsten überhaupt zählt. Der Skiwechsel Svens hatte somit mitentscheidenden Anteil an seiner enormen Leistungssteigerung.

In unserem Betreuerteam steht ein Experte, den ich nicht mehr missen möchte. Peter Lange ist unser Techniker, der für die Geschwindigkeit unserer Ski in der Anlaufspur verantwortlich ist. Als gelernter Skibauer weiß er wovon er spricht, wenn er die Latten präpariert oder die Belagsstrukturen schleift. Er kennt das Innenleben

Der Branchenführer wird beobachtet

seiner „Schützlinge" und deren Entstehungsabläufe. Skibauer war er bis zur Wende im vogtländischen Schneckenstein bei der Firma „Germina". Danach erhielt er eine Anstellung bei der Firma „Erbacher" bei Ulm, wo er sich ebenfalls mit dem Sprungskibau beschäftigte und den Service übernahm. 1993 scheiterte die weitere Verpflichtung an finanziellen Problemen des Unternehmens. Notgedrungen musste er andere berufliche Tätigkeiten ausüben. Bis 1998 war er in Baumärkten tätig, zuerst bei „Götzen", später bei „Toom". Ab September 1998 widmete er sich wieder der Skibetreuung. In Klais bei Mittenwald arbeitete er in einer Skiservice-Werkstatt, die vor allem im Langlauf- und Alpinskibereich aktiv war. Über diese Firma frischte ich auch wieder unsere Beziehung auf, die schon vor der Wende bestanden hatte.

Martin Schmitt hatte uns Trainern damals die Pistole auf die Brust gesetzt und einen schnelleren Ski verlangt. Peters Versuch, mit einem neuen Schliff diese Vorgabe zu erfüllen, gelang. Seit diesem Tag war mein Bestreben darauf ausgerichtet, ihn für unseren Verband zu gewinnen, was dann auch 1999 gelang.

Mit Leib und Seele widmet sich Peter seinen Aufgaben. Ich erinnere mich an Szenen, in denen er im Container saß, den Blick auf die Ergebnisliste gerichtet und verzweifelt nach Gründen der geringen Anfahrtsgeschwindigkeit unserer Sportler suchte. Ich erinnere mich aber auch an Augenblicke, in denen „seine" Ski dominierten, in denen er mit den Athleten jubelte, und daran, dass auch er zum guten Mannschaftsklima beitrug. Die „Haarfärbe-Aktion" in Lahti 2001 hat Lange initiiert, weil er sich ursprünglich beim Gewinn einer Medaille eine Glatze schneiden lassen wollte. Peter ist aus unserer Mannschaft nicht mehr wegzudenken.

Als Branchenführer der letzten vier Jahre wird unser Tun von der Konkurrenz besonders genau verfolgt. Ich beobachte, wie man unseren Systemcharakter durchforstet und teilweise übernimmt. Ich erlebe, wie man unseren Materialsektor „durchleuchtet". Regelmäßig wird unserer Mannschaft vorgehalten, Materialvorteile im Anzugbereich zu genießen, da ja die Herstellerfirma „Meininger" in Deutschland beheimatet ist. Doch für Richard Meininger ist das Geschäft mit den Skisprunganzügen der einzige Markt. Er kann es sich gar nicht leisten, Deutschland sehr gutes Material zur Verfügung zu stellen und andere Nationen mit minderwertiger Qualität zu beliefern. Auch japanische Firmen stellen Sprung-Anzüge her – Weltfirmen, und kein Familienbetrieb, wie „Meininger" es ist. Trotzdem beliefert Richards kleines Unternehmen fast die komplette Szene.

Sehr wohl ist mir bewusst, dass die Cheftrainer anderer Nationen Einfluss nehmen auf Form, Schnitt und Details ihrer bestellten Produkte. Und es ist durchaus berechtigt, dass auch wir versuchen, Ideen umzusetzen, die uns wichtig erscheinen. Wir haben technologische Möglichkeiten, die wir nutzen, um tiefgründiger in unsere Trainings- und Materialstrukturen einzudringen. Im Wirtschaftsstandort Deutschland kommen uns solche Synergien zugute. Ich bin aber sicher, dass auch die anderen Ski-Sprungnationen ihre Möglichkeiten ausschöpfen, um ähnliche Parameter zu erfahren und in eigene Konzepte einzugliedern.

Doch bei aller Technologie, bei allen wissenschaftlichen Untersuchungen, bei allen Parametern, die wir zu erkennen versuchen, will ich nochmals betonen: Das Entscheidende beim Skispringen ist die Symbiose zwischen Mensch und Material. Nur das Gesamtsystem fliegt, und nicht ein einzelner Teil davon. Auf der Suche nach Detailverbesserungen dürfen wir dieses „große Ganze" nicht aus den Augen verlieren. Nur dafür lohnt sich der Aufwand, Tag für Tag, Saison für Saison. Und so schließt sich der Kreis zur Diskussionsrunde in meinem Verein.

Es gibt keinen Neid auf „Hanni"

20 Interview mit Martin Schmitt, Superstar der deutschen Skispringer

„Heß ist kein Diktator"

In der Saison 2001/02 hat Ihnen Sven Hannawald recht eindeutig den Rang abgelaufen. Welche Gedanken bewegen Sie denn, wenn Sie auf diesen Winter zurückblicken?

Ich blicke dennoch recht zufrieden zurück, denn ich habe das Beste aus der Situation gemacht und ich ärgere mich nicht, dass diese Saison auch anders hätte verlaufen können. Ich bin Olympiasieger mit der Mannschaft geworden, Zweiter bei der Skiflug-Weltmeisterschaft, Fünfter des Gesamtweltcups. Nicht so schlecht, oder? Aber wenn man vom Erfolg verwöhnt ist, wenn man andere, höhere Erwartungshaltungen an sich selbst stellt, dann vergisst man solche Erfolge schnell. Dabei ist es im Sport nicht wichtig, was man gewinnt. Sondern, dass man etwas gewinnt.

Wie hat sich das Verhältnis zu Ihrem Kollegen Hannawald geändert?

Gar nicht. 1998 hat er seinen Durchbruch geschafft, dann folgten meine großen Jahre, nun steht er im Blickfeld. Wir beide haben wichtige Siege gefeiert, jeder von uns weiß, was der andere tut, wie hart er arbeitet, dass er sich seine Erfolge verdient. Es gibt keinen Neid, keine zwischenmenschlichen Probleme. Wir springen zwar beide mit der gleichen Marke – und dennoch mit verschiedenen Modellen. Ich testete einmal die Ski von Sven, er meine – und weder ich noch er kamen mit der Bauweise des anderen Produkts klar. Die Erfolge Hannawalds sind für mich nur eine zusätzliche Motivation, meine eigene Leistung zu steigern.

Und wie ist das Verhältnis zu Cheftrainer Reinhard Heß? Wie waren die ersten Kontakte?

Es ist optimal. Das erste Mal kam ich mit Heß in Kontakt, als er im Sommer 1992 Trainer des C-Kaders war und ich an einem seiner Lehrgänge teilnehmen durfte. Ich war eher schüchtern, und Reinhard flößte mir großen Respekt ein. Aber ich wurde von ihm und von der Mannschaft sehr gut aufgenommen, ich habe diesen Sommer in guter Erinnerung. Drei Jahre später trainierte ich im Winter mit ihm, und schon damals gab er mir das Gefühl, dass ich Talent und Zukunft hätte. Er sagte mir immer wieder, dass ich mich nicht unterkriegen lassen sollte. Das war der Bundestrainer, der zu mir so sprach, und ich war riesig stolz darauf. Auch als ich bei meinen darauffolgenden Wettkampfhöhepunkten weniger erfolgreich war, signalisierte mir Reinhard ständig, dass er zu mir stünde. 1996, bei meinem ersten Einsatz im Weltcup, traf ich auf denkbar ungünstige Voraussetzungen. Ich hatte lediglich auf 90-Meter-Schanzen trainiert und musste in Harrachov auf einer 120-Meter-Anlage antreten. Ich sah trotz meiner jungen Jahre alt aus. Gut vorbereitet, motiviert angetreten, aber in der Qualifikation ausgeschieden. Ich war zuerst niedergeschlagen, nahm es dann aber nicht weiter tragisch. Ich hatte keinen Erfolgsdruck zu spüren bekommen. Bei der Tournee erhielt ich das

- 128 -

Ein Mann der Tat

Vertrauen der Trainer und durfte nach Oberstdorf und Garmisch-Partenkirchen auch in Innsbruck und Bischofshofen springen. In Österreich wurde ich zwei Mal 25., ich gewann meine ersten Weltcuppunkte. Mit einem zwölften Platz in Willingen sicherte ich mir sogar letztlich das Flugticket zur WM in Trondheim. Es war der Winter meines Durchbruchs. Ich merkte bei dieser Weltmeisterschaft, dass der Abstand zur Weltspitze eigentlich gar nicht mehr nicht so groß war, ich sah, dass auch ich etwas konnte.

Reinhard Heß gilt als „harter Hund", ist er das?

Reinhard Heß ist ein Trainer, der auf seine Sportler hört, der sie in Diskussionen einbezieht, und der nicht diktatorisch von oben herab seine Entscheidungen kundtut. Er sucht das Gespräch, er interessiert sich dafür, was ich denke, wie es mir geht. Ich bin froh, in ihm immer einen Gesprächspartner zu haben. Sicherlich ist Respekt da, aber ich halte das für natürlich. Reinhard ist eine Persönlichkeit mit einer gewaltigen Ausstrahlung. Er hat Erfolge gefeiert, lange bevor ich in der Nationalmannschaft mitwirken durfte. Er hat Olympiasiege ermöglicht, WM-Medaillen erobert, Weißflog bei dessen viertem Tourneesieg betreut. Da muss man Respekt haben, und dieser Respekt ist nach wie vor gegeben.

Die langjährige Erfahrung von Reinhard Heß kam und kommt auch Ihnen zugute.

Auf alle Fälle. Reinhard ist sehr lange im Sport dabei, er hatte so gut wie alle Situationen bereits erlebt, bevor Sven Hannawald und ich ins Rampenlicht rückten. Es gab vor unseren Erfolgsjahren schon andere Großereignisse und es gab vor uns schon die Vierschanzentournee. Es gab auch schon Öffentlichkeitsarbeit vor uns. Sicher, einfacher ist es nicht geworden, aber alle Beteiligten haben an Erfahrung gewonnen. Reinhard gibt mir viele nützliche Tipps im Umgang mit den Medien, sagt mir auch, wann und wo ich mich zurückziehen soll. Ausschlaggebend ist der Erfolg und die sportliche Leistung, nicht die Anzahl der gegebenen Interviews. Ruhepausen gehören zum Leben eines Athleten einfach dazu, die goldene Mitte zu finden zwischen Zu- und Absagen ist aber zuweilen nicht einfach. Am Wichtigsten empfinde ich den Umstand, dass Reinhard ein Mann der Tat ist. Als in den letzten Jahren der Druck der Medien und Fans auf uns zu groß wurde, als Absperrungen brachen und unsere Hotels belagert wurden, reagierte unser Trainer prompt. Er wechselte die Quartiere, forderte noch professionellere Maßnahmen von den Veranstaltern oder veranlasste zum Beispiel auch, dass die Vorbereitungen auf die Saisonhöhepunkte in Ruhe und ohne Medienvertreter stattfinden konnten.

Sie haben fast alles gewonnen, was es zu gewinnen gibt. Der Tourneesieg fehlt Ihnen aber noch. Zurückzuführen auch auf den immensen Druck von außen?

Das ist ein Thema, das mich verfolgt. Zur Weihnachtszeit sagen mir seit einigen Jahren ungefähr 90 Prozent aller Gesprächspartner außerhalb des Teams: Aber diesmal klappt es. Dabei wird keine Rücksicht genommen auf meine aktuelle Verfassung oder die Form der Konkurrenz einkalkuliert. Einfach nur: Diesmal klappt es, Martin. Gerade bei der Vierschanzentournee ist der Druck am größten. Rückblickend wäre es für mich wohl am einfachsten gewesen, die Tournee 1998/99 zu gewinnen, als ich die ersten beiden Konkurrenzen für mich entschied. Aber dann hatte ich in Innsbruck Pech. Andere Sportler haben diesen Erwartungsdruck nicht. Und wenn einer schon einmal die Tournee für sich entschieden hat, tut er sich auch leichter, sie nochmals zu gewinnen. Er kann einfach unbefangener an die Aufgabe herangehen als jemand, der die Tournee noch nicht gewonnen hat.

Der 28.11.1998 - mein erster wichtiger Sieg

Welcher Sieg ist für Sie persönlich der wertvollste?

Vielleicht jener in Lahti bei der Weltmeisterschaft 2001. Ich hatte in den Wochen zuvor keine Idealform, war aber Titelverteidiger. Adam Malysz galt als unschlagbar. Und dann belegte ich zum Saisonhöhepunkt Platz eins, und mit dem Teamerfolg gelang uns allen ein weiteres großes Ding. Ich denke auch oft an meinen ersten Weltcupsieg, als Anfang meiner Karriere, am 28. November 1998 in Lillehammer. Die beiden Weltcup-Gesamtsiege 1998/99 und 1999/2000 haben für mich den sportlich höchsten Wert. Sie dokumentieren, dass ich während der gesamten Saison der beste Skispringer war.

Steht Ihr Streben nach dem Gesamt-Weltcup nicht im krassen Gegensatz zum Denken von Reinhard Heß, der den Saisonhöhepunkten absolute Priorität einräumt?

Ich gehe ja nicht in eine Skisprung-Saison mit dem erklärten Ziel, die Weltcupkugel gewinnen zu wollen. Meine persönlichen Saisonhöhepunkte sind die Tournee und die Weltmeisterschaft bzw. die Olympischen Spiele. Das Ringen um den Gesamt-Weltcup ergibt sich aus der Situation heraus. Wenn ich das gelbe Trikot des Spitzenreiters trage, dann zählt jedes Springen, dann stehe ich immer unter Druck – aber die Vorbereitungen auf die Saisonhöhepunkte laufen dennoch wie geplant weiter. 1998/99 rechnete ich nicht mehr damit, dass ich es schaffen könnte. Ich verzichtete der Tournee zuliebe auf zwei Wettbewerbe in Harrachov, startete auch nicht in Zakopane und wurde dann auch noch krank. Ich ging nach der Weltmeisterschaft die Weltcupspringen locker an und konnte in Planica trotzdem das gelbe Trikot am vorletzten Tag zurückerobern, am letzten verteidigen. 58 Punkte hatte ich mehr als Janne Ahonen, nach 29 Konkurrenzen. Im Jahr darauf lieferte ich mir einen spannenden Zweikampf mit Andreas Widhölzl, gewann aber dann doch sicher einige Wettbewerbe vor Schluss in Lahti.

Sie sind ein Star. Ein weiblicher Fan hielt sogar ein Plakat hoch auf dem zu lesen stand: „Martin, ich will ein Kind von Dir." Wie gehen Sie mit den „Kreischis" oder dem „Zahnspangengeschwader" um?

Die Euphorie, die in der Skisprungszene herrscht, ist tatsächlich enorm. Ich möchte das Publikum aber nicht nur auf eine Gruppe reduzieren. Unsere Sportart spricht die breite Masse an. Sicher, am Exit-Gate stehen die Mädels, im Auslauf finden sich aber alle Altersgruppen. Allen gemeinsam ist, dass sie am Sport interessiert sind. Was mich am meisten freut, ist der Umstand, dass ich in der Saison 2001/02, als es nicht immer hervorragend lief, nie ausgepfiffen wurde, sondern dass die Zuschauer treu zu mir standen, mich super unterstützt haben. Ich finde es schön, weil ich dadurch meine früheren Leistungen honoriert sehe. Wenn ich mich abseits der Schanzen in der Öffentlichkeit zeige, zum Beispiel einkaufen gehe, dann hält sich die Aufmerksamkeit, die mir zuteil wird, in Grenzen. Ich werde nicht über den Haufen gerannt, ich schreibe einige Autogramme und kann dann wieder meinen geplanten Weg gehen. Bei den Konkurrenzen ist es für mich allerdings viel schwieriger. Dort stehe ich aufgrund der Wettkampfsituation unter Strom und habe es nicht besonders gerne, wenn man mir beim Auslaufen nachjoggt. Da hätte ich schon lieber meine Ruhe.

Sie waren im Jahr 2000, in Vikersund und am Kulm beispielsweise, viel mehr der Rebell, als sie sich 2002 gaben. Sind Sie reifer, erfahrener, einfach ruhiger geworden?

Im Laufe der Jahre erlebt man Einiges in der Skisprungszene und man reift zwangsläufig. Vikersund und Kulm, zwei Skiflug-Konkurrenzen mit zweifelhaften

Man bekommt nichts geschenkt

Bedingungen, fanden in extremen Situationen statt. Im Winter 2001/02 hingegen habe ich in sportlicher Hinsicht sehr viel mitgemacht. Ich habe Enttäuschungen weggesteckt und bin ruhig geblieben, ohne den Kopf in den Sand zu stecken und habe einfach weiter gemacht mit dem Vorsatz, das Beste aus der Situation herauszuholen. Das ist mir gelungen. Im Sport gibt es Höhen und Tiefen, aber vor allem: Man bekommt nichts geschenkt. So ist es auch bei mir. Was ich gewonnen habe, habe ich mir hart erarbeiten müssen. Reinhard Heß hat mir dabei sehr geholfen, er hat sich sehr viel um mich gekümmert, er hat mit mir geredet, er hat mir Vertrauen eingeimpft. Es wäre für ihn leichter gewesen, sich auf Sven zu konzentrieren, aber gerade in den Momenten der Erfolge Hannawalds hat sich Reinhard viel mit mir beschäftigt. Das waren Aktionen, die meine Psyche stärkten.

2004 soll Heß als Cheftrainer abgelöst werden. Wie lange machen Sie noch weiter?

Reinhard hängt an seinem Beruf, und ich könnte mir vorstellen, dass das letzte Wort über seinen Ausstieg noch nicht gesprochen ist. 2005 findet die WM in Deutschland, in Oberstdorf, statt. 2006 folgen die Olympischen Spiele... Ich persönlich habe mir keine „deadline" gesetzt. In den Monaten, in denen ich verletzungsbedingt nicht trainieren konnte, habe ich erst gemerkt, wie sehr mir mein Sport fehlt. Solange ich Lust auf Skispringen verspüre, Spaß an meinem Sport habe, mache ich jedenfalls auf alle Fälle weiter. ∎

Martin Schmitt wurde am 29. Juni 1978 in Tannheim geboren und wurde von seinen Eltern in seinen sportlichen Betätigungen nach Kräften unterstützt. Nach bestandenem Abitur begann Schmitt in Freiburg einen Magisterstudiengang in Sport- und Wirtschaftswissenschaften. Mit zunehmendem sportlichen Erfolg musste allerdings das Studium zurückstehen. Schmitt gewann 1997 WM-Bronze mit dem Team, 1998 Olympia-Silber, wiederum mit der Mannschaft, ehe er 1998/99 den großen Durchbruch schaffte: Doppelweltmeister, Weltcupsieger mit zehn Triumphen in den Einzelkonkurrenzen. Ein Jahr später bot sich das gleiche Bild. Martin Schmitt gewann elf Konkurrenzen und verteidigte die große Kristallkugel erfolgreich; der Sieg bei der Vierschanzentournee blieb ihm allerdings erneut verwehrt. In der Saison 2000/01 gelang Schmitt Sporthistorisches: Als erster Skispringer überhaupt verteidigte er seinen zwei Jahre zuvor gewonnenen WM-Titel von der Großschanze und führte auch die Mannschaft zu Gold. In Lahti gab es zudem Silber von der Normalschanze und Bronze im Teamwettbewerb von der kleinen Schanze für den Sportler des SC Furtwangen. Der Olympiawinter 2002 gilt nicht als der glücklichste in der Karriere des Höhenfliegers. Mit Team-Gold in Salt Lake City, Silber bei der Skiflug-WM in Harrachov, einem Weltcupsieg in Lahti und Platz fünf im Gesamt-Weltcup unterstrich Schmitt nichtsdestotrotz seine Klasse.

Thomas Gedanken waren weit weg

21 Ramsau 1999: „Deutschland-Schanze" beibt „Deutschland-Schanze"

„Wir wollten es spannend machen"

Wer seine Mitmenschen achtet,
wird selbst geachtet.
Talmud

Kaum eine andere Schanze findet mehr Zuneigung im deutschen Springerlager als die Naturanlage in Bischofshofen. Es ist eine Anlage, die unserer aerodynamisch gewichteten Technik entgegenkommt. Auf der Paul-Außerleitner-Schanze im Salzburger Land muss man fliegen können - sie wird nicht umsonst als „kleine Flugschanze" tituliert. Und zum Sieg geflogen sind unsere Sportler in den vergangenen Jahren dort in schöner Regelmäßigkeit: 1998 Sven Hannawald, 1997 Dieter Thoma, 1996 Jens Weißflog. Insofern blickten wir hoffnungsvoll der Nordischen Weltmeisterschaft 1999 entgegen, auf die wir konsequent hingearbeitet hatten. Die WM in Österreich sollte unsere persönliche Revanche für die nicht allzu gelungenen Olympischen Winterspiele in Japan werden. Ausgetragen wurden die Titelkämpfe in Ramsau am Dachstein, doch die Wettbewerbe von der Großschanze gingen im 40 Minuten entfernten Tourneeort über die Bühne. Unsere Devise war klar: Wenn wir in Bischofshofen nicht das Heu in unsere Scheune einfahren, dann werden wir in Ramsau, wo der Normalschanzen-Wettbewerb ausgetragen wurde, auch nicht mehr viel ernten. Dort gab ich höchstens noch Martin Schmitt und Dieter Thoma eine kleine Chance auf Bronze.

Klar war aber auch, dass Schmitt aufgrund der Vorleistungen in diesem Winter – sechs Saisonsiege – auf der Großschanze zu den Favoriten zu zählen war, ebenso, wie ich im Vorfeld der WM auch Sven Hannawald durchaus Siegchancen einräumte. Dass dieses Duo nach dem ersten Durchgang auf den ersten beiden Plätzen lag – Hannawald vor Schmitt, dessen rechter Ski aber in der Flugphase „wedelte", und dass dieses Duo im Finaldurchgang die Plätze tauschen würde, hatte ich in meinen kühnsten Träumen nicht erwartet. So schnell wie damals war ich selten von einem Trainerturm geklettert, das Glücksschweinchen in der Hand, das mir meine Frau bei der Abreise noch unbemerkt zugesteckt hatte. Wir hatten in diesen Stunden alles, was man zum Erfolg brauchte: die beste Tagesverfassung, die stärksten Nerven, das notwendige Glück. Ich freute mich mit Schmitt, der als dominierender Springer des Winters seiner Favoritenrolle gerecht geworden war. Ich konnte mir vorstellen, dass Sven Hannawald nicht unglücklich darüber war, Gold zu verloren und Silber gewonnen zu haben. Und er selbst sagte später ja auch: „Ich wollte unter die ersten zehn kommen, und der zweite Platz fällt in diese Kategorie." Nicht so glücklich war ich mit der Situation um Dieter Thoma, der Rang acht belegt, sich aber bei seiner letzten Weltmeisterschaft einiges mehr vorgenommen hatte. Aber Thoma war nicht zu hundert Prozent belastungsfähig gewesen. Seine Gedanken waren bei seinem Sohn Niki, der krank war und mit hohem Fieber im Bett lag.

- 132 -

Die Aura des Unwiederholbaren

Trotzdem haben wir letztlich ihm die zweite Goldmedaille bei dieser WM zu verdanken. Im Teamspringen erlebten wir ein Wechselbad der Gefühle, in das ich als Betreuer noch nie getaucht worden war. Mannschaftskonkurrenzen, dies habe ich schon oft betont, haben eigene Gesetze, und höchst selten gelingen alle acht Sprünge. Doch was unsere Sportler in Bischofshofen an jenem 23. Februar vollbrachten, umgab die Aura des Unwiederholbaren. Martin Schmitt, Sven Hannawald, Dieter Thoma und Christof Duffner waren dermaßen überlegen, dass sie sich zweieinhalb Stürze erlauben konnten und trotzdem noch vor Japan siegten. Torbjörn Yggeseth, Vorsitzender des FIS-Skisprung-Komitees, wurde im norwegischen Boulevardblatt „VG" zitiert: „Und wenn alle vier deutschen Springer gestürzt wären, hätten sie uns immer noch geschlagen." Nun belegte Norwegen lediglich den sechsten Platz, doch auch Japan, knapp geschlagener Zweiter, erkannte unsere Leistung neidlos an. Cheftrainer Manabu Ono kam nach der Konkurrenz zu mir, blieb vor mir stehen, verbeugte sich zum Zeichen der Anerkennung und des Respekts. Ich spürte, was in ihm vorging und war gerührt.

Dabei hätte sich Ono auch nicht zu verbeugen brauchen, im Gegenteil: Er hätte auch Protest einlegen können gegen die Wertung der Konkurrenz. Im ersten Sprung flog Sven Hannawald bei Schneefall auf 132.5 Meter, landete auf der linken Seite im unpräparierten Teil des Hanges und stürzte. „Du nimmst es mir hoffentlich nicht übel", fragte er mich in der Pause, und ich tröstete ihn: „Du hattest keine Chance." Als das Missgeschick jedoch geschah, tobte ich auf dem Trainerturm. „Wollt' ihr denn den Skisprung hinrichten?", fragte ich, doch ich fand in der Runde meiner Kollegen niemanden, der mir recht gab. Im Gegenteil. Da bemerkte ich eher etwas Schadenfreude, da glaubte ich, einige Gedanken lesen zu können: Ein Teil der Medaille für Deutschland ist weg.

Es kam anders, weil Deutschland an diesem Tage unvorstellbar überlegen war. Thoma wuchs über sich hinaus und markierte mit 136 Metern einen neuen Schanzenrekord. Mit diesem Riesensatz zündete er den entscheidenden Funken in unserer Mannschaft, und mit seinem Engagement für diesen WM-Titel hatte sich Thoma einen würdigen Abschied vom aktiven Skisprungsport bereitet. Martin Schmitt agierte nicht überragend, aber immer noch sehr gut. Zur Halbzeit lagen wir 23.4 Punkte vor Japan. Der zweite Durchgang begann mit einem erneuten Paukenschlag: 137 Meter von Sven Hannawald und die große Frage, ob er bei der Landung mit der linken Hand den Schnee touchiert hatte oder nicht. Uneinig waren sich auch die Wertungsrichter, die die stilistische Darbietung unseres Sportlers mit den Noten 17.5, 14.5, 17.0, 15.5 und 17.0 quittierten. Zwei waren also der Meinung, dass Hannawald den Schnee berührte habe, drei nicht. Es kam noch schlimmer. Im dichten Schneetreiben kam Christof Duffner auf 125.5 Meter, verkantete im weichen Schanzenauslauf aber fünf Meter vor der Sturzlinie und lag kopfüber im Schnee. Zu diesem Zeitpunkt glaubte ich nicht mehr an Gold, aber doch noch an einen Podestplatz.

Später, als unser Sieg feststand, hatte ich gut lachen und erklärte der Presse auf ihre Fragen verschmitzt: „Ich hatte Duffner angewiesen, sich auch hinzulegen, damit die Konkurrenz spannend bleibt." Thoma sorgte mit einem tadellosen Sprung und einer Telemark-Landung dafür, dass Schmitt im Finale gegen den zweifachen Olympiasieger Kazuyoshi Funaki bessere Karten in der Hand hielt – und er nutzte sie. Aus 14.2 Punkten Rückstand wurden 1.9 Punkte Vorsprung, und mir schossen die Tränen in die Augen. So viel Pech, und dennoch Gold. Im Anlauf schlug Wolfgang Steiert, die Deutschland-Fahne in der einen, das Sprechfunkgerät in der anderen Hand, einen Salto, die Springer fielen sich in die

- 133 -

„Nur" Mannschaftsweltmeister

Arme, und ich dachte besonders an Dieter Thoma, meinen Leitwolf. Er selbst hatte seine großartige Leistung im ersten Moment gar nicht verinnerlicht. Dies gelang ihm erst in den darauffolgenden Tagen. „Du kannst mich nicht trösten, ich bin nur Mannschafts-Weltmeister", sagte er, fast trotzig, nach dem Wettbewerb. Nur Mannschaftsweltmeister. Welch ein Hohn, wenn es jener erklärt, der das Zünglein an der Waage gespielt, der das gesamte Team wieder auf Medaillenkurs gebracht, der in einer Ausnahmesituation nicht versagt, sondern sie mit Bravour gemeistert hatte. Nur Mannschaftsweltmeister.

Japan verzichtete auf einen Protest gegen die Stilnoten bei Hannawalds zweitem Versuch, und als ich mit meinem Freund Manabu Ono später darüber plauderte, meinte er in seiner ehrlichen Art: „Deutschland war an diesem Tage die bessere Mannschaft und der würdige Sieger. Warum hätten wir reklamieren sollen?" Eine bemerkenswerte Aussage, die Ono auch der eigenen Mannschaft gegenüber vertreten musste.

Die Weltmeisterschaft war für uns gelaufen. Auf der Normalschanze wollten wir unsere Möglichkeiten nutzen, aber wir wussten, dass Springer anderer Nationen bessere Siegchancen besaßen. Bis zu diesem Zeitpunkt hatten wir in Bischofshofen logiert, nun kamen wir quasi „heim", zogen in das Deutschland-Quartier ein, das die Pension „Tischlberger" war. Den Kontakt zu Burgi Deutschmann hatte vor Jahren schon Nachwuchstrainer Dietrich Kampf hergestellt, der von der Burgi liebevoll „mein Kampf" genannt wird. Immer dann, wenn wir in Ramsau auf Trainingskurs sind, logieren wir bei ihr. Im Flur hängen neben Bildern österreichischer Alpinen auch Fotos der deutschen Stars, und trotz ihres Nationalstolzes ist Burgi auch ein Fan unserer Leistungen und „ihrer" Jungs. Wie oft hat sie mich nach Weltcupspringen angerufen, teilweise sogar vor meiner Frau, um mir zu gratulieren, und wie oft hat sie, halb im Scherz, halb im Ernst, gemeint: „Lasst mindestens einen Podestplatz für die Österreicher übrig." Sie ist eine Interessierte, ein Fan, und es ist nicht vorrangig eine Frage des Geschäfts. Wie oft sind wir schon in Ramsau? Zwei Mal im Jahr, vielleicht.

Als das WM-Quartier vom Deutschen Skiverband ausgewählt wurde, hatte Burgi ihre Absicht erklärt, unser gesamtes Team zu beherbergen, was der Philosophie des DSV entsprach, nämlich Einigkeit zu demonstrieren. Bei „Tischlbergers" wurde aus- und umgebaut, modernisiert, mit all jenem, was Sportler in einem Hotel benötigen: Ski- und Wachsräume wurden installiert, Räumlichkeiten für die Physiotherapie bereitgestellt. Es war während der WM 1999 ein ideales Quartier, und es ist es jedes Mal, wenn wir an den Dachstein zu unseren Trainingskursen kommen.

Die Tatsache, dass der Medaillensatz von der Normalschanze an ein pinkfarbenes japanisches Trio ging – Kazuyoshi Funaki siegte vor Hideharu Miyahira und Masahiko Harada -, tat mir nicht weiter weh. Wir waren zwar leer ausgegangen, mit Martin Schmitt als Siebtem und Sven Hannawald als Achtem, aber das waren mit einer einzigen Ausnahme alle anderen Skisprungnationen auch.

Leid tat es mir für Dieter Thoma. Auf der Normalschanze hatte ich ihm schon noch eine Medaille zugetraut, und motiviert war er auch. Doch das Schicksal nahm seinen Lauf. Sohn Niki wurde in eine Klinik eingeliefert, und die gesundheitliche Situation des Kleinen war prekär. Wo Dieter mit seinen Gedanken war, kann man sich denken. Hinterher machte ich mir den Vorwurf, Dieter nicht deutlicher animiert zu haben, auf den Wettkampf zu verzichten und zu seiner Familie zu fahren.

Die größte „Orgie"

Leid tat es mir auch für Stefan Horngacher, der sich in Ramsau eine Medaille verdient hätte, aber stürzte. Ich denke, dass zu diesem Zeitpunkt die Jury den Anlauf zu hoch gewählt hatte. Ähnlich wie es Dieter Thoma zwei Jahre zuvor passierte, war er mit zuviel Fahrt unterwegs und konnte seinen Ausnahmesprung nicht stehen. Wie auch immer: Artig verbeugte ich mich vor Manabu Ono und erwies ihm so meinen Respekt, wie er es wenige Tage zuvor auch uns gegenüber getan hatte. Die Weltmeisterschaft, die erfolgreichste Weltmeisterschaft für Deutschland, war vorbei.

Vorbei? Nicht ganz. In unserem Mannschaftscontainer in Ramsau am Dachstein fand in der Nacht vom 26. auf den 27. Februar eine der größten „Orgien" statt, die es in der Szene je gegeben hat. Im Anschluss an das Springen wurde dort von den Sportlern eine Party gefeiert, der sich später die Trainer anschlossen und die letztlich aus den Fugen geriet. Es wurde getrunken, Bier und Sekt und anderes Zeug, und jeder übergoss den anderen. Doppelweltmeister Schmitt wurde der Sekt vorne in die Kehle und hinten in den Hemdkragen geschüttet. Als die norwegischen Springer, frisch geduscht, gestylt und umgezogen kurz bei uns vorbeischauten, ging es nach dem Motto des Abends fröhlich weiter: rein, nass, raus. Sie durften sich gleich wieder auf den Heimweg machen – um sich erneut umzuziehen. Meine Leute hatten keine Rücksicht auf die Abendroben und die Pläne der Norweger genommen, in die Diskothek zu gehen. Zugegebener Maßen, die Party entglitt, nicht jede Aktion war humorvoll, aber es regte sich auch niemand darüber auf, den Container wie ein begossener Pudel zu verlassen.

Während andere weiterfeierten, verlud Manabu Ono, der ebenfalls klitschnass war, bereits seine Skisäcke. Es war dermaßen kalt, dass das in seine Haare geschüttete Bier gefror und ich mir Sorgen um seine Gesundheit machte. Damit er schneller fertig würde und unter eine warme Dusche käme, half ich ihm, ebenfalls durchnässt und ebenfalls nicht mehr ganz nüchtern. Mein Durchblick reichte jedoch allemal aus, um für den nächsten Morgen drei Mitarbeiter zu nominieren, die den Mannschaftscontainer zu säubern hatten. Tags darauf stand nämlich der letzte Wettbewerb der Nordischen Kombinierer an, der Sprint, und es war nichts anderes als die Pflicht unseren Kollegen gegenüber, die Infrastruktur sauber zu übergeben. So machten sich Rudi Lorenz, Wolfgang Steiert und Henry Glaß in aller Frühe mit Wassereimern und Schrubbern auf den Weg, um den Container zu reinigen. Es stank wie in einer Brauerei, erzählten sie später, und sicherlich wird es auch später noch ein wenig gerochen haben. Aber das Trio hat perfekt gearbeitet. Die Kombinierer waren verwundert, wie sauber ihnen der Container übergeben wurde.

Feten wie diese sind nicht alltäglich, und sie werden auch nicht zur Regel. Aber wenn Ort und Zeit passen, gehören sie einfach gelebt!

Die Frage nach dem richtigen Quartier

Doch nochmals zurück zu unserer langjährigen Freundin Burgi Deutschmann und dem „Tischlberger". An dieser Stelle will ich klarstellen, dass es uns bei der Quartierwahl nicht um die Anzahl der Sterne oberhalb der Eingangstür und den zu erwartenden Luxus geht. Es geht nicht um die Sauna oder das Schwimmbad, sondern es geht um Ruhe, Gelassenheit, Wohlbefinden und um die Logistik. Das finden wir bei Burgi, wie wir es unter anderem auch in Breitnau bei Hans und Rosi Kenzler im Silence-Hotel „Faller" antreffen, Freunde schon seit vielen Jahren. Je mehr unsere Vorzeigespringer zu Stars für die Allgemeinheit wurden, umso größer wurde der Andrang, dem unser Team in den Weltcup- oder Tourneequartieren

Alles zu seiner Zeit

ausgesetzt war. In Bischofshofen logierten wir jahrelang im Gasthof „Zur Post" mitten im Ort. Vor wenigen Jahren war dies nicht mehr zumutbar, weil wir nicht mehr Herr der Situation waren. Die Nachtruhe war gestört, und es gibt für Spitzensportler angenehmeres, als angetrunkenen Fans auf dem Weg ins Zimmer die Hand schütteln zu müssen. Wir entschieden uns vor der Vierschanzentournee 2000/01, nach St. Johann, einem Nebenort, auszuweichen, und sorgten mit dieser Wahl im Umfeld der Organisatoren auch für einigen Wirbel. Aber der legte sich wieder, genauso wie jener in Innsbruck, als wir das Hotel „Greif", in dem wir jahrelang logiert hatten, mit einem anderen tauschten.

Im Sommer sind wir immer unterwegs, um Unterkünfte zu suchen und zu buchen, die unseren Ansprüchen gerecht werden. Was dann folgt, sind zumeist Verhandlungen mit den Organisatoren, die ein gewissen Budget für die Quartiere der Teams zur Verfügung stellen. Einen Teil zahlen dann sie, den Rest legen wir drauf. Was wir nie ausgenutzt haben, waren Gratis-Einladungen aus der Hotellerie, denn wir wussten, was uns dann bei unseren Übernachtungen erwartete: ein Kamera- und Medienauflauf, Händeschütteln für Stammgäste, interne Autogrammstunden, was man dann als Äquivalent ertragen muss. Sehr wohl hat die Mannschaft indes die Möglichkeit wahrgenommen, einer Golfeinladung oder einem Restaurantbesuch nachzukommen, zu richtigen Zeiten und an den richtigen Orten.

Die Zuneigung der Fans nimmt direkt proportional zur Entfernung zu Deutschland ab. Im Weltcup bewegt sich unsere Mannschaft deswegen in Japan oder Skandinavien unbeschwerter, und da nehme ich schon auch Rücksicht darauf, dass gewisse Ablenkungsmöglichkeiten, wie Diskotheken, gegeben sind. Die Freiheiten, die Schmitt und Co. in Lahti oder Oslo haben, dürfen genutzt werden, und das ist auch verständlich. Martin Schmitt ist ein junger, kommunikativer Mann, und er demonstriert es auch, wenn er kann. Und Sven schließt sich auch nicht ständig in sein Zimmer ein, um sich gewissenhaft auf seinen Wettkampf vorzubereiten. Es sind junge Menschen, die auch einmal „Auslauf" brauchen. Sie haben ihn ohnehin viel zu selten. Als ich mir einmal den kleinen Scherz erlaubte, Sven Hannawald darauf hinzuweisen, dass dieses Mal unser Quartier in Lahti weit außerhalb der Stadt sei, meinte er kritisch: „So machst Du Dir keine Freunde, Reinhard" – und er meinte es ernst.

Sollte es tatsächlich passieren, dass ein Springer mal zur Ausübung seines Berufs antritt, ohne in der Nacht zuvor ein Auge zugemacht zu haben, dann hoffe ich, dass es die Öffentlichkeit wenigstens nicht bemerkt. Fragen sind ja schnell gestellt, wenn wir nicht vorne landen. Ich erwarte allerdings in einer solchen Situation auch Ehrlichkeit und den Willen, alles zu geben, um die „Entgleisung" zu kompensieren. Ich bin bereit, ein Auge zuzudrücken – das zweite und die Hühneraugen aber nicht! Nachtruhe, Schlag 22 Uhr, und die dazugehörenden Kontrollgänge durch die Zimmer und die umliegenden Lokale, gibt es bei mir aber nicht. Jeder muss selbst wissen, wie viel Schlaf er braucht. Es gibt Sportler, die lesen bis Mitternacht, oder andere die um halb elf noch ein Bier brauchen. Und denen biete ich auch an, es gemeinsam mit mir zu trinken, oder zumindest im gleichen Raum, wenn sie sich nicht gerade mit dem Trainer unterhalten wollen. Sie müssen es jedenfalls nicht heimlich tun. Klar ist aber auch: Wir fahren nicht zu Trinkerfestspielen in den hohen Norden. Was dort ausgetragen wird, nennt sich Weltcup und ist ernst zu nehmen. Ich plaudere mit meinen Ausführungen sicherlich nicht aus der Schule, es ist ja nicht nur bei uns im deutschen Lager so, sondern auch bei allen anderen Nationen.

Ich bin kein Querulant

22 Skispringen jenseits von Gut und Böse: Vikersund 2000

„Wo weht denn hier ein Wind?"

Das Zeichen eines Heuchlers ist ein dreifaches:
Wenn er spricht, lügt er,
wenn er verspricht, hält er nicht,
wenn er vertraut, fürchtet er.
Mohammed, Überlieferungen

Bei der Ausübung meines Berufes denke ich zuerst an den Athleten. Und erst danach an das Geschäft (von dem auch ich profitiere). Kritik meinerseits wird oft als unqualifizierter Angriff auf den Internationalen Skiverband oder auf jene Leute ausgelegt, die das Sagen haben. Das ist falsch. Auch ich bin ein Sportsmann, auch ich will zuallererst eine gelungene, schöne Skisprungkonkurrenz erleben. Als 1989 Jens Weißflog Weltmeister wurde, saß ich als sein Nationaltrainer in der Jury, und mein Verstand sagte mir: Plädiere dafür, die Konkurrenz abzubrechen. Ich wusste jedoch auch, wie mir dies mit einem Spitzenreiter bei Halbzeit, der Weißflog hieß, ausgelegt werden würde. Also ließ ich es bleiben.

Ich möchte, dass der Wettbewerb fair und sicher ist, und dass das Risiko aller Springer minimiert wird – ganz ausschalten kann man es ohnehin nicht. Was mich verwundert und oft enttäuscht ist der Umstand, dass wir Trainer am Turm einer Meinung sind, in der Mannschaftsführersitzung aber oft nicht mehr. Zuweilen vermisse ich das Solidaritätsgefühl, sehe mich auch von Heuchlern umgeben, von Kollegen, die da wissen: Der Heß wird schon seinen Mund auftun, lassen wir ihn mal vorpreschen. Doch was andere denken, ist mir egal. Wenn sie nicht für ihre Athleten das Wort ergreifen, so tue ich es wenigstens für meine. Aber ich bin nicht betriebsblind. Ich kann mich auch durchaus mit dem Veranstalter identifizieren, der eine Konkurrenz zumindest mit einem Durchgang „durchboxen" will, um seinen materiellen Aufwand zu kompensieren. Voraussetzung ist, dass das Risiko kalkulierbar ist. Wenn ich dies glaube, dann vertrete ich diesen Standpunkt auch vor meinen Sportlern. Sie können immer noch selbst entscheiden, ob sie springen werden oder nicht. Alexander Herr hat dies ja vor einem Jahr in Kuopio vorexerziert, als er es vorzog, wegen des herrschenden Windes nicht zu springen. Ich habe ihm keine Vorwürfe gemacht. Seine Reaktionen vor den Medien fand ich allerdings nicht angemessen. Aber, was soll's. Wenn jedoch das Risiko nicht mehr kalkulierbar ist, sehe ich es als meine Pflicht an, meine Stimme zu erheben und ich kann nicht nachvollziehen, wenn Kollegen nicht gleicher Meinung sind. Diese haben es ja auch mit Menschen und nicht mit „Bergstöcken" zu tun. Anschuldigungen wie: „Wenn einer etwas dagegen hat, dann ohnehin nur der Heß" beleidigen mich, weil ich dadurch abgestempelt werde als Querulant, der ich nicht bin.

Einer meiner wichtigsten Gesprächspartner der Szene ist Walter Hofer, der Renndirektor des Internationalen Skiverbandes. Aufgrund seiner Erfahrung und aufgrund jener Positionen, die er zu vertreten hat, sieht er die Ereignisse aus anderen Blickwinkeln. Er ist ein Vordenker, ein Managertyp, und er hat seinen großen

- 137 -

Der Wind als Sieger

Teil dazu beigetragen, dass der Skisprung heute das ist, was er ist. Intelligent versteht er es, keine Idee zu bremsen, aber in seinem Streben zur Qualitätsverbesserung des Sports auch nicht alles für bare Münze zu nehmen. Er und ich sind oft nicht einer Meinung, doch jeder noch so große Konflikt lässt sich durch Kommunikation entschärfen. Mit Hofer habe ich um zwei Uhr nachts schon diskutiert, um Standpunkte zu erläutern und Vorgangsweisen zu besprechen. Dabei geht es schon auch mal „haarig" zu. Wichtig ist, dass die Gesprächspartner früher oder später erkennen, Partner zu sein. Und wir sind Partner. Ich bilde Athleten aus, er verändert, verbessert das System. Zu dieser Partnerschaft stehe ich. Daran ändert auch ein Erlebnis nichts, das mich emotional tief getroffen hat. Diskutiert, oder besser gesagt, gestritten, haben wir uns im norwegischen Vikersund bei der Skiflug-WM 2000. Zehn Jahre zuvor hatte an gleicher Stelle Dieter Thoma vor Matti Nykänen (Finnland) und Jens Weißflog den Titel geholt und war vom Österreicher Andreas Felder mit einer unqualifizierten Bemerkung ins schiefe Licht gerückt worden: „Jetzt ist unser größter ‚Hosen-Scheißer' Weltmeister geworden." Das war schlichtweg falsch. Thoma hat in seiner Karriere oft genug bewiesen, dass er über seinen eigenen Schatten springen konnte. Vikersund 2000 bot vor allem die Bühne für einen Sieger: den Wind. Was sich um dieses Ereignis herum abspielte, führte mir vor Augen, wie sehr Wirtschaft, Medien und Sport in unserer Disziplin miteinander verzahnt sind. Alles in allem erinnere ich mich nicht gerne an diese Titelkämpfe, obwohl wir mit Sven Hannawald den Sieger stellten.

Vom ersten Tag an empfand ich, dass hier eine Veranstaltung durchgezogen werden sollte, die eigentlich nicht durchgezogen werden konnte. Vikersund wurde seinem Ruf als Windloch vom ersten Moment an gerecht. Die FIS war unter anderem mit ihrem Präsidenten Gian-Franco Kasper und Marketingchef Christian Knauth vertreten, und diese hochrangige Riege ließ Walter Hofer fast schon in untergeordneter Rolle erscheinen. Hinzu kam die Präsenz der Führungsriege des übertragenden Senders RTL. Der erste Trainingstag wurde abgesagt. Am zweiten Tag wurde geflogen, wobei Sven Hannawald mit seinen „Wunderlatten" der Firma „Fischer" nach einem weiten Satz stürzte. Als klar war, dass der Unfall glimpflich verlaufen war, jubelte Franz Neuländtner, Serviceman des Skiherstellers: „Ganz egal, wie die WM auch ausgeht, mit diesem Flug sind wir überall präsent!" Welch ein „cooler Hund" Hannawald war, bewies er im Anschluss: Er stieg auf seine Ersatzski um, die er im Vorfeld der WM noch nie getestet hatte, und tat, als ob nichts gewesen wäre.

Auch der Russe Artur Kamidullin stürzte am ersten Wettbewerbstag schwer und zog sich dabei Schnitt- und Schürfwunden zu. Das Springen wurde verzögert, verschoben, wieder verzögert. Athleten mussten mehrfach auf den Anfahrtsbalken - und ihn wieder verlassen. Ihre Psyche wurde in solchen Situationen regelrecht vergewaltigt. Bis die Sportler den Aufstand probten und in Martin Schmitt den Branchenführer als wortgewaltigen Anführer fanden. Sein Vertrauen in die Jury sei nicht mehr gegeben, verkündete er und verwies darauf, dass diese im laufenden Winter schon mehrmals falsche Entscheidungen getroffen habe. Zeitgleich suchten auch einige Trainer und Funktionäre, darunter auch unser Rudi Tusch, das Gespräch mit den Verantwortlichen. Ich spürte plötzlich Solidarität in der Szene, die ich schon verloren geglaubt hatte. Aber es war ein Trugschluss. Es kam zum Eklat, als lediglich vier Flieger noch anzutreten hatten. Vier Flüge, und ein Wertungsdurchgang wäre nach 17 Verschiebungen, Abbrüchen und Neuansetzungen komplettiert gewesen, ein Weltmeister ermittelt. Diese vier Athleten hießen Martin Schmitt, Andreas Widhölzl, Andreas Goldberger und Janne Ahonen, und zu diesem Zeitpunkt führte Sven Hannawald mit 191 Metern. Mit Schmitt hatte ich bereits die weitere Vorgangsweise abgesprochen: Er würde nicht mehr auf die Schanze klettern. Umso verwunderter war ich, als

Von Schmitt betrogen?

Hofer das Quartett zu einem Zehn-Augen-Gespräch lud, und die Sportler danach den Anschein machten, doch noch springen zu wollen. Da drehte ich durch. Ich fühlte mich von Hofer in meiner Autorität untergraben und von Schmitt betrogen. Von jenem Schmitt, der mir vorher gesagt hatte: „Trainer, sorge dafür, dass nicht mehr gesprungen wird." Ich hatte einen Riesen-Konflikt mit Martin, mit Walter Hofer und den Medien.

Was ich anfangs nicht ahnte: Walter Hofer hatte taktiert, und der Schachzug war aus Sicht der FIS gar nicht einmal so schlecht angelegt. Er forderte die Athleten auf, ein-fach so zu tun, als würden sie antreten, garantierte ihnen aber gleichzeitig, den Wettbewerb abzubrechen. So wäre der Eklat vermieden gewesen. Ich hielt dieses Schauspiel für nicht in Ordnung. Warum musste man die Menschenmenge hinters Licht führen? Warum konnte man nicht erklären, dass es keinen Sinn mehr machte, dieses Springen fortzusetzen? Hofer war offenbar nicht frei in seinen Entscheidungen. Er selbst hat es damals nicht zugegeben, tut es auch heute noch nicht, und beweisen kann ich es nicht. Wenn ich an Vikersund denke, glaube ich immer noch, dass das Fernsehen, die Wirtschaft im Sinne der Einnahmequelle Werbung, eine wichtigere Rolle spielte als der Sport. Vielleicht gibt Hofer mir einmal recht, in 20 Jahren...

Bei diesen Weltmeisterschaften besaß RTL die Fernsehrechte. Der Kölner Privatsender war seit wenigen Wochen Vertragspartner des DSV und wollte den Öffentlich-Rechtlichen beweisen, wie „cool" und „trendy" Skifliegen übertragen werden konnte. RTL-Chefredakteur Hans Mahr stand in Vikersund erstmals auf einer Flugschanze und fragte mich, eingehüllt in Mantel und Schal: „Wo weht denn hier ein Wind? Ich sehe keinen." Ich machte dem guten Mann keinen Vorwurf, unerfahren wie er war. Heute, wenige Jahre später, äußert sich Mahr auch schon anders und respektvoller. Nur weil die Erstverwertungsrechte bei den Privaten lagen, hieß das nicht, dass die anderen Medienanstalten nicht vor Ort waren. Der Konkurrenzkampf der Fern-sehanstalten, den ich bis dato noch nie so erlebt hatte, wurde auch auf unserem Rücken ausgetragen. Wir standen zwischen den Fronten und mussten es zusätzlich auch noch dem DSV-Management recht machen. Kameras, wohin man blickte, jede TV-Anstalt, jeder Radiosender, wollte einen O-Ton haben. Erstmals in meinem Beruf hörte ich den Begriff der „federführenden Kamera" und erlebte den „Kampf um das tägliche Brot" in der Medienlandschaft.

Die WM wurde um einen Tag verlängert, aber richtig gefreut habe ich mich an diesem Montag nicht mehr. Zu viele Nerven hatten mich die vorausgegangenen Stunden gekostet, ich war tief enttäuscht, nicht nur an diesem Tag, sondern auch noch ein, zwei Wochen danach. Mich wurmte es, als konservativ und geschäfts-schädigend dargestellt worden zu sein, nur, weil ich meinen Beruf gewissenhaft ausgeübt hatte. Wenn es um die Sicherheit von Menschen geht, interessiert mich kein Geschäft mehr. Ich wollte nicht mitschuldig sein an einem schweren Unfall, und ich dachte dabei fürwahr nicht nur an Schmitt oder Hannawald, sondern an die Skispringer aller Länder. Nicht verheimlichen kann ich, dass ich in diesen Augenblicken daran dachte, meinen Hut zu nehmen und mich vom Trainerberuf auf diesem Niveau zurückzuziehen.

So erregt und emotional, wie ich mich in Vikersund gab, kennt mich die große Masse der Fernsehzuschauer eigentlich nicht. Ich überlege zumeist gut, was ich tue und sage, ich komme überwiegend ruhig und souverän rüber. Doch in Norwegen habe ich mein Herz auf der Zunge getragen, da war ich innerlich dermaßen „geladen", dass die Worte nur so aus mir herausprudelten. Einige Sätze, in Fernsehkameras gesagt, taten weh wie Pistolenkugeln, und ich habe mich im Anschluss an die WM

- 139 -

„Hanni" und das „Surfbrett"

auch bei einigen Leuten entschuldigt. Ich weiß, dass ich auch Walter Hofer verletzt habe, und so wörtlich, wie ich es damals formulierte, habe ich es auch nicht gemeint. Ich fand eben seine Strategie nicht in Ordnung. Auf diesem Standpunkt stehe ich heute noch. Die Reaktionen der Öffentlichkeit waren unterschiedlich. Einige Fans haben sich schockiert gezeigt, Reinhard Heß so zu erleben, andere waren begeistert und bestärkten mich in meiner Meinung, auch weiterhin meine Stimme zu erheben.

Zehn Jahre nach Dieter Thoma wurde Sven Hannawald Skiflugweltmeister. Am Montag, dem 14. Februar 2000, an einem Tag, an dem beste Flugbedingungen herrschten, an dem aber die Bevölkerung von Oslo, Drammen und anderen umliegenden Orten wieder ihrer geregelten Arbeit nachgehen musste. Es gab keine Absperrungen, es gab keine Parkbeschränkungen, es gab kein Catering mehr. Die Skiflug-WM wurde ausgetragen wie ein Vereinsspringen mit Starbesetzung. Eine Fernsehübertragung gab es trotzdem noch, sicherlich mit relativ geringer Einschaltquote.

Der Weltmeister „musste" Hannawald heißen. Er war Zweiter der Titelkämpfe 1998, er hatte das Können, er hatte die Form – und er hatte das gewinnbringende Material. Er hatte ein Material, das zu diesem Zeitpunkt nur er tatsächlich beherrschte. Ausgangspunkt für die „Wunderski", die ich gerne als „Surfbrett" bezeichnete, waren Überlegungen in unserem Lager. Wolfgang Steiert und ich durchforsteten bereits zu Saisonbeginn das Regulativ des Skibaus und erkannten, dass es in gewissen Punkten nur unklar formuliert war. Unsere Ideen bestanden darin, die Sprungskiform im Rahmen der Spezifikationen der Wettkampfausrüstung auszunutzen, so dass die Angriffsflächen erweitert und vergrößert und somit die Auftriebsmöglichkeiten verbessert werden würden. Wir kümmerten uns vor allem um die Taillierung der Ski, wir setzen ganz auf den Flächengewinn. Dann konfrontierten wir unter anderem Walter Hofer mit dieser Idee, der darauf antwortete, dass keine Skifirma dieser Welt eine solche „Dummheit" produzieren würde. Wir schauen uns um, ob wir nicht doch jemanden finden, der diese „Dummheit" begeht, sagten wir uns. Mein Kollege Steiert ging sozusagen in die Spur und fand in der Firma „Fischer" und Franz Neuländtner diesen Partner. Die Österreicher trugen unseren Vorstoß mit. Nach Fertigstellung des Produktes und erster erfolgreicher Tests nach der Vierschanzentournee durch Christof Duffner in Bischofshofen, die übrigens Rudi Tusch beaufsichtigte, konnte die FIS mit ihrer Materialkommission nichts anderes tun als abzuwarten.

Zu diesem Zeitpunkt befand sich unsere Mannschaft in Japan. Nach der Rückkehr testete auch Sven Hannawald das neue Produkt in Bischofshofen und war sofort begeistert. Sein Training wurde von diesem Zeitpunkt an auf dieses Material abgestimmt. Dieser Sprungski war zwar nicht im Sinne der Regeln, aber dennoch durch die Regeln gedeckt. Monate später waren diese Latten schon ein Kapitel der Skisprung-Historie, sie waren verboten worden. Das neue Material hätte die Weitenjagd noch mehr forciert, und alle Skisprungschanzen hätten alle neu adaptiert werden müssen. Wir haben dem Beschluss nicht widersprochen.

Wie gesagt, Hannawald hatte mit dem neuen Ski, der selbstverständlich allen zugänglich sein musste, nach der Japan-Tournee zu trainieren begonnen. Als unmittelbar vor der Skiflug-WM in Willingen auch andere Sportler mit diesen Latten sprangen, merkten wir schnell, dass nicht alle damit zurecht kamen. Ari-Pekka Nikkola aus Finnland hatte Probleme, auch Christof Duffner kam mit dem neuen Material nicht klar. Andreas Goldberger freundete sich erst später mit dem „Surfbrett"

Ein Ski fliegt nicht von allein

an. Er bewies es beim Saisonfinale in Planica, als er im Teamwettbewerb mit 225 Metern einen neuen Weltrekord aufstellte. Aber bis Mitte Februar hatte er den Ski noch nicht optimal im Griff gehabt. Hannawald hatte zwei Wochen Trainingsvorsprung und sich bereits auf das neue Material eingestellt.

Doch ein Ski fliegt nicht von allein. Auch ein „Wunderski" bringt sich nach dem Absprung nicht von selbst in die richtige Stellung und ermöglicht ohne jegliches Zutun einen Weitengewinn. Auch ein Surfbrett muss zuerst einmal beherrscht und genutzt werden. Hannawald hatte bei der WM in Vikersund zwar den Materialvorteil auf seiner Seite, außerdem war er in diesen Tagen aber einfach in bester Verfassung. Ich freute mich mit Sven über seinen ersten großen Einzel-Titel vor dem Österreicher Andreas Widhölzl und dem Finnen Janne Ahonen, ich bedauerte aber auch Martin Schmitt, meinen zweiten Medaillenkandidaten, der „nur" auf Platz sechs landete. Doch der Weltcup-Dominator hatte sich in der Nervenschlacht dieser Tage eigennützig und uneigennützig aufgerieben. So konnte er nur feststellen: „Der Beste des gesamten Wochenendes hat am Ende gewonnen."

Vikersund-Fortsetzung am Kulm

Für mich war es nicht ganz logisch, dass gleich auf die WM in Vikersund das Skifliegen am Kulm bei Bad Mitterndorf folgen musste. Die körperlichen Belastungen bei der Ausübung dieser Tätigkeit sind enorm. Skifliegen ist eine andere Disziplin als Skispringen. Wie Ludwig Geiger vom Medical Park am Chiemsee in seinen Untersuchungen anlässlich der Skiflug-WM in Oberstdorf 1998 mit unseren Leuten feststellte, erreichen die Springer Pulswerte von über 200 Schlägen pro Minute. Zudem kommt es zu einer Ausschüttung der Stresshormone Adrenalin und Noradrenalin, die aber nichts mit einer eventuellen körperlichen Anstrengung zu tun hat. Beim Skifliegen liegt die Ursache rein im psychischen Bereich. Wenn dazu noch eine hohe Erwartungshaltung aus dem Umfeld kommt, kann dies zu einer hormonellen Stresssituation führen, die einem Überlebenskampf gleich kommt. Dies belegte die Untersuchung von Ludwig Geiger, bei der gerade Martin Schmitt und Sven Hannawald vier Tage vor Beginn der WM Werte aufwiesen, die unerklärlich hoch waren. Alle anderen Athleten vervierfachten ihre Ausgangswerte während der Titelkämpfe. Unsere beiden Vorzeigeathleten, die damals aber noch nicht einmal dem Medienrummel von heute ausgesetzt waren, hatten bereits vor der WM so hohe Werte, dass diese nicht mehr steigerbar waren. Dies sind Faktoren, die es zu bedenken gilt.

Da die Wetterverhältnisse wieder nicht einfach waren, war das Chaos fast schon programmiert. Martin Schmitt fühlte sich – nicht ganz zu unrecht – um eine gute Platzierung betrogen. Im ersten Durchgang war seine Anfahrtsgeschwindigkeit aufgrund des Schneefalls um 2,5 km/h langsamer als die der Besten; er kam auf Rang 18. Im zweiten Durchgang machte er einen Satz nach vorne, ehe wegen erneuten Schneefalls abgebrochen wurde, als nur mehr fünf Springer auf dem Turm standen. Sven Hannawald sicherte sich seinen dritten Weltcupsieg, Schmitt fand die richtigen Worte, aber den falschen Ton, als er meinte, dass sich die Jury lächerlich und unglaubwürdig gemacht hatte, dass er um einen guten Sprung, um eine entsprechende Platzierung gebracht worden sei und dass sich zwischen dem Weltcup-Konkurrenten Andreas Widhölzl (2.) und ihm 15 Kollegen befänden, „die da nicht hingehörten". Wir redeten auf unser Zugpferd ein. Rudi Tusch entschuldigte sich offiziell für Schmitt, und auch ich bat ihn, sachlich zu bleiben. Der Abbruch war korrekt. Einen Tag später sah auch Martin Schmitt selbst seine verbale Entgleisung ein. „Ich habe das eine oder andere gesagt, was ich nicht hatte sagen wollen", diktierte er den Medienvertretern in deren Blöcke. Unser emotionaler „Grantler" hatte sich als lernfähig erwiesen. ■

Tiefpunkt in Willingen

23 Lahti 2001: Doppelte Titelverteidigung, und ein doppelt rasender Steiert

„Sei froh, dass ich überhaupt noch da bin!"

Kraft ist eine Funktion
von Zeit und Raum.
Novalis, Fragmente

In den trainingsmethodischen Grundkonzeptionen, in denen meine Strategien verankert sind, unterscheide ich sehr wohl zwischen Wintern, die einen klaren Saisonhöhepunkt wie Nordische Weltmeisterschaften oder Olympische Spiele aufweisen und Wintern ohne große Ttitelkämpfe. 1998/99 spielte der Weltcup eine untergeordnete Rolle, trotzdem gewann ihn Martin Schmitt. Ein Jahr später arbeiteten wir gezielter auf Platzierungen in der Gesamtwertung hin – Schmitt verteidigte seinen Titel, Sven Hannawald wurde Vierter. Und wieder ein Jahr später war unser Haupt-Augenmerk auf die Weltmeisterschaft in Lahti gerichtet, meiner zweiten als Cheftrainer nach 1989. Es war das Jahr des Adam Malysz, der im Weltcup Siege in Serie gefeiert hatte wie zuvor Schmitt; der Pole dominierte auch die Vierschanzentournee, und er kam als großer Favorit zu den Welt-Titelkämpfen.

Unser Aushängeschild hatte die Saison traditionsgemäß sehr gut begonnen, mit Siegen in Kuopio, doch dann „schwächelte" er, weil die Feinabstimmung zwischen Mensch und Material nicht mehr passte, sich nicht alle Ideen und Vorstellungen, die der Sportler hatte, als fruchtbringend erwiesen. Frust stellte sich ein, was die Zeit vor der WM nicht erleichterte. In Willingen kam Martin Schmitt auf dem Tiefpunkt an. Bei schlechten Verhältnissen qualifizierte er sich nicht einmal für das Finale. Das war ihm im Laufe seiner Hoch-Zeit bislang noch nie passiert.

Immer dann, wenn schwierige Momente alle Bemühungen vor einer Großveranstaltung als sinnlos erscheinen lassen, ziehe ich mich mit meiner Mannschaft zurück, an einen sicheren Ort, um dort wieder zu neuen Kräften zu kommen. Unser Hort der Ruhe hieß und heißt immer noch Lillehammer. Eine Schanze, die wir kennen und lieben. Ein Städtchen, das uns wohl gesonnen ist. Eine Umgebung, in der wir uns alle wohl fühlen können. Lillehammer enttäuschte mich auch im Winter 2001 nicht.

Bei unserer Trainingsarbeit hatten wir hervorragende Bedingungen. Kein Wind, kein Schneefall störte unsere Bemühungen. Unter diesen Umständen fand auch Martin Schmitt wieder zu sich selbst zurück. Er hatte dort wieder sein altes Material herausgezaubert, und die Feinabstimmung Ski-Bindung-Schuh-Athlet funktionierte effektiver, Leistung stellte sich ein. Wir Betreuer stärkten sein Selbstbewusstsein, machten ihm deutlich, dass er sich auf dem gleichen Stand des Vorjahres befand, und konnten es zahlenmäßig belegen: Anfahrt, wie damals, aus der gleichen Luke, gleiche Weite, ebenfalls wie damals. Schmitt hatte vom

Der größte Sieg

ersten Trainingssprung weg die Schanze beherrscht, und in der Folge kam es vor, dass ich ihm nach ein, zwei Versuchen sagte: „Das reicht heute für Dich!" Das stärkte Schmitts innere Überzeugung, auf dem richtigen Weg zu sein. Er wurde wieder ausgeglichener und seine Augen begannen wieder zu leuchten. Wir waren auf einem sehr guten Weg.

Doch in Lillehammer fand nicht nur unser Vorzeigespringer in die Spur des Erfolges zurück, sondern es geschah viel mehr. In der Olympiastadt von 1994 reifte unser WM-Team zu einer Mannschaft, zu einer verschworenen Gemeinschaft, die mehr als nur das Interesse am gleichen Sport teilte. Die Sportler kommunizierten unheimlich viel untereinander, spielten Stunden lang „Wer wird Millionär?" und saßen gerne zusammen. Ich sah keine Ansammlung von Individualisten, ich sah eine Einheit. Und mich überkam das Gefühl: Mensch, Lahti wird gut für uns. Innerlich war ich überzeugt, nicht nur in den Einzel-, sondern auch in den Mannschaftswettbewerben schlagkräftige Sportler an den Start zu bringen. Geteilt wurde meine Meinung auch von Wolfgang Steiert, der fast schon euphorisch in die nahe Zukunft blickte.

Die Schanzen in Lahti galten als schwierig und windanfällig. Für viele Athleten war es in der Vergangenheit ein Graus, auf ihnen agieren zu müssen. Auch bei unseren Springern waren sie nicht die beliebtesten, doch bei einer Trainingswoche im Herbst des Vorjahres erkannten wir, dass uns die Bakken auf eine gewisse Art und Weise doch lagen. Vor allem die Großschanze sagte uns zu. Ein Horrorszenario baute sich ihretwegen nicht mehr auf, und wir fuhren mit einer gesunden Einstellung nach Finnland.

Historisch war, dass Martin Schmitt etwas schaffte, an dem zuvor alle Stars der Szene gescheitert waren: Er verteidigte seinen Titel auf der Großschanze. Nicht Hausherr Janne Ahonen aus Lahti (3.), nicht Super-Favorit Adam Malysz (2.) hatten am Ende die Nase vorne, auch nicht der im Training stark agierende Andreas Goldberger, der im ersten Durchgang stürzte und nach dessen Missgeschick die Konkurrenz verschoben wurde. Einen Tag später wurde er Elfter. Der Sieger hieß Schmitt. Ich war zu Tränen gerührt. Wenig hatte im Vorfeld der WM anlässlich der letzten Weltcupveranstaltungen dafür gesprochen, dass wir in Skandinavien etwas zu feiern haben würden. Doch das Vertrauen in unsere Athleten hatte ich deswegen nicht verloren gehabt. Dies hatte ich auch bei der Pressekonferenz nach den Springen in Willingen ausgeführt. „Es ist der größte Sieg meiner Trainerlaufbahn", sagte ich in der Pressekonferenz von Lahti zum Sieg Martins. „Die Voraussetzungen für seinen Erfolg waren vor den Titelkämpfen in Ramsau besser, aber ich stelle nicht einen Titel über den anderen. Siegen, das ist immer wieder eine schöne Erfahrung, und ich habe auch in Ramsau unvergessliche Augenblicke erlebt." Wenn die Ergebnisse ausbleiben, leidet das Selbstvertrauen. So war auch ich nicht mit überschwänglichem Optimismus in Lahti angetreten, obwohl ich wusste, dass wir in Lillehammer sehr gute Arbeit geleistet hatten. Und als ich als Kopf der Mannschaft tituliert wurde, sagte ich in einem Anflug von Selbstironie lächelnd zu den Medienvertretern: „Das ist erfreulich, es hätte ja auch anders herum kommen können. Dann wäre ich nämlich der A... gewesen."

Es folgte der Wettbewerb von der Großschanze mit dem Team, und erneut verteidigte Deutschland seinen zwei Jahre zuvor gewonnenen Titel. Es gab an diesem Tage niemanden, der ausfiel. Jeder aus dem Quartett Martin Schmitt, Sven Hannawald, Alexander Herr und Michael Uhrmann brachte die Leistung, die

- 143 -

Ein Tänzchen mit Steiert

ich von ihm erwartet hatte. Wir hatten diesmal keine Stürze oder „Handwischer" zu beklagen, und wir verwiesen Finnen und Österreicher souverän auf die „Ehrenplätze". Man kann gar nicht beschreiben, welche Freude bei uns aufkam. Mein Tänzchen mit Wolfgang Steiert auf der Trainertribüne war der größte Ausdruck unserer Euphorie.

Steierts Autofahrt durch Lahti

Doch als ich den Trainerturm hinaufgestiegen war, um meine Leute mit der „Deutschland"-Fahne herunterzuwinken, war ich nervlich stark mitgenommen. Zu diesem Zeitpunkt hatten wir ein wahres Martyrium hinter uns. Es ist Sitte, dass vor Großereignissen bei der Firma „Meininger" neue Anzüge bestellt werden, da die alten meist etwas verbraucht und in der Flugeigenschaft um Nuancen schlechter geworden sind. Diese Strategie bevorzugen die meisten Nationen. Doch unsere neuen Anzüge waren in der großen Kälte von Lahti dermaßen steif, dass einige Athleten bereits im Training merkten: Hoppla, mit denen geht nichts. Teilweise kamen unsere Springer gar nicht in die optimale Anfahrtsposition. So gaben wir Betreuer am Vortag die Losung aus, den Wettbewerb mit den alten, weltcuperprobten Anzügen zu bestreiten. An alle. Es nahte die Konkurrenz, und es kam mein lieber Hanni, der im Probedurchgang mit dem neuen Material auf den Vorbau „gehüpft" war. „Eines sag ich Dir gleich, Trainer, mit diesem Anzug kann ich bei diesen Temperaturen nicht springen," schimpfte er. Ich antwortete gelassen, dass er - wie verabredet - eben den alten Anzug nehmen solle. Und dann fühlte ich mich, als ob mich ein Faustschlag direkt in meine Magengrube getroffen hätte: „Den alten habe ich nicht dabei." Sven Hannawald präsentierte sich zu einem WM-Mannschaftsspringen mit einem einzigen Anzug an der Schanze, ohne Alternative also. Und Sven hatte dazu noch die Startnummer eins des Teams, er war als „Anspringer" gesetzt, und in 20 oder 25 Minuten sollte die Konkurrenz beginnen. Sven Hannawald sollte mein Matchwinner werden, er sollte die Weite vorlegen, bei der die anderen Nationen gleich ins Grübeln kommen mussten. Ich dachte, mich tritt ein Pferd. Zu diesem Zeitpunkt hätten wir schon chancenlos sein können. Doch wir haben ja einen Wolfgang Steiert. Er wurde in dieser Situation zum „Retter" des Teamwettbewerbs.

Ich möchte heute noch nicht wissen, wie viele rote Ampeln der Wolfgang ignoriert, wie viele Verkehrssignale er als unverbindliche Empfehlungen, aber nicht als bindende Vorschriften aufgefasst hat und um wie viel zu hoch sein Stundenkilometerschnitt bei der Raserei durch Lahti war. Steiert kann sich, wenn es um die Sache geht, über alle Gesetzmäßigkeiten dieser Welt hinwegsetzen, und dies tat er an jenem 24. Februar auch. Mein Mitarbeiter schnappte sich also das Auto unseres Technikers Peter Lange und preschte Richtung Athletendorf los. In der Zwischenzeit mobilisierten wir unsere Leute dort, telefonierten mit den Langläufern, die in Hannawalds Zimmer nach dem alten Anzug suchten. Als Steiert vor der Unterkunft mit kreischenden Reifen hielt, waren die Bekleidungsstücke schon auf die Straße gebracht worden. Sie wurden ins Auto geworfen, und Wolfgangs Höllenritt ging in die zweite Runde. Am Schanzengelände warf er mir den Anzug über den Zaun, ich eilte damit zum Mannschaftscontainer. Unsere „Rettungsaktion" hatte buchstäblich in letzter Sekunde geklappt. Sven schlüpfte in seinen Weltcupanzug und bekam von mir noch einen Rüffel mit auf den Weg. Als er zum Anlaufturm losmarschierte, schaute er grimmig zurück und fluchte: „Jetzt werde ich Dir beweisen, dass mein Probesprung am Anzug scheiterte." Da rief ich ihm noch nach: „Sei froh, dass Du überhaupt noch etwas beweisen kannst, sei froh, dass der Anzug da ist. Und sei froh, dass ich überhaupt noch da bin, damit ich Dir zuschauen kann." Ich war wütend, das gebe ich zu. Es gehört

Der Gag mit den gefärbten Haaren

zur Verantwortung eines Athleten, sein Material vor dem Wettkampf zu kontrollieren und für alle Eventualitäten gerüstet zu sein. Hannawald ist an sich ein gewissenhafter Sportler. An jenem Tag aber, an dem die Entscheidung für den alten und gegen den neuen Anzug gefallen war, muss er mit den Gedanken nicht bei der Sache gewesen sein. Das ist für ihn nicht typisch. Auf der Schanze wurde er dann das, zu dem ich ihn auserkoren hatte: unser Matchwinner. Ihm gelang ein Super-Sprung, der uns gleich in Führung brachte. Nach dem ersten Durchgang hatten wir bei regulären Wettkampfbedingungen bereits einen riesigen Vorsprung. Es faszinierte mich, wie Alexander Herr über sich hinauswuchs und seinen Teil zum Zwischenstand beitrug. Als das Springen lief, wurde ich innerlich ruhig. Alles wird gut, sagte ich mir. Und es sollte auch so kommen. Unser Team bestätigte im zweiten Durchgang seine führende Position. Wir wurden Weltmeister.

Nach diesem Sieg ließ sich Peter Lange eine Glatze schneiden, hatte er doch getönt, dass er bei einem Medaillengewinn Haare lassen würde. Wir holten mehrere Podestplätze, und sein „Kopfschmuck" war bald komplett wegrasiert! Wir dokumentierten auf Video, was für einen Schabernack die Springer mit ihm trieben. Zuerst ließen sie ein paar Haare stehen, so dass er aussah wie ein Mönch. Dann rasierten sie alles bis auf einen Streifen in der Mitte ab, und zum Schluss haben sie ihm auch diesen noch abgeschoren. Die restliche Mannschaft färbte sich indes die Haare, Martin Schmitt beispielsweise in purple, Wolfgang Steiert in blau, Henry Glaß in rot, unser Arzt Ernst Jakob in blond (als es um die Farbe seines Bartes ging, setzte er sich aber erfolgreich zur Wehr), und ich, edel, edel, in silber-grau. Wir wurden von den Sportlern und der Physiotherapeutin Nicole eingefärbt, aber sie müssen beim Kauf des Färbemittels nicht die beste Qualität erwischt haben. So wurde es notwendig, dass wir tags darauf nochmals einen Friseur aufsuchten, um die Dinge wieder ins rechte Lot zu rücken. Sehr lustig ging es im Salon zu – es war ein tolles Geschäft, das die Chefin dort aufzog. Mannigfach waren die Reaktionen, die ich auf meinen neuen „Look" erhielt. Einige Fans meinten, dass ich als gutsituierter Trainer es nicht notwendig hätte, jede Blödelei mitzumachen. Die haben mir das richtig übel genommen, weil eine solche Vorgangsweise nicht in ihr Schema passte. Jugendlichen Interessierten hingegen gefiel es, dass der „alte" Heß den Gag mitgemacht hatte. Mein Friseur in Zella-Mehlis war begeistert: „Ich wollte es Dir schon seit geraumer Zeit empfehlen, aber ich habe mich nicht getraut." Und meine Frau Regina, meine Stimme der Öffentlichkeit, fragte mich, wieso ich diesen Versuch nicht schon früher mal gestartet hätte. „Diese Farbe kannst Du lassen!" Nach einiger Zeit bescherte ich im Weltcup einmal Christof Duffner einen Lachkrampf, als ich nach einer „Farbauffrischung" anreiste. Und für die Zukunft habe ich es auch, in unregelmäßigen Abständen, vor.

Doch zurück zur Weltmeisterschaft in Lahti. Von der Großschanze zogen wir nun auf die kleinere Anlage um, und dort kam es sofort zu einem Eklat. In der Nähe der Normalschanze war nämlich kein Wärmeraum installiert, in dem sich die Athleten vor ihren Sprüngen aufhalten konnten. Bei Temperaturen von minus 20 Grad Celsius und tiefer, die in diesen Tagen herrschten, und zusätzlichem eiskalten Wind, war dies ein unzumutbarer Zustand. Ich reklamierte, auch bei FIS-Renndirektor Walter Hofer. Dieser antwortete mir, dass er schon im Herbst diesen Zustand sehr wohl moniert habe und Abhilfe gefordert hatte, dass aber seine Anweisungen nicht befolgt worden waren. In aller Eile wurde ein Notverschlag gezimmert, so dass der Wind weniger Angriffsfläche hatte – warm war es deswegen noch lange nicht. Als ich die Organisatoren wegen eben dieser Zustände im deutschen Fernsehen angriff, echauffierte sich auch Hannu Lepistö, Finne, Trainer

Drei Medaillensätze reichen

und Kollege, darüber. „Du hast uns schlecht gemacht", schimpfte er. „Jahrelang haben wir Dich unterstützt, Ich persönlich habe Dir geholfen, und jetzt haust Du uns demaßen in die Pfanne." „Was hast Du denn mit den Wärmeräumen zu tun, Du bist doch nicht im Organisationskomitee", versuchte ich ihn zu beruhigen. „Aber auch ich bin aus Lahti", kam die stolze Antwort, „auch ich fühle mich betroffen." Ich mache einen großen Unterschied zwischen den handelnden Personen und dem Veranstalter. So musste ich Lepistö, der mir im Frühwinter immer wieder sagte, welche Schanze ab welchem Tag sprungbereit sei, zu verstehen geben, dass es mir in diesem speziellen Fall einzig und allein um die Athleten gegangen war und nicht um unsere Freundschaft. Ein sehr gutes Verhältnis habe ich auch zu Rennleiter Eera Kuusinen in Lahti, der unser Trainerteam bei unserem Lehrgang im Herbst 2000 auf sein Grundstück am See eingeladen hatte, an einem lauwarmen, wunderschönen Abend. Wir grillten, und alles mundete hervorragend. Sicherlich tat es mir ein wenig leid, dass ich auch seinen Namen nennen musste, aber ich konnte auf unsere gute Beziehung keine Rücksicht nehmen, nur weil ich bei ihm einen Happen Lachs gekostet hatte.

Im Vergleich zu den Langläufern, bei denen ab einer gewissen Minustemperatur nicht mehr gelaufen wird (wie in Lahti beim 30 Kilometer-Wettbewerb der Frauen auch der Fall), gibt es im Skispringen keine diesbezügliche Regelung. Die Aussage Hofers: „Wir brechen dann ab, wenn wir sehen, dass die Athleten am Schanzentisch nicht mehr aus der Hocke kommen", mochte bei den Medienvertretern zu Gelächter geführt haben; für mich aber war sie nicht lustig. Wie auch immer. Gesprungen wurde, und Adam Malysz, sprungkräftigster Athlet der Szene, sicherte sich den Titel vor Martin Schmitt.

Abgeschlossen wurde die Weltmeisterschaft mit einem Teamwettkampf von der Normalschanze, der damals erstmals ausgetragen wurde; für die WM 2003 wurde dieser Wettbewerb aber wieder aus dem Programm genommen, und ich finde diese Entscheidung nicht so schlecht. Drei Medaillensätze reichen im Skispringen aus, wir sollten uns vor einer Inflation der Titel hüten. Wir errangen die Bronzemedaille hinter den siegreichen Österreichern und den wiederum zweitplatzierten Finnen. Andreas Goldberger, Stefan Horngacher, Martin Höllwarth und Wolfgang Loitzl gönnte ich Gold von Herzen, dachte doch auch ich in diesen Tage oft an meinen Trainerkollegen Alois Lipburger, der kurz vor WM-Beginn bei einem Autounfall ums Leben gekommen war. Doch ich vergaß auch nicht, dass während der Weltmeisterschaft einige österreichische Teammitglieder permanent daran glaubten, unsere Erfolge seien lediglich auf günstige Vorderluft zurückzuführen gewesen.

Die Dopingskandale im Lager der finnischen Langläufer verfolgte ich mit einem gewissen Entsetzen, aber ich erlebte die WM mit meinen eigenen Athleten, in meinem eigenen Umfeld, in der uns eigenen Szene. Die Meldungen belasteten mich deswegen weniger, verwunderten mich eher. Andere Anekdoten sind mir besser im Gedächtnis haften geblieben.

Steierts Langlauf-Triumph

Unser Co-Trainer Wolfgang Steiert ist nun wahrlich kein Kind von Traurigkeit. Immer ist er für einen Spaß zu haben, immer auf gute Stimmung bedacht. In Lahti ließ er sich allerdings auf ein schweißtreibendes Abenteuer ein. Da saß er mit Trainern anderer Disziplinen zusammen, die gerade die Auswertung des Damensprints vornahmen. Als er die langsamste Zeit hörte, meinte er: „Mit dieser Vorgabe schaffe ich die Sprintrunde auch. Leicht." Wenige Minuten später war die Wette im

- 146 -

Eine Wette um 500 Liter Bier

Beisein von Langlauf-Cheftrainer Jürgen Wolf und Koordinator Jochen Behle fixiert. Organisiert wurde ein echter Wettkampf, mit allem Drum und Dran. Positiv für unser Mannschaftsklima war, dass alle Leute in dieses Spektakel einbezogen worden waren. Und weil Doping gerade ein Thema war, sagten wir in unserem Spaß zu Wolfgang: „Wenn die anderen das schon machen, dann kommt in Dich auch alles hinein, was wir so haben." Wir haben Flaschen an die Wand geklebt, Spritzen verstreut und dann, mit Steiert in der Mitte, Fotos gemacht, einfach um zu dokumentieren, wie er sich „vorbereitet" hatte. Wir haben Tränen gelacht. Doch als unser Teamarzt dem angehenden „Langläufer" erklärte, dass er nun aber wirklich die eine oder andere Vitamin- und Glukosespritze erhalten müsse, wegen des vielen Alkohols in den Tagen zuvor, reagierte Steiert fast panisch: „Das schaffe ich nie. Warum war ich nur so blöd, eine solche Wette einzugehen?" Es ging immerhin um 500 Liter Bier, also auch um eine Menge Geld. Während Steiert heimlich trainieren ging, unterhielt ich mich mit Jochen Behle. „Sei mal ehrlich. Wir wollen diese Wette gewinnen. Welche Anhaltspunkte kannst Du mir geben." Behle verhielt sich kooperativ: „Steiert darf sich auf dem ersten Teilstück nicht übernehmen. Wenn er an der Brücke, dem höchsten Punkt des Kurses, in zwei Minuten ankommt, wird er die vorgegebene Zeit auch erreichen." Wir trichterten es unserem Wolfgang ein. Zwei Minuten, das musst Du unbedingt schaffen, zwei Minuten, dann bist Du auf dem besten Weg.

Am „Wettkampftag" waren das Fernsehen mit vier oder fünf Kameras und viele Vertreter der Printmedien zugegen, selbst Zuschauer waren ins Stadion gekommen, selbstverständlich auch alle unsere Athleten und Betreuer. Ski wurden von den Langlauftechnikern gewachst, letzte Vorbereitungen getroffen. Dann lief Steiert los, und als er an der ominösen Brücke angekommen war, zeigte die Uhr exakt 1:59 Minuten. „Er schafft es", rief ich siegessicher. Und Wolfgang, am schwersten Stück von unseren Sportlern angefeuert, schaffte es tatsächlich, blieb unter der Zeit und hätte sich auf der Stadionschleife gar nicht einmal mehr so vorausgaben müssen. Im Ziel brach er zusammen, weil er total „blau" war. Aber er schaffte, was ihm Viele nicht zugetraut hatten, mit der ihm eigenen Unbekümmertheit, mit der er immer wieder für tolle Stimmung sorgen kann.

Weil Steiert schnell genug gelaufen war, musste nun auch ein anderer seine Wettschulden einlösen – und laufen. Für Jürgen Wolf stand demnach am Abreisetag ein Lauf von Lahti nach Vantaa zum Flughafen nördlich von Helsinki auf dem Programm. Wir hätten einen Kleinbus gechartert, um ihm auf den Nebenstraßen folgen und ihn betreuen zu können und wir hatten geplant, auf dem Weg zum Flughafen unsere vier Medaillengewinne zu begießen. Da aber gewann René Sommerfeldt über 50 Kilometer überraschend „Silber" hinter Johann Mühlegg, und wir beschlossen einstimmig, dass wir es Jürgen nicht antun konnten, die Party mit seinem erfolgreichen Schützling zu versäumen – nur einer Wette wegen. So lief der Langlauf-Chef schließlich Mitte Mai den „Großen Kanten" beim Rennsteiglauf in Thüringen. Von der Streckenlänge war es in etwa die gleiche Länge: 75 Kilometer!

Die Weltmeisterschaften waren ein Erlebnis. Bestimmt nicht wegen des Speiseraums im Athletendorf, der nicht immer ganz sauber, dafür aber sehr rustikal eingerichtet war, nicht wegen der Doping-Vorfälle, auch nicht wegen des spürbaren Neids der Vertreter anderer Nationen. Diese WM war ein Erlebnis, weil im Vorfeld dieser Großveranstaltung vier Medaillen unrealistisch schienen. Dann verteidigten wir unsere Position in den beiden prestigeträchtigsten Wettbewerben – und hatten auch noch viel Spaß am selbstgebastelten Rahmenprogramm.

Sieg über „Klassenfeind" Thoma

24 Tournee ist Tournee, Weltmeisterschaft ist Weltmeisterschaft

Vier Schanzen, vier Wettbewerbe

*Jedes große historische Geschehen
begann als Utopie und endete als Realität.
Coudenhove-Kalergi, Paneuropa*

Als Sportler war ich bei keiner einzigen Tournee dabei, und auch als Trainer bin ich, im Vergleich zu einigen Kollegen, erst seit kurzem „im Geschäft". 1988/89 war mein erster Auftritt bei der Vierschanzentournee. Es war der Winter, in dem Jens Weißflog in der Gesamtwertung hinter Risto Laakonen punktgleich mit Matti Nykänen (beide Finnland) Zweiter wurde. Das war vielleicht ein Platz schlechter als erhofft, wichtiger aber war, dass der „Klassenfeind" Dieter Thoma, Sieger in Oberstdorf, auf den vierten Rang verwiesen werden konnte. Dass die DDR zu diesem Zeitpunkt nur auf den Oberwiesenthaler bauen konnte, bewiesen die Platzierungen unserer anderen Springer: 28. Heiko Hunger, 41. Ulf Findeisen, 49. Peter Grundig. Eddie Edwards, der britische Skisprung-Clown, hatte bei dieser Tournee in Oberstdorf und Garmisch-Partenkirchen übrigens die letzten Plätze belegt und in der Gesamtwertung Platz 108 erreicht (von 109, Heiko Gasche/BRD war nur beim Auftakt dabei).

Ich war Verbandstrainer und ich erlebte hautnah, was ich in all' den Jahren zuvor lediglich am Bildschirm mitverfolgt hatte: die Inhalte und Bedeutungen der Springen in Oberstdorf, Garmisch-Partenkirchen, Innsbruck und Bischofshofen, die sportliche Auseinandersetzung mit dem sogenannten „Klassengegner". Der Auftrag war in Platzierungen und zu erreichenden Punkten ausgedrückt, doch was immer auch geschehen mochte: Wir hatten vor den westdeutschen Gegnern zu sein. Es war ein politischer Auftrag bei einem sportlichen Wettkampf, der den Saisonhöhepunkt darstellte in Wintern, in denen es weder Olympische Spiele noch Weltmeisterschaften gab. Der Weltcup war eine Randerscheinung, in der das Aufeinandertreffen der weltbesten Springer nicht immer gegeben war. Weil die Tournee zu DDR-Zeiten nicht nur eine sportpolitische, sondern auch eine hohe politische Wertigkeit besaß, war auch klar, was im Falle eines Misserfolgs auf die Beteiligten zukam. Sie konnten bei ihrer Rückreise, die damals mit dem Zug erfolgte, gleich bis Berlin durchfahren, wo die Zentrale des Sports beheimatet war und wo es zu Konferenzen kam, die die Trainer einer gesamten Disziplin betrafen. Mit dem Ziel, Wege zu finden, wie es nun denn besser und erfolgreicher weitergehen könnte.

Die Vierschanzentournee war in unserem damaligen System aber mehr als ein Wettkampf für sich. Zwischen Weihnachten und Dreikönig sollten sich die Springer für die WM oder für Olympia empfehlen, mit einer ansprechenden Ausgangsleistung. Die Tournee war quasi die Qualifikationsnorm, ehe es für die Besten dann in die unmittelbare Wettkampfvorbereitung, kurz UWV genannt, ging. Diese dauerte sechs bis acht Wochen und diente allein dem Ziel, sich beim eigentlichen Saisonhöhepunkt in guter Form zu präsentieren. Im Schnelldurchlauf wurde ein Jahresprogramm absolviert: mit athletischem Aufbau, mit sprungtechnischen Elementen und so weiter. Ein Programm, das für die Zielstellung sinnvoll und effektiv war.

- 148 -

Die Sportführung reingelegt

Die Fünfschanzentournee der DDR

Doch fast niemand konnte sicher sein, sich bei der Tournee für höhere Aufgaben zu empfehlen. Denn im Vorfeld des ersten Saisonhöhepunktes gab es eine Bewährungssituation, eine Einstufung, die in der heutigen Zeit fast undenkbar ist. Beim Oberhofer Weihnachtssprunglauf musste sich der potenzielle Tournee-Kader vorstellen. Bei dieser Konkurrenz, die traditionsgemäß am 26. Dezember ausgetragen wurde, konnte noch der eine oder andere Springer ausgetauscht werden, konnte der eine oder andere noch neu zum Team stoßen. Aus diesem Prozedere konnte sich ein Athlet eigentlich nur ausklinken, wenn er sich „krank" meldete.

Ein Grund für diesen Wettkampf war eigentlich ein ganz profaner. In Oberhof standen Erholungsheime, in denen die Führungsriege der Partei- und Staatsführung sowie des DTSB mit ihren Familien die Weihnachtsfeiertage verbrachten. Für sie wurde ebenfalls diese Sportveranstaltung geboten, mit ernstem sportpolitischen Hintergrund und vor jubelnden Menschenmassen. Wenn in den vergangenen Jahren immer wieder über eine Erweiterung der Tournee auf fünf Orte spekuliert wurde, muss ich sagen: Wir hatten damals schon eine Fünfschanzentournee. Geteilter Meinung kann man sein, ob dieser Oberhofer Wettbewerb sinnvoll war oder nicht. Mit meinem heutigen Kenntnisstand behaupte ich, dass es falsch war, Athleten kurzfristig vor dem ersten Saisonhöhepunkt dermaßen zu fordern, ihnen den Platz bei ihren Familien über die Weihnachtsfeiertage zu verwehren. Aber über richtig oder falsch wurde nicht diskutiert. Es war sportpolitische Praxis.

Einmal stand bei einem Weihnachtssprunglauf zu einem angesetzten Training auch Manfred Ewald, unser damaliger Präsident des DTSB, auf der Höhe des kritischen Punktes am Aufsprunghang, ließ bei 120 Metern eine Linie ziehen und verkündete: „Nur jene, die diese Marke überspringen, fahren zur Tournee." Was er nicht vorgab war, aus welcher Luke angefahren werden müsse. Den Zusammenhang zwischen Anlauflänge und Weite hatte er nicht erkannt. Wir Trainer wollten alle nominierten Sportler bei der Tournee dabei haben. Wir hatten unsere eigenen Nominierungsprinzipien, wir hatten auch die innere Gewissheit, niemandem etwas geschenkt zu haben. Und so wählten wir eine hohe Luke, die große Weiten gewährleistete. Es war ein Trainingswettkampf ohne Wert. Insgeheim fragten wir uns, was diese Komödie überhaupt sollte. Ewald freute sich hingegen: „Schau, schau, man muss nur die richtigen Ansprüche stellen, und schon sind alle über 120 Meter gesprungen." Ich hatte in dieser Situation nicht den Mut, bei der Sportführung anzuecken. Im Trainerrat freuten wir uns aber gemeinsam, dieses Gremium richtiggehend reingelegt zu haben.

Ein anderes Mal war ich als Trainer Mitglied jener Kontrollgruppe, die die Präparierung der Schanze in Oberhof in Vorbereitung auf den Weihnachtssprunglauf überwachen musste. Es handelte sich damals um eine schneelose Zeit; nichtsdestotrotz traf sich das Gremium täglich an der Anlage, schüttelte missmutig den Kopf und zog wieder ab. Als am ersten Weihnachtstag immer noch keine Flocke Schnee gefallen war und auch der Wettbericht keine weiße Pracht verhieß, wurde das Springen einen Tag vorher abgesagt. Nun schneite es aber in der Nacht leicht, und am nächsten Morgen schien es, als wäre die Natur mit Puderzucker überzogen worden. Schön fürs Auge, aber viel zu wenig, um auf dieser Unterlage Sport treiben zu können. Ewald schäumte dennoch: „Warum ist der Wettkampf so frühzeitig abgesagt worden?!" Ich habe damals die Welt nicht mehr verstanden und auch nicht die Heuchler, die mich umgaben. Denn wenn es in der Nacht vom 25. auf 26. Dezember stark zu schneien begonnen hätte, wären die Organisatoren, staatlich unterstützt, noch in der Lage gewesen, die Schanze sprungbereit zu richten. Über Jahre hinweg erlebten wir solche Situationen, die sowohl staatliche Institutionen, bewaffnete

Den Weltmeister bei der Tournee küren?

Kräfte aber auch viele ehrenamtliche Helfer forderten. Jahrelang erlebte ich auch kein Weihnachtsfest, an dem ich die Füße unter Mutters Tisch strecken und es mir gut gehen lassen konnte. Ich war im Einsatz in Oberhof, an der Schanze, auf dem Turm. Die Athleten hatten zu Hause vielleicht drei Stunden Zeit, um unterm Weihnachtsbaum Geschenke verteilen und Präsente entgegennehmen zu können, ehe sie zum Lehrgang aufbrechen mussten. Und wenn dann die Tournee gut verlief, waren unsere Funktionäre zufrieden, klopften sich selbstgefällig auf die Schultern, lobten ihr Vorgehen im Vorfeld der deutsch-österreichischen Wettbewerbe. Ich behaupte aber: Die Springen hätten, bei einem anderen Aufbauprogramm, genauso oder vielleicht sogar noch besser verlaufen können!

Aber auch über diese Problematik fanden keine Diskussionen statt. Im aktuellen System biete ich meinen Athleten auch an, bei Notwendigkeit noch einige Sprünge zu absolvieren oder beim Stefanispringen in St. Moritz anzutreten Dann entfällt zwar ebenfalls ein Teil des Weihnachtsfestes. Aber die Grundstrategie ist eine andere. Sie setzt die Überzeugung der Notwendigkeit und keinen Zwang beim Athleten voraus. Vor allem sind unsere heutigen Bemühungen kurz vor der Konkurrenz in Oberstdorf mit trainingsmethodischen Inhalten versehen und haben keinen Qualifikationscharakter.

Die Tournee hat immer mehr an Wertigkeit gewonnen, eben weil sich die komplette Weltspitze vor Ort befindet. Die Springer müssen vier Springen bestreiten, vier Qualifikationen absolvieren, vier verschiedene Anlagen bezwingen. Hochgradig zugenommen hatten Medienpräsenz- und Wirksamkeit, die bei der Tournee zuweilen größer sind als bei anderen Höhepunkten einer Saison. Die Aktualität der Vierschanzentournee, ihre Bedeutung, wird auch für jeden Trainer erkennbar, dann nämlich, weil er schon zur Weihnachtszeit in einem Vorstartzustand lebt. Doch ich widerspreche jenen, die im Tourneesieger den wahren Weltmeister sehen. Tournee ist Tournee, WM ist WM. Allerdings hätte ich auch nichts dagegen einzuwenden, wenn ein neues Reglement vorsehen würde, in Zukunft den Weltmeister nach den vier Springen alljährlich in Bischofshofen zu küren. Dies wäre vom Trainingsaufbau her ein günstiger Zeitpunkt, auf den wir systematisch und sinnvoll hinarbeiten könnten.

Wer bei der Tournee vordere Plätze belegt, tut das in der Regel auch bei den darauffolgenden Großveranstaltungen. Wenn ich nach den Favoriten bei Olympia oder Weltmeisterschaften gefragt werde, antworte ich deshalb meist: „Nehmt die Tourneeergebnisse zur Hand, dort werdet ihr sie finden." Klar ist, dass es immer wieder Ausnahmen gibt, aber diese bestätigen die Regel. Tatsache ist auch, dass die Tourneezeit nicht für alle günstig liegt. Die Japaner beispielsweise müssen mit dem Jet-Lag fertig werden, denn sie werden nicht jedes Weihnachtsfest in Deutschland verbringen wollen. Aber auch wir haben mal trotz Jet-Lag in Sapporo gewonnen, und in der Saison 1997/98 haben die Japaner Großartiges bei der Tournee gezeigt: Kazuyoshi Funaki gewann sie mit drei Tagessiegen, Hiroya Saito war Zweiter in Oberstdorf, Masahiko Harada und Saito Zweiter und Dritter in Garmisch-Partenkirchen. Der Erfolg bei der abschließenden Konkurrenz in Bischofshofen fehlte Funaki als Achtem, um damals schon den „Grand Slam" zu realisieren. Sieger: Sven Hannawald. Nichtsdestotrotz hat das Team meines Trainerfreunds Manabu Ono in diesem Winter Außergewöhnliches zustande gebracht – oder wir nichts Adäquates. Ansichtssache. Prinzipiell glaube ich nicht an die Theorie, dass ein Flug durch die Zeitzonen das Leistungsvermögen eines Athleten verbessert. Wenn dem tatsächlich so wäre, hätte ich unsere Vorbereitung auf die Olympischen Spiele 2002 auch in Japan durchgezogen, und nicht in Lillehammer. Die Problematik der Tournee für deutsche und österreichische Teilnehmer besteht darin, dass sie die Hauptlast der Veranstaltung

Willingens perfekte Organisation

zu tragen haben. Ich unterschätze nicht die wichtige Rolle, die auch Finnen, Japaner oder Sportler anderer Nationen spielen. Aber je 49 Prozent der Zuschauer kommen aus Deutschland oder Österreich, dazu acht Finnen, vier Slowenen, zwei Norweger, ein Italiener, kein Japaner. Schwarz-Rot-Gold und Rot-Weiß-Rot motiviert die Sportler, erhöht aber auch den Erwartungsdruck. Jeder Sportler ist auch nur ein Mensch, irgendwann ist er geistig-körperlich nicht mehr im Vollbesitz seiner Kräfte.

Und dann kommt Willingen, der nächste Höhepunkt im eigenen Land, der nächste Wettkampf, bei dem wir brillieren sollen. Meiner Vorstellung würde es entsprechen, am ersten Wochenende nach der Tournee keinen Wettkampf anzusetzen. Meinen Sportlern stelle ich zuweilen frei, ob sie bei diesen Konkurrenzen starten wollen oder nicht. Als die Doppelveranstaltung in Engelberg im Jahr 2000 zwei Tage nach dem Springen in Bischofshofen angesetzt war, fragte ich Martin Schmitt, ob er an diesem Event teilnehmen wolle oder nicht. Er wollte – und er gewann zwei Mal. Er absolvierte damit eine Fünfschanzentournee, und die fünfte Station verlief für unseren Leistungsträger sogar erfolgreich. Trotzdem sage ich zu solchen Ideen grundsätzlich „nein, danke". Dazu stehe ich auch, wenn es um weitere Planungen von Weltcupveranstaltungen in Deutschland geht.

Wenn ein Weltcupspringen in Deutschland allerdings gleich nach der Tournee ausgetragen wird, kann ich mich letztlich nicht mehr dagegen sperren. Wir können unsere regenerativen Phasen nicht dann einschieben, wenn wir uns unseren Fans stellen müssen. Das sind wir den Zuschauern, den Organisatoren, dem DSV und auch uns selbst schuldig. Wenn es zu derart gestalteten Terminkollisionen kommt, hake ich bei meiner Sportführung aber schon nach: „Habt ihr wirklich alles getan, um dies abzuwenden?" Ich bin mir nicht immer sicher, ob es im Sinne des Geschäfts geschehen ist. Nun ruft die Pflicht, oft gegen die Vernunft. Psychisch „verbrauchte" Sportler, die im eigenen Land auf dem Prüfstand stehen. Und wenn es nicht „nach Plan", also siegreich, verläuft, kann ich mir im VIP-Zelt, mit einem Teller vom Büffet in der Hand, vom Willinger Bürgermeister anhören: „Na, was sagst Du zu unserer tollen Veranstaltung? Alles super, oder? Aber ihr wart ja auch nicht ganz so schlecht, ihr mit Eurem vierten Rang." Im Nachhinein wundere ich mich fast, dass ich in dieser Situation nicht entgleist bin. Wir waren gerade Vierte des Teamwettbewerbs geworden und hatten dabei eine Leistung im Rahmen unserer aktuellen Möglichkeiten erbracht.

Was Willingen mit seiner perfekten Organisation vorexerziert, macht sich auch an den vier Tourneeorten breit: höchste Professionalität. Und dennoch gibt es im Umfeld der sportlichen Veranstaltungen noch große Verbesserungsmöglichkeiten. Ich war bei Motorrad- und Automobilrennen am Sachsenring und in der Eifel, ich war beim Pferderennen in Baden-Baden. Ich weiß, was ein richtiges „Event" auszeichnet, mit seinen VIP-Zelten, mit seinem Rahmenprogramm, mit seinem Diskothekenlärm, mit den Galaempfängen. Die Vierschanzentournee, im Winter 2001/02 50 Jahre alt geworden, hat im Laufe ihrer Geschichte eine beachtliche Entwicklung hinter sich gebracht, die aber noch lange nicht beendet ist.

„Mr. Vierschanzentournee" Jens Weißflog
Begonnen hatte die Tournee mit ganz bescheidenen Mitteln und viel Idealismus: eine grenzüberschreitende Tournee, die einmal von Gian-Franco Kasper, dem Präsidenten des Internationalen Skiverbandes, als damaliges „Joint Venture" bezeichnet wurde. Der Zusammenschluss von vier Vereinen, von vier Schanzen zu einem einzigen, großen Ereignis. Die Idee gebaren Putzi Pepeunig, Franz Rappenglück und Heli Ziegler. Die ersten Springen fanden am Neujahrstag 1953 in Garmisch-Partenkirchen, drei Tage später in Oberstdorf, am 6. Januar in Innsbruck und am 11.

- 151 -

Die Tournee - oft auch ein Politikum

des gleichen Monats in Bischofshofen statt. Jeder Wettkampf war ein Knüller, verfolgt von Zehntausenden in den Stadien und auf den angrenzenden Hängen: Skispringen hatte in der Nachkriegszeit Hochkonjuktur, aber deren Hauptdarsteller waren berufstätig und wollten ihrem Hobby bei einem möglichst geringen Verdienstausfall nachgehen. Die Ferienzeit zwischen Weihnachten und Dreikönig bot sich dafür optimal an.

Und so entstand die Tournee, an der die besten Springer der Welt teilnehmen sollten und die zu Beginn ein großes Vorurteil zu überwinden hatte. Alles das, was gleich nach dem Zweiten Weltkrieg als „Deutsch-Österreichisch" deklariert wurde, galt als suspekt. So gab die Presse der Tournee verschiedene Namen. Die „Tiroler Tageszeitung" schrieb von der österreichisch-bayrischen Springertournee, der „Münchner Merkur" von der Internationalen Springertournee, die „Salzburger Nachrichten" vom Vierschanzenbewerb (1955) und ein Jahr später von der Internationalen Vierschanzentournee – der Name, der sich letztlich einbürgerte.

Am 17. Mai 1952 auf der Seegrube bei Innsbruck aus der Taufe gehoben, war das grenzüberschreitende Sportereignis immer wieder auch ein Politikum. Aufgrund des Flaggenstreits bei der achten Tournee in der Saison 1959/60, als DDR-Sportler nur dann antreten wollten, wenn auch ihre Fahne mit Hammer und Sichel gezeigt würde, ging diese Veranstaltung ohne den Ostblock über die Schanzen. Von der zehnten bis zur 13. Tournee durfte aufgrund des Baus der Berliner Mauer kein deutsch-deutscher Sport betrieben werden. DDR-Athleten durften lediglich in Österreich teilnehmen. Größter Leidtragender dieser politischen Rahmenbedingungen war Helmut Recknagel. Er gewann die Vierschanzentournee drei Mal, doch zwei weitere Male wurde er von der Sportpolitik am Abheben gehindert.

Unzählig sind die Anekdoten über Sieger und Verlierer der Tournee. Hemmo Silvenoinen aus Finnland, Triumphator des Winters 1954/55, durchzechte die Silvesternacht im darauffolgenden Jahr. Seine Mannschaftsleitung sperrte ihn für das Neujahrsspringen, seine Kollegen drückten aber seinen Start durch – und Silvenoinen gewann. An Kari Ylianttila, ebenfalls aus Finnland, erinnern sich Sportfans auch: der Trainer des US-Teams bei den Olympischen Spielen 2002 stürzte 1975 in Oberstdorf schon im Anlauf, kullerte spektakulär die ganze Schanze hinunter, sicherte sich aber zwei Jahre später (1977/78) mit nur einem Tageserfolg (in Bischofshofen) den Gesamtsieg. Der Norweger Björn Wirkola holte als einziger drei Tourneesiege in Folge, Jens Weißflog ist mit vier Triumphen (1983/84, 1984/85, 1990/91, 1995/96) und 15 Teilnahmen gleich in zweifacher Hinsicht Rekordhalter. Der Oberwiesenthaler brachte es zudem (wie Wirkola) auf zehn Tagessiege (2/Oberstdorf, 4/Garmisch-Partenkirchen, 1/Innsbruck, 3/Bischofshofen). Insgesamt nahmen bislang mehr als 1300 Springer aus 27 Nationen an der Tournee teil, die 37 Gesamtsieger kamen aus neun Ländern. Die wichtigste Zahlenspielerei wurde von Sven Hannawald im Olympiawinter 2001/02 abgehakt. Noch nie war es bis zum großen Auftritt des Hinterzarteners einem Athlet gelungen, alle vier Einzelkonkurrenzen für sich zu entscheiden. Hannawald schaffte als erster den „Grand Slam". ■

Wie ein Sechser im Lotto

25 Interview mit Sven Hannawald, Gewinner des „Grand Slams" der Tournee

„Ich bin froh, dass Heß Cheftrainer ist"

Provokant formuliert könnte man sagen: Hätte es nicht einen Reinhard Heß gegeben, der in schlechten Zeiten fest zu Ihnen gestanden ist, hätte es auch Ihre Wahnsinns-Saison 2001/02 nicht gegeben.

Nun ja, ich habe tatsächlich einige Jahre durchgemacht, in denen es nicht wie erhofft lief. Bis 1997/98 verlief meine Karriere mehr schlecht als recht. Umso glücklicher war und bin ich, dass ich Heß, dass ich dem gesamten Trainerstab, etwas zurückgeben durfte. Das Vertrauen, das sie in mich gesetzt hatten, hat sich gottlob ausgezahlt, und insofern kann ich auch als Beispiel für andere dienen. Für Sportler, die nach zwei oder drei schlechten Wintern alles hinwerfen wollen, für Trainer, die an ihren Schützlingen länger festhalten als aufgrund der aktuellen Leistungen angebracht wäre.

Und plötzlich stehen Sie in Bischofshofen im Auslauf, jubelnd, und der Cheftrainer kommt auf Sie zu und verneigt sich sogar.

Ich war dermaßen euphorisiert, dass ich dies im ersten Moment gar nicht so richtig mitbekommen habe. Aber dann fühlte ich mich geehrt und geschmeichelt – es war ja immerhin auch das erste Mal, dass Reinhard Heß sich vor einem Sportler verbeugte. Für mich war es ein sichtbares Zeichen, wie stolz der Cheftrainer auf mich und auf meine Leistung war. Aber ich dachte auch: Er bräuchte es doch nicht zu machen. Es waren eben Momente der Emotionen, in denen wir alle von einer Glückwelle erfasst worden waren. Ich freute mich über mich selbst, aber auch für das gesamte Team. Denn ich wusste, dass nicht nur ich in den Nächten zuvor unruhig geschlafen hatte, sondern auch andere – auch wenn es nicht alle zugeben werden.

Reinhard Heß entscheidet nicht aus dem Bauch heraus, er plant minutiös Trainings- und Wettkampfeinsätze – aber sind Ihre Erfolge im Winter 2001/02 überhaupt planbar gewesen?

Jeder Sportler träumt davon, einen Lauf zu haben wie ihn in den Jahren zuvor Martin Schmitt oder Adam Malysz hatten. Ich konzentrierte mich auf mich selbst, auf meine körperliche Verfassung und auf mein Material – der Rest hat sich in diesem Winter ergeben. Die Saison begann mit stabilen Platzierungen, und bei den Highlights bin ich automatisch mehr motiviert, hole mehr aus mir heraus. Aber was geschehen ist, konnte keiner ahnen. Auch ich nicht, auch Heß nicht.

Wird der „Grand Slam" wiederholbar sein?

Für mich war der Olympiawinter 2002 wie ein Sechser im Lotto. Wenn Sie fragen, ob eine solche Siegesserie wiederholbar ist, antworte ich: Es werden auch andere

- 153 -

Zur Belohnung ein Eis

Skispringer vier Tagessiege bei einer einzigen Vierschanzentournee schaffen, zumal der Bann jetzt gebrochen ist. Ich hoffe für mich, dass meine Gesundheit weiter Spitzenleistungen zulässt, dass das Material wiederum passt, und dass ich weiter Spaß an der Ausübung meiner Tätigkeit habe. Wenn das System Ski/Körper perfekt kombiniert zum Schweben kommt, dieses freie Fliegen, dieses fast schwerelose Dahingleiten ohne Turbinen- oder Propellerantrieb, ist das einfach genial. Der Rest ergibt sich nebenbei, die Resultate sind zweitrangig.

Ihren Platz in der Sportgeschichte haben Sie sich gesichert. Bald werden aber auch in Quizsendungen Fragen auftauchen wie: „Wer gewann als erster Sportler alle vier Einzelkonkurrenzen einer Tournee?"

An solchen Randerscheinungen bemerkt man eigentlich erst, was man geleistet hat. Bei jeder Vierschanzentourneen werde ich nun auch wohl in allen Medien zumindest mit einem Satz erwähnt werden. Hannawald, das war der, der als Erster alle vier Tourneespringen gewonnen hat. Das macht mich schon stolz, das ist auch mein aktueller Antrieb, weiter hart an mir zu arbeiten. Ich will, dass mein Name ein Begriff ist, wenn ich einmal meine Skisprung-Karriere beende. Wann das sein wird, weiß ich nicht. Solange ich gesund bin, solange ich Spaß habe und solange ich Leistung bringe, interessiert mich kein anderer Beruf.

Sie stammen aus Johanngeorgenstadt und haben schon in Ihrer Jugendzeit einige Erfolge bei Winterspartakiaden und DDR-Klassenmeisterschaften gefeiert. Haben Sie damals schon Reinhard Heß getroffen?

Es kann sein, dass wir uns vielleicht einmal über den Weg gelaufen sind, und wenn, dann haben wir höchstens ganz kurz miteinander gesprochen. Heß stammt aus Thüringen, ich aus Sachsen. Er war in der allgemeinen Klasse beschäftigt, ich sprang noch als Jugendlicher. Auch als er Verbandstrainer im DSLV wurde, war mir der Name Heß so ziemlich einerlei, weil ich mir seine Arbeit nicht vorstellen konnte. Ist doch egal, wer da Verbandstrainer ist, dachte ich mir, das ist doch wirklich „wurscht". Heute weiß ich, wie wichtig der Cheftrainer, der Kopf der Mannschaft, ist. Und ich bin stolz, dass gerade Reinhard Heß unser Cheftrainer ist. Seine Stärken und Schwächen zu beurteilen vermag ich dennoch nicht, das gelingt mir ja nicht einmal bei mir selbst. Und letztlich ist es auch irrelevant. Wie überall im Leben gibt es zwei Seiten. Das Wichtigste aber steht in den Ergebnislisten: die Erfolge.

Wann kamen Sie mit Heß erstmals bewusst in Kontakt?

Das war in der Saison 1991/92, als Reinhard Cheftrainer des Nachwuchses war und wir im finnischen Vuokatti die Junioren-WM bestritten. Ein Jahr später stieg ich in die allgemeine Klasse auf und arbeitete mit Rudi Tusch und Wolfgang Steiert als Trainer. Die Umstellung auf den V-Stil verlief bei mir relativ problemlos, vielleicht auch, weil Steiert in diesen Trainingseinheiten die Wertigkeiten gekonnt umpolte. In Rastbüchl ging es nicht darum, die Ski zu öffnen, das V zu machen, sondern jeder sollte und wollte das breiteste V zeigen. Wem dies am besten gelang, der erhielt dann in der Eisdiele in der Nähe der Schanze eine Belohnung. Wolfgang Steiert lenkte somit die Konzentration auf etwas ganz anderes, doch das Ergebnis blieb dasselbe.

Ab der Saison 1993/94 war Heß Cheftrainer der Skispringer. Wie würden Sie seinen Arbeitsstil charakterisieren?

Heß, ein perfekter Planer

Er ist ein Denker und perfekter Planer. Zu Beginn eines jeden Olympiazyklus' setzt sich Reinhard Heß mit allen Trainern und allen Mitarbeitern zusammen, bringt und hört sich Argumente vor und an – und formuliert dann seine Gedanken aus. Seine Planungen sind bislang immer von Erfolg gekrönt worden. Mit Heß als Cheftrainer haben wir Deutsche bei jeder Großveranstaltung Medaillen gewonnen. Doch während ich zu Steiert ein freundschaftliches und völlig lockeres Verhältnis habe, ist meine Beziehung zu Heß mehr von Respekt geprägt. Sicher lachen auch wir gemeinsam, können lustig sein, aber so richtig auf Kumpel kann ich mit Reinhard nicht machen. Zwischen ihm und mir ist Sachlichkeit das Fundament, auf dem wir uns bewegen. Private Initiativen halten sich Grenzen, zumal ich in Hinterzarten, er in Suhl lebt. Wenn wir vom Weltcup oder Saisonhöhepunkten nach Hause zurückkehren, geht jeder seine eigenen Wege in den privaten Bereich hinein, versucht dort, zu regenerieren, die kurze Zeit der Entspannung zu genießen. Und als Cheftrainer hat Reinhard ja auch in diesen Tagen genügend andere Dinge zu erledigen.

Gibt es ein Ereignis, das Sie mit dem Namen Heß ganz besonders in Verbindung bringen?

Es gibt mehrere, Gute wie weniger gute. Die Riesenfete nach der WM 1999 in Ramsau beispielsweise, bei der Martin Schmitt Erster, ich Zweiter von der Großschanze und wir auch Teamweltmeister wurden. Oder die Aussprache in Oberstdorf 2001, als ich Reinhard Heß, Wolfgang Steiert und Ernst Jakob, unserem Arzt, erklärte: Es geht nicht mehr. Wenn es beim Skifliegen nicht geht, dann geht es wirklich nicht mehr. Ich beendete die Saison von heute auf morgen, und ich war sehr glücklich darüber, dass mein Team diese Entscheidung getroffen und mitgetragen hatte. Die bevorstehende Skandinavien-Tournee, bei der es auch sicherlich wieder Probleme mit den Wetterverhältnissen gegeben hätte, wäre für mich sinnlos gewesen.

Wie wichtig war Dieter Thoma für Sie in jenen Jahren, als Sie auf der Kippe standen, und fast aus der Mannschaft geflogen wären? Und welchen Einfluss hatten Sie in den Wintern des Erfolgs auf Thoma?

Ich glaube schon, dass es wichtig ist, einen Spitzensportler in der Mannschaft zu haben, der international vorne mitspringt. In dessen Schatten können sich andere Athleten entwickeln und in aller Ruhe normal auftretende Probleme aufarbeiten. Das Medieninteresse ist dann nämlich auf diese Person fokussiert, andere rücken automatisch in den Hintergrund, und dieser Umstand verringert auch den Druck. Thoma war zu seinen besten Zeiten ein Schutzschild für uns. Als ich dann den Durchbruch schaffte, ist es wahrscheinlich für ihn nicht ganz leicht gewesen, weil Thoma immer sehr ehrgeizig war. Ich realisierte diese Dinge nicht. 1997/98 habe ich vom Rest der Welt wenig mitbekommen. Erstmals gelang mir im großen Skisprungzirkus das, was ich mir als Junge immer vorgenommen hatte. In dieser Zeit verschob ich alle anfallenden Probleme einfach auf später. Ich wollte nur genießen, was ich erreicht hatte.

Sie stehen im Rampenlicht der Öffentlichkeit. Wie gehen Sie mit Ihrem Ruhm um?

In meiner Erfolgssaison 2001/02 stand meine Lebensgeschichte überall zu lesen, war im Fernsehen zu sehen - meine Geburt im gleichen Krankenhaus, in dem auch Jens Weißflog zur Welt kam, meine Jugend in Sachsen, mein erster Familienname Pöhler, mein Umzug nach Hinterzarten, meine Gewichtsprobleme, meine Erfolge. In diesem Winter wurden alle Storys bis ins letzte Detail aufgearbeitet. Mir war's egal. Ich habe nichts zu verbergen, ich kann alles

Ich kann Grenzen ziehen

erzählen. Und wenn mir Fragen zu sehr auf meine Privatsphäre abzielen, blocke ich ab. Da ziehe ich schon gewisse Grenzen. Aber im Prinzip erzähle ich gerne aus meinem Leben, und, wer weiß, vielleicht gebe ich durch meine eigene Geschichte auch anderen nützliche Tipps.

Haben Sie ein Lebensmotto?

Habe möglichst viel Spaß an dem, was Du tust, aber nicht alles, was getan werden muss, macht Spaß. Vor allem jedoch: Nutze den Tag! ■

Sven Hannawald wurde am 9. November 1974 in Erlabrunn geboren und wuchs in Johanngeorgenstadt auf. Nach Abschluss der mittleren Reife begann er 1991 in Furtwangen die Lehre zum Kommunikationselektroniker. Sportlich feierte Hannawald zu DDR-Zeiten eine Reihe von Erfolgen bei Spartakiaden und Meisterschaften, ehe er aufgrund von Stürzen und Verletzungen in seiner Entwicklung immer wieder zurückgeworfen wurde. Der Durchbruch zum Weltklasseathleten gelang Hannawald deshalb relativ spät. Im Winter 1997/98 wurde er Zweiter der Vierschanzentournee, Zweiter bei der Skiflug-WM in Oberstdorf, Zweiter auch im Teamwettbewerb bei den Olympischen Winterspielen in Nagano. Ein Jahr später stand er in Ramsau/Bischofshofen im erfolgreichen WM-Team Deutschlands und sicherte sich von der Großschanze nach Halbzeitführung Silber. 1999/2000 holte der gebürtige Sachse den WM-Titel im Skifliegen, einen Winter später erneut den WM-Titel mit der Mannschaft. 2001/2002 zerstörte Hannawald mit vier Tagessiegen bei einer einzigen Tournee einen der letzten Mythen der Sportgeschichte überhaupt. Es folgten Silber von der Normalschanze und Gold in der Teamkonkurrenz bei den Olympischen Winterspielen sowie die Titelverteidigung bei der Skiflug-WM. „Ich bin froh, in diesem System mit Reinhard Heß und den anderen Trainern diese Zeit genießen zu dürfen", sagt Hannawald. „Ich weiß nicht, wie unsere Szene und unsere Mannschaft in fünf Jahren aussehen wird, ob der Skisprung-Boom überhaupt anhalten wird. Ich bin absolut stolz, Teil des Teams zu sein. Denn trotz aller Konkurrenz sind wir immer noch eine gut funktionierende Einheit geblieben!"

26 Exkurs: Die Ernährung - oder von Preimls „Kerndl"-Kur zum Käsebrot mit Marmelade

Leicht fliegt besser. „Aber ich muss erst einmal zum Fliegen kommen"

Wir leben nicht, um zu essen,
wir essen, um zu leben.
Sokrates

Ich bekenne mich schuldig: Bei einem Sport wie dem Skispringen spielt das Körpergewicht keine unwesentliche Rolle. Aber ich wehre mich dagegen, es auf die Spitze zu treiben. In meiner Mannschaft gibt es keine Waage; offiziell erfahre ich das Gewicht der Athleten lediglich dann im Jahresablauf, wenn der Sprungkrafttest in Freiburg ansteht. Ich gehe aber davon aus, dass jeder Skispringer weiß, welche Sportart er ausübt und welche Faktoren dazu beitragen, sie erfolgreich bewältigen zu können. Bei Tisch gibt es deshalb keine Zwänge. Jeder darf seine Geschmackszellen befriedigen, wie er will. Das heißt aber nicht, dass wir nicht Einfluss nehmen auf die Angebote des Küchenchefs, der natürlich eine sportgerechte Verpflegung anbieten sollte. Unsere Sportler essen maßvoll und in der Regel gezielt.

Trotzdem gibt es auch bei uns Athleten, die aufgrund ihrer Konstitution Fragen aufwerfen, wie sie sinnvoll und gesteuert über Ernährungsprogramme höhere Effektivität in Gewichtsfragen erreichen können. In solchen Fällen gilt es, Experten zu Rate zu ziehen, wozu Ärzte und Ernährungswissenschaftler gehören. So stand auch ein Ernährungswissenschaftler bei Mutter Herr in der Küche in Schonach, als Alexander, körperlich nicht der Längste, ein oder zwei Kilogramm abnehmen wollte. Waren wir unterwegs, hatte er allerdings Probleme, die er vorbildlich zu lösen versuchte. Er ging in die Küche, sprach mit dem Koch, stellte sich selbständig sein Essen zusammen. Doch das Ergebnis war oft nicht wie erwünscht, und nach vielen Versuchen gab er letztlich diese Strategie auf. Nach vielen verschiedenen Anläufen war mir seine Entscheidung so am liebsten.

Bewusst nimmt Alexander trotzdem seine Mahlzeiten ein, und das behaupte ich auch vom Großteil unserer Athleten. Doch sie ernähren sich nicht nur von Wasser, Körnern und Salat, wie es die Konkurrenz vor Jahrzehnten getan hat und teilweise heute noch tut. Ich verstehe aber nicht, wie Menschen von einem Salatblatt leben können und bin froh, dass sich diese Entwicklung nicht auch in meiner Mannschaft durchgesetzt hat. Zudem finde ich es auch nicht ganz ehrlich. Menschen müssen ihr Verlangen stillen können, und wenn sie es nicht offen tun dürfen, dann tun sie es eben im Verborgenen. Auch zu Baldur Preimls Zeiten Mitte der 70-er Jahre haben sich österreichische Skispringer ab und zu ein paar Bier gegönnt. In meiner Truppe jedenfalls lege ich Wert darauf, dass auch Fleisch und Fisch, eiweißhaltige Produkte, gegessen werden, um Muskulatur aufzubauen. Auch unser Körper braucht Kraft. Und diese kommt nicht aus einem Radieschen.

Skispringen und Magersucht

Wenn über die Ernährung gesprochen wird, dann ist es nur ein kleiner Schritt, um über die Magersucht zu diskutieren. Fälle hat es im Skisprungzirkus gegeben, in Österreich beispielsweise mit Christian Moser, der 1994 Team-Bronze bei den Olympischen Winterspielen holte. Auch wir wurden vor zwei Jahren mit einem ähnlichen Fall konfrontiert. Aber damals wie heute weiß ich, dass unser Sven Hannawald nicht magersüchtig im Sinne der Definition war. „Hanni" war der Überzeugung, dass leicht besser fliegt, was ja auch nicht falsch ist. Doch Sven hatte sich verbissen in den Kopf gesetzt, seine Strategie durchzusetzen und ein geringeres Gewicht zu erreichen. Unseren Einfluss, den wir ausübten, lehnte er ab. Ja, er ging sogar in Opposition, je öfter er mit Argumenten dieser Thematik konfrontiert wurde. Seine unzureichende Ernährung war letztlich ausschlaggebend, dass Hannawald die Saison 2000/01 nicht bis zum Ende durchstehen konnte.

Hannawald versuchte, über Gewichtsreduktion zum Erfolg zu kommen. Sein Body-Mass-Index, der durch die Formel „Körpergewicht in Kilogramm dividiert durch Körpergröße (in Metern) zum Quadrat" berechnet wird, betrug 18,0. Es war sicherlich ein sehr schmaler Grat, und Sven hätte in die Magersucht, die „Anorexia nervosa", abstürzen können. Er hat aber die ihm angebotenen Hilfen angenommen und es geschafft, die problematische Situation zu überwinden. Wir haben das Problem sehr ernst genommen und seriös behandelt. Immer wieder gab es gemeinsame Konsultationen mit unserem Mannschaftsarzt, um den aktuellen Entwicklungsstand zu besprechen. Dr. Ernst Jakob hatte ein sehr gutes Vertrauensverhältnis zu Sven und nahm im Rahmen seiner Möglichkeiten Einfluss. Die Fotos und Bilder, die im „Club der Besten" entstanden und über die Medien verbreitet wurden, gehen auch mir immer wieder durch den Kopf. Aber ich weiß auch das, was nicht publiziert wurde. In jenen Tagen gewann Hannawald mit seinen Mannschaften Fußball- und Volleyballturniere und war hochengagiert und ausgeglichen dabei, seine aktive Erholung zu gestalten. Die vorangegangene Saison 1999/2000 und die Leistungsangebote Svens ließen ebenfalls keinen Handlungsbedarf erkennen.

Es gibt genügend Studien, unter anderem jene von Wolfram Müller an der Universität Graz, die belegen, dass nicht nur Leichtgewichtige im Skispringen erfolgreich sein können. Es gab und gibt auch genügend Initiativen des Internationalen Skiverbands, der mit Änderungen im Reglement einem Negativ-Trend Einhalt gebot und das Regulativ so gestaltete, dass auch „nicht so leichte" Athleten reelle Siegchancen haben. Martin Höllwarth aus Österreich ist für mich ein klassisches Beispiel: Er ist beileibe kein Federgewicht, er ist ein athletischer Typ. Nachteile durch das Gewicht kompensiert er durch größere Absprung-intensität. Seit 1992 habe ich ihn nie wieder so gut springen sehen wie im Olympiawinter 2001/02. Beim Saisonhöhepunkt allerdings fiel er für mich überraschenderweise ab. Nichtsdestotrotz schätzte ich ihn als einen ganz gefährlichen Konkurrenten für unsere eigenen Ambitionen ein.

Es zirkulieren weiter Ideen, die für ausgleichende Gerechtigkeit sorgen sollen. Ich vertrete die Meinung, dass man nicht jeden individuellen Vor- und Nachteil kompensieren kann und sollte. Jeder Sport und jede Sportart haben ihre Auslesekriterien. Da bildet Skispringen keine Ausnahme. Leichtgewichtige Athleten fliegen eben besser. Es werden auch keine Athleten mit Bauch beim Geräteturnen an den Ringen hängen. Im Gewichtheben haben sie dafür wieder ihre Chance. Wir haben in unserer Szene die Möglichkeit, Menschen unterschiedlicher Größe und unterschiedlichen Gewichts zum Erfolg zu führen. Damit können wir relativ

Es gibt bei uns keine Ernährungsstrategie

zufrieden sein. Was wollen wir mehr? Wollen wir den Einheitsspringer, der ein Gardemaß hat, ein festgesetztes Gewicht und von dem wir vorher schon wissen, welche Weite er erreichen wird. Wollen wir, dass die Vielfalt verloren geht, dass alle auf den gleichen Punkt springen? Das wäre falsch. Irgendwie sollen die körperliche Konstitution, Tagesverfassung, Glück und Pech auch noch eine Rolle spielen dürfen. Wieso gewann Andreas Widhölzl die Tournee der Jahrtausendwende? Hat damals irgend jemand behauptet, dass er magersüchtig gewesen sei? Ich sicher nicht, denn ich sah auch das Bier, das in diesen Tagen durch seine Kehle rann.

Ich komme noch einmal auf unsere Ernährungsstrategie zurück, die eigentlich gar keine ist. Was wir in der Ernährung steuern können, steuern wir auch. Unser Trainerstab und der Physiotherapeut spricht sich mit den Sportlern ab, um zu Mittag und am Abend Büffets bereit zu stellen, die alle befriedigen. Anstelle von Pommes gibt es meist Reis, beim Fleisch sollte es fettarme Pute sein, Nudeln und Kaiserschmarrn sind sehr beliebt. Und wenn wir es uns aussuchen können, dann bestellen wir auch zwei Gerichte, um mehr Auswahl zu haben. Ich achte darauf, dass genügend getrunken wird, hauptsächlich Apfelsaftschorle und Zusatzgetränke, die wir seit Jahren verwenden. Die Geschmacksrichtungen ändern sich, der Inhalt bleibt der gleiche.

In diesem Punkt bin ich sehr traditionsbewusst. Wir haben mit bestimmten Produkten gute Erfahrungen gemacht, warum sollen wir also wechseln? Unsere Kanister sind sehr oft leer, aber wenn es um das Trinken geht, spielt Geld keine Rolle. Getrunken wird auch Leitungswasser, was Hannawald beispielsweise prinzipiell macht, aber auch in seinem Müsli findet sich Milch. Wobei das Müsli nicht als unsere Mannschaftsnahrung angesehen werden kann. Viele andere Sportler essen zum Frühstück lieber Rührei oder ein Wurstbrot, und Dieter Thoma bevorzugte sogar Käsebrot mit Marmelade. Wenn es jemand schmeckt – bitte schön!

Wenn wir Abends in geselliger Runde zusammensitzen, habe ich kein Problem, meinen Jungs auch ein Glas Bier anzubieten. Und will einer von ihnen lieber ein Gläschen Rotwein, dann bekommt er es auch. In diesen Momenten denke ich nicht daran, dass mein Sportler am nächsten Morgen mit drei Gramm mehr Gewicht aufwachen könnte. Ich greife nur dann ein, wenn Bier oder Wein im Übermaß genossen wird, was nicht allzu oft vorkommt, da ich von sehr verantwortungsbewussten Menschen umgeben bin. Christof Duffner allerdings musste ich vor einigen Jahren auf die direkte Wirkung von Alkohol auf das Gewicht hinweisen, doch auch dies hat sich entscheidend geändert. „Ich bin reifer geworden", antwortete mir einmal Duffner, der in Salt Lake City nach seiner Nicht-Nominierung für den Teambewerb in alter Gewohnheit „abstürzte". Aber dazu hatte er auch das Recht. Es half beim Frustabbau. Es gibt andererseits auch jene, die keinen Alkohol wollen, und von diesen bin ich überzeugt, dass sie ihn auch heimlich nicht trinken.

Ich kann keine absolute Erklärung anführen, die unseren Erfolg in den letzten Jahren erläutern würde. An der Ernährung wird es wohl nicht gelegen haben. Im Vergleich zu Ausdauersportarten, bei denen sich Athleten Kohlenhydratdepots anlegen, spielt das Essen im Skispringen keine solch dominante Rolle. Wenn Baldur Preiml glaubte, dass über die „Kerndl"-Diät seine Skispringer besser wurden, lasse ich ihm seine Überzeugung. Ich kann sie allerdings nicht verinnerlichen, und ich weiß von ehemaligen Athleten dieser Zeit, dass und wie sie heimlich die Anweisungen hintergingen. Leicht fliegt besser, schon klar. Aber ich muss erst einmal zum Fliegen kommen.

Weihnachten im Februar

27 Der Winter 2001/02 und die Frage der Wiederholbarkeit

„Ich mache mein Zeug"

Sei mit Dir nie zufrieden, außer etwa episodisch,
so dass Deine Zufriedenheit nur dazu dient,
Dich zu neuer Unzufriedenheit zu stärken.
Christian Morgenstern

Bis zu den Olympischen Winterspielen in Salt Lake City 2002 dauerte es noch zehn Monate. Ich quälte mich gerade durch die letzten Monate des Weltcups 2000/01, als die Zukunft schon fast zur Gegenwart wurde. Zur Gegenwart, mit einem Satz von Sven Hannawald: „Ich will nicht mehr." Er war ein erfolgreicher, junger Sportler, doch in den letzten Zügen des WM-Winters war er nicht mehr imstande, jene Leistung zu erbringen, zu der er fähig war. „Ich will nicht mehr." Das war keine Frage, keine Bitte, kein Betteln. Hannawald war zu diesem Zeitpunkt psychisch und physisch verbraucht. Ich blickte ihm ins Gesicht und mir war sofort klar: Wir müssen ihn aus dem Wettkampfstress nehmen, wir müssen Hannawald schützen. Und zwar nicht nur vorübergehend für ein, zwei Wettbewerbe, sondern bis zum Saisonende. Schon oft habe ich Skispringer strahlen sehen, wenn sie sich nach erfolgreichen Konkurrenzen um den Hals fielen, schon oft war ich Augenzeuge großer Jubelszenen. Doch ich war richtiggehend gerührt, als ich die Erleichterung Hannawalds nach der Entscheidung unseres Trainerrates spürte. Diese lautete: „Für Dich ist die Saison beendet, Du wirst in diesem Winter nicht mehr springen. Das ist unser offizieller Standpunkt, so werden wir ihn auch an die Öffentlichkeit tragen. Wir werden in Kontakt bleiben, wir werden Dir alle Zeit geben, die Du brauchst. Und solltest Du im Sommer später in das Training einsteigen wollen, dann können wir auch darüber reden. Wir werden Wege finden." Der Junge strahlte. Für ihn war im Februar bereits Weihnachten.

Nie zuvor hatte ich so deutlich erlebt, dass ein Skispringer keine Liebe mehr für seinen Sport aufgebracht hatte, dass er nicht mehr bereit war, auch nur noch einen einzigen Sprung zu machen. Die Entscheidung von Wolfgang Steiert, Henry Glaß, dem Mannschaftsarzt Ernst Jakob und mir war richtig, und die Schelte, die sie uns einbrachte, ertrugen wir gerne. Hannawald aus dem sportlichen Verkehr zu ziehen und dies sogar sofort öffentlich zu machen, war nicht im Sinne des „Geschäfts". Von der Marketingagentur des Sportlers, die die finanziellen Interessen des Weltmeisters konkreter im Auge hat als Hannawald selbst, wurden wir attackiert, in etwa nach dem Motto, dass die ganze Vorgangsweise nicht notwendig gewesen sei und wir die Entscheidung doch noch ein paar Wochen hinauszögern hätten können. Nein, das konnten wir nicht. Meine innere Einstellung wendet sich dem Menschen, dem Athleten, zu. Das Geschäft, das mit seiner Leistung gemacht werden kann, kommt erst an zweiter Stelle. Hannawalds Management sah das anders. Im Deutschen Skiverband fand meine Entscheidung bei Thomas Pfüller, dem sportlichen Leiter, aber größte Akzeptanz. Ich versetze

- 160 -

Hannawald: raus aus dem Kreislauf

mich auch in die Situation des Managers, der unter anderen Prämissen arbeiten muss als ich. Sponsorengewinnung ist kein Kinderspiel, schon gar nicht, wenn es um größere Beträge geht. Aber Sponsoren sollten auch dann bei der Stange bleiben, wenn dem Athlet Missgeschicke passieren. Solche Institutionen zu finden und zu verpflichten, ist der Job des Managers. Sven hatte zu diesem Zeitpunkt keinen Kopf für wirtschaftliche Überlegungen, er wollte nur aus dem gewohnten Kreislauf ausbrechen.

Mir war es recht, dass die Karten auf dem Tisch lagen, und dass sich Sven in sein privates Umfeld zurückziehen konnte. In dieser Phase taten seine Eltern sehr viel für ihn, und eine Woche war er auch in der Familie unseres Teamarztes Ernst Jakob integriert, lebte dort, wurde beobachtet und untersucht. Im März und April war mein Kontakt zum Sportler, der bis zu diesem Zeitpunkt schon eine Skiflugweltmeisterschaft gewonnen und im entscheidenden Maße zu zwei Mannschafts-WM-Titel beigetragen hatte, gering. Als Trainer beschäftigte ich mich mehr mit der Strategie, Hannawald wieder ganz nach oben zu führen. Dazu bedurfte es konkreter Absprachen mit dem Heimtrainer Wolfgang Steiert. Und als Sven das Trainingsjahr zum festgesetzten Zeitpunkt, gemeinsam mit dem Rest der Mannschaft begann, präsentierten wir sie ihm. Der Schlüssel hieß Krafttraining, und, damit verbunden eine andere Ernährung. Nicht nur Blattsalat, sondern zwischendurch auch mal ein Stück Fleisch. Wohlgemerkt: Hannawald wurde nicht zum „Fresser", aber er ernährte sich nunmehr ausgewogener. Und das Schöne an der ganzen Geschichte: Unser „Hanni" trug die neuen Ideen von Anfang an zu einhundert Prozent mit. Er musste dazu nicht überredet oder überzeugt werden. Das Motto: „Leicht fliegt weiter" hatte zwar weiterhin Gültigkeit, aber es wurde ergänzt: „Man muss erst mal ins Fliegen kommen".

Viele Sportinteressierte hätten vielleicht gelächelt, wenn sie im Sommer 2001 Sven Hannawald beim Hanteltraining gesehen hätten. Der Athlet stemmte keine großen Gewichte – aber was er zur Hochstrecke zu bringen hatte, bewegte er! Konsequent. Zudem arbeitete er an der Feinabstimmung Mensch/Material, die er lange nicht fand. Als er die neuen „Rossignol"-Ski testete, sagte er mir freudenstrahlend, dass er sein Gefühl wieder gefunden hätte. „Von diesem Ski gehe ich nicht mehr weg." Und dabei war es ein ganz normales Produkt, keine Spezialanfertigung. Aber es passte. Es folgten Diskussionen mit der Skifirma „Fischer", Entschuldigungen bei Franz Neuländtner, einem der „Väter" des „Surfbrettes" von Vikersund. „Es tut uns leid", sagte ich ihm, „aber Ihr habt derzeit eben leider nicht das passende Produkt für Sven. Vielleicht kommen wir später wieder einmal auf Euch zurück."

Der Sommer-Grand-Prix erfüllte die Aufgabe, die er zu erfüllen hatte. Er war eine Standortbestimmung, hauptsächlich von Adam Malysz dominiert, und nicht mehr. Oder doch. Ein Sportler, der bislang nicht in der Öffentlichkeit stand, zeigte von Hinterzarten bis Hakuba sein Potenzial auf, dermaßen nachhaltig, dass ich im September eines Nachts träumte und rührende Bilder vor mir sah. Ich sah unsere Sportler und uns Betreuer in Salt Lake City als Gewinner der Mannschaftskonkurrenz jubeln. Und ich sah die Gesichter unseres Quartetts: Martin Schmitt, Sven Hannawald, Michael Uhrmann und, ja und Stephan Hocke. Der Gymnasiast aus Oberhof, aus meiner nächsten Umgebung, würde sich für das Team qualifizieren.

Der Winter begann mit der Auftakt-Veranstaltung aller nordischen Disziplinen im finnischen Kuopio, und er begann durchaus zufriedenstellend. Martin Schmitt

Ich zog den Hut vor „Hanni"

kam auf die Plätze zwei und sieben, Sven Hannawald wurde Fünfter und 14., Stephan Hocke ebenfalls einmal Fünfter. Ich brauchte mir keine Sorgen zu machen. Wir waren im Spitzenfeld vertreten, und unser Saisonaufbau zielte auf Titisee-Neustadt, die Tournee und die Olympischen Spiele hin. In der Tat gewann Sven Hannawald im Schwarzwald eine der beiden Konkurrenzen und hätte wohl auch die andere für sich entschieden, wenn die obligatorische Kontrollplombe an seinem Anzug angebracht gewesen wäre. Sie fehlte, ein Umstand, der mich ärgerte: Es durfte einfach nicht passieren, dass wir aufgrund solcher Unachtsamkeiten Siege verschenkten. In Titisee-Neustadt sprang Hocke erstmals auf das Podest, belegte Rang drei und Platz fünf, während Schmitt die Platzierungen von Kuopio wiederholte. Und dann war auch fast schon die Zeit der Tournee gekommen.

Das „Zeug" von Sven Hannawald

Auch ich wurde gefragt, wer denn mein großer Tourneefavorit 2001/02 sei, und auch ich antwortete brav wie alle anderen: Adam Malysz. Der Pole hatte bis zu diesem Zeitpunkt vier von sieben Wettbewerben für sich entschieden, er führte souverän den Gesamtweltcup an, er war der Titelverteidiger. Doch nicht alles sprach für den Mann aus Wisla. Malysz war größtem öffentlichen Druck ausgesetzt, er zog die meiste Aufmerksamkeit der Medien auf sich. Von ihm wurde nicht nur der erneute Tourneesieg verlangt, sondern gleich auch noch der „Grand Slam" dazu. Im Geiste lehnte ich mich zurück, um das Szenario zu betrachten: er, der große Favorit. Wir, die Herausforderer. Klar war mir, dass nicht ein Sportler aus der dritten oder vierten Reihe den deutsch-österreichischen Traditionswettkampf für sich entscheiden würde können, aber ich wusste auch, dass die Tournee ihre eigenen Gesetze hat. Ich wusste, dass auch wir zwei Siegspringer in unseren Reihen hatten, Sven Hannawald und Martin Schmitt. Gut, Schmitt war zu jenem Zeitpunkt nicht in überragender Form, aber er war routiniert genug, um sich wieder zu fangen. Die Erfolge Hannawalds waren an der Psyche Schmitts nicht spurlos vorüber gegangen – ich hoffte trotzdem auch auf ihn.

Das Trainingskonzept mit Sven Hannawald verlief kontinuierlich. In Kuopio war er noch mitten im Krafttraining gestanden und konnte dort deswegen gar nicht in Hochform sein. Bis zum Beginn der Tournee setzte er aber seine neuen Qualitäten bestmöglich um. Die Tournee war sein, war unser erstes Saisonziel, und in Oberstdorf präsentierte sich Hannawald in Höchstform. So war es geplant gewesen. Dennoch empfinde ich dies auch als einen Glücksfall für den Trainer und dessen Methodik, wenn ein Konzept so gravierend greift.

Was folgte, war ein Traum. Es war aber auch ein Zusammentreffen vielfältiger Umstände. Planbar sind vier Tourneesiege innerhalb von zehn oder zwölf Tagen nicht. Hannawald hat auch mich überrascht durch seine Art, wie er sich in die Tournee hineinsteigerte, wie er mit der Aufgabe wuchs. Es war schier sensationell, mit welcher Dominanz Sven den Tourneestress weggesteckt hat und mir gingen vergangene Bilder durch den Kopf: Hatte sich der Sportler Hannawald zehn Monate zuvor nicht schon fast aufgegeben gehabt? In Bischofshofen zog ich den Hut vor seiner Leistung, öffentlich, im Auslauf, für alle sichtbar. Meine Anerkennung und meinen Respekt anderen Athleten gegenüber habe ich indes schon öfters zu Papier gebracht. Im Salzburger Land, als Hannawald einen Triumph vom „Grand Slam" entfernt stand, hegte ich sehr wohl die Hoffnung, dass ihm das sporthistorische Unternehmen gelingen könnte. Nach außen hin demonstrierte ich aber Ruhe und Gelassenheit, verwies darauf, dass es ein neuer Tag, ein neuer Wettbewerb sei, und dass der vierte Sieg Hannawalds im Bereich des Möglichen lag. „Hanni" schaffte es. Nicht nur sein, auch unser Jubel war grenzenlos.

- 162 -

Ideale Bedingungen

Oberstdorf, 30. Dezember 2001:
1. Sven Hannawald (GER)	122.0 m/122.0 m	260.2 Punkte
2. Martin Höllwarth (AUT)	115.0 m/129.0 m	252.2 Punkte
3. Simon Ammann (SUI)	119.0 m/120.0 m	248.7 Punkte

Garmisch-Partenkirchen, 1. Januar 2002:
1. Sven Hannawald (GER)	122.5 m/125.0 m	264.5 Punkte
2. Andreas Widhölzl (AUT)	122.0 m/124.0 m	262.8 Punkte
3. Adam Malysz (POL)	121.5 m/122.5 m	259.7 Punkte

Innsbruck, 4. Januar 2002:
1. Sven Hannawald (GER)	134.5 m/128.0 m	270.0 Punkte
2. Adam Malysz (POL)	124.0 m/123.5 m	247.0 Punkte
3. Martin Höllwarth (AUT)	126.5 m/120.5 m	244.1 Punkte

Bischofshofen, 6. Januar 2002:
1. Sven Hannawald (GER)	139.0 m/131.5 m	282.9 Punkte
2. Matti Hautamaeki (FIN)	134.0 m/131.5 m	280.4 Punkte
3. Martin Höllwarth (AUT)	129.5 m/132.0 m	274.2 Punkte

Es gab einige Faktoren, die die 50. Vierschanzentournee beeinflussten, die das erfolgreiche Ende des „Unternehmens Grand Slam" erst möglich machten. Hannawald hatte Glück, dass an allen vier Wettkampforten dermaßen reguläre Bedingungen herrschten, wie ich sie selten zuvor erlebt hatte. Es gab keine witterungsbedingten Störfaktoren.

Es gab auch keine besonders negativen Einflüsse, die von den Zuschauern an unseren Paradespringer herangetragen worden waren. Die deutsch-österreichische Tournee lebt besonders vom Zweikampf dieser beiden Nationen, doch im Gegensatz zu vorangegangenen Veranstaltungen wurden unsere Athleten nicht ausgepfiffen oder verhöhnt. An allen vier Orten war den Zuschauern bewusst, wie überlegen Hannawald war, und sie huldigten ihm. Pfiffe setzen einen Athleten mehr unter Druck als Applaus. Auch bei der Tournee 2001/02 formte das Umfeld den Menschen, und es war ein positives. Entgegen kam Hannawald sicher auch der Umstand, dass die alte Bergiselschanze, jene der Olympischen Winterspiele 1964 und 1976 in Innsbruck, just vor der Jubiläumstournee durch eine hochmoderne Anlage ersetzt worden war. Kein kurzer Schanzentisch, keine ungewohnte, weil veraltete Flugkurve mehr. Stand in Bischofshofen eine „Deutschland-Schanze", so war jene in Innsbruck nicht gerade unser „Liebkind" gewesen.

Der letzte Triumph vor jenem von Hannawald datierte aus der Saison 1983/84, errungen durch Jens Weißflog. Die neue Schanze kam den deutschen Sportlern, mehr Fliegertypen als Abspringer, entgegen. Wir müssen uns im nachhinein noch beim Architekten bedanken – mit Absicht aber wird er deutsche Springer nicht bevorzugt haben. Doch ich wage auch zu behaupten: Mit seiner Form, mit seinem Willen, hätte Hannawald auch auf der alten Anlage sehr gute Chancen auf Platz eins gehabt. Seine körperliche und mentale Verfassung war in jenen Tagen außergewöhnlich. Er sprang wie ein Uhrwerk und korrigierte sich dann auch noch, weil er Nuancen fand, die er das nächste Mal besser machen wollte. Ich selbst hätte ihn nie und nimmer auf mögliche Fehlerquellen hingewiesen und ich sagte es ihm auch: „Suche jetzt nicht nach Kleinkram! Deine Sprünge sind in Ordnung." Wer ein dermaßen stabiles und hohes Grundniveau aufweist, sollte durch Veränderungen keine Störfaktoren heraufbeschwören.

Mit dem Gesicht in die Suppe gefallen

Was Hannawald auch entgegen kam, war, dass die deutsche Mannschaft in den Jahren zuvor gelernt hatte, wie mit dem Phänomen Tournee umzugehen war. Martin Schmitt war von den Skisprunginteressierten, von seinen Fans, vom „Zahnspangengeschwader" vereinnahmt, belagert worden. Wir zogen daraus Lehren, wir suchten die richtigen Quartiere, wir lernten, die Mannschaft abzuschirmen.

In diesem Winter kam unsere Erfahrung hauptsächlich Sven Hannawald zugute. Ich versuchte, möglichst viel Stress von ihm zu nehmen, gestattete Öffentlichkeitsarbeit nur bei offiziellen Anlässen, verbot alle anderen zusätzlichen Tätigkeiten. Anfragen gab es zur Genüge, und hätte Hannawald alle erfüllen wollen, wäre er wahrscheinlich nicht nur in der Qualifikation, sondern auch im Wettkampf nicht gesprungen.

Die psychische Belastung war dermaßen enorm, dass sich Sven nach den Konkurrenzen und dem folgenden Prozedere (Pressekonferenz, Interviews, Dopingkontrolle, Fanbetreuung) mitten am Nachmittag auf sein Bett warf, ein Kissen über sein Gesicht legte und zwei Stunden fest schlief. Ihn vier Mal in der Qualifikation nicht starten zu lassen brachte mir großen Ärger mit der Chefetage des Privatsenders RTL ein, aber es diente in mehrfacher Hinsicht Hannawalds Psyche. Einerseits wurde die Gefahr minimiert, einen Versuch zu verpatzen und ihn ins Grübeln kommen zu lassen, andererseits demonstrierte er gerade durch seine Abstinenz den Konkurrenten gegenüber Stärke: Seht her, ich fühle mich dermaßen gut, ich brauche keinen zusätzlichen Sprung auf dieser Schanze, ich habe sie bereits im Griff! Mag es nicht dem guten Ton entsprochen haben, auf die vier Qualifikationssprünge zu verzichten, so war unsere Aktion dennoch vom Reglement legitimiert. Was wir anwandten, war ein taktischer Kniff und wir taten es mit Erfolg.

Glück hatte Sven Hannawald sicher auch. Glück, zwei Wettbewerbe mit minimalem Vorsprung zu gewinnen, Glück, dass sich in Garmisch-Partenkirchen beim zur Halbzeit führenden Andreas Widhölzl im zweiten Durchgang eine Kontaktlinse verschob und er deswegen früher als gewollt landete.

Die von Hannawald selbst angekündigte Megafeier am Abend des 6. Januar blieb aber aus. Fast wäre „Hanni" beim Abendbrot mit seinem Gesicht in die Suppe gefallen, dermaßen erschöpft war er. Nichtsdestotrotz fuhr unsere Mannschaft noch in das Alpendorf oberhalb von St. Johann, wo sich die Ausgelassenheit jedoch auch in Grenzen hielt. Die Jungs waren einfach platt. Ich selbst war nicht mitgefahren, sondern saß mit zwei Wissenschaftlern des IAT bei einigen Gläsern Bier zusammen, ehe ich mich zu Bett begab. So spektakulär die Vierschanzentournee verlaufen war, so unspektakulär war sie zu Ende gegangen. Der Spannungsabfall hatte uns alle „gefressen".

„Zeugwarts" Worte

Leitwolf hin oder her, ich weiß nicht, wo das herkommt. Ob wir uns verändern Richtung Werwolf. Keine Ahnung."
Sven Hannawald vor der Tournee über die veränderte Hierarchie im deutschen Team.

Ich versuche, mein Zeug zu machen.
Hannawald in Oberstdorf.

Man hätte mich umgebracht

Der Akku ist bei mir erfahrungsgemäß doch recht schnell leer.
Hannawald nach seinem Sieg in Oberstdorf zu den Gründen, warum er die Qualifikation ausgelassen hatte.

Ich habe mein Zeug gefunden.
Hannawald nach seinem zweiten Sieg in Partenkirchen.

Ich bin froh, dass wir einen Ruhetag haben, weil es wichtig ist, dass der Akku wieder hochkommt.
Hannawald in Partenkirchen.

Das ist sicher nichts, was ich einstudiert habe.
Hannawald über seine Jubeltänze in Partenkirchen.

Beschissen, wie die letzten Nächte auch.
Hannawald in Innsbruck auf die Frage: Gut geschlafen?

Da ist eh nicht viel.
Hannawald über seine strapazierten Waden, wegen denen er die Qualifikation in Innsbruck auslieẞ.

Ich weiß gar nicht, wie ich das schaffe, weil ich so angespannt bin.
Hannawald nach seinem dritten Sieg in Innsbruck.

Ich musste mich oben erst mal hinsetzen und mich schütteln.
Hannawald in Innsbruck.

Ich will mein Zeug durchbringen.
Hannawald in Innsbruck.

Wenn ich den ganzen Tag nichts anderes zu tun hätte, würde ich vielleicht auch ins Grübeln kommen. Aber durch die Wettkämpfe bin ich abgelenkt.
Hannawald in Innsbruck über seine lukrative Chance, Sportgeschichte zu schreiben.

Ich habe versucht, mich auf mein Zeug zu konzentrieren.
Hannawald nach dem Sieg in Bischofshofen.

Aufgezeichnet von Thomas Hahn, Süddeutsche Zeitung (07.01.02).

Der Hundertstel-Krimi in Salt Lake City

In Bischofshofen hatte „Hausmann" Hannwald noch treuherzig erklärt: „Ich fahre jetzt heim, wasche meine Sachen, packe meinen Koffer und fahre nach Willingen." Dort standen ein Wochenende später die nächsten Weltcupkonkurrenzen auf dem Programm, und ich war darüber alles andere als glücklich. Ich dachte bereits an die Olympischen Winterspiele, und im Hinblick auf die Wettbewerbe in Salt Lake City hätte ich Sven Hannawald gerne eine Ruhepause gegönnt. Ihn aber in Willingen nicht starten lassen? Man hätte mich umgebracht. So steuerte ich mit dem Kollegen Steiert über Mikrozyklen seinen Regenerationseffekt und wunderte mich, wie der Junge mit den Belastungen fertig wurde. In Willingen siegte Hannawald im Einzelspringen und stand zusammen mit Schmitt, Hocke und Duffner in jener Mannschaft, die hinter Österreich und Finnland auf Rang drei kam. Die Konkurrenz, die seit Wochen glaubte, dass unser Sportler endlich seine gute Form verlieren müsste, war wieder einmal enttäuscht.

Ruhe in St. Moritz

Wie bereits erwähnt, nehme ich mir das Recht heraus, im Weltcup im Bedarfsfall nicht anzutreten. Was ich vorschlage, muss der Sportler nicht annehmen, und bereits Jens Weißflog meinte einmal kritisch: „Wenn ich bei diesem Wettbewerb nicht antrete, welche Garantie habe ich, dass ich Olympiasieger werde?" Garantien gäbe es keine, antwortete ich ihm, aber die Chancen würden steigen. 2002 war die Diskussion einfacher. Die letzten Springen vor Olympia standen in Sapporo (Japan) auf dem Programm, und unser Trainerstab hatte bereits vor Saisonbeginn entschieden, auf die Fernost-Reise zu verzichten, im Sinne einer optimalen Olympia-Vorbereitung. Wie Jahre zuvor flogen wir nach Norwegen, trainierten auf unserer Lieblingsschanze in Lillehammer und wie fast jedes Jahr hatten wir auch diesmal Glück mit dem Wetter. Weil jedoch mein Grundanspruch, zehn Tage vor Beginn der Wettbewerbe nach Salt Lake City zu fliegen, nicht erfüllt werden konnte – die „Wartezeit" für die Athleten wäre einfach zu lang geworden -, entschieden wir uns, das letzte Sprungtraining in St. Moritz durchzuführen, in den Alpen, wo unsere Jungs auch schon eine Höhenanpassung vornehmen konnten.

Höhentraining ist eine schwierige Sache. In der Vergangenheit war es schon mal vorgekommen, dass Skispringer zwei Wochen in der Höhe trainierten und dann bei Normalbedingungen den Eindruck erweckten, ihre Technik verlernt zu haben. Fünf Tage Höhe brachte uns diesen Konflikt nicht. Trotzdem verfuhren wir in St. Moritz sehr individuell und hatten maximal vier Übungseinheiten pro Sportler auf dem Programm. Überrascht war ich, dass die deutsche Mannschaft zu diesem Zeitpunkt in der Schweiz die einzige war, zwei österreichische Nachwuchsspringer ausgenommen. Wir hatten die Schanze exklusiv für uns, was ich nicht als Nachteil empfand. Wir hatten auch das allerbeste Verhältnis zu den engagierten Betreibern der Anlage, die eifrig auf unsere Sonderwünsche eingingen. Wir fühlten uns fast wie zu Hause. So konnten wir in St. Moritz auch weitere Materialtests vornehmen. Es war Zufall, dass wir mutterseelenallein waren, und mir war durchaus bewusst, dass es auch anders hätte sein können. Diese Situation hatten wir nicht gesteuert, sie hatte sich so ergeben.

Das Schanzenprofil der Anlage von St. Moritz war sicherlich für die Vorbereitung auf die Olympiaschanzen nicht ideal. Im Hinblick auf die Anlagen in Salt Lake City stellte sie sicher nicht das Optimum dar, doch wir nahmen diesen Nachteil in Kauf, um ungestört arbeiten zu können Ein gemeinsamer Abend bei Käsefondue auf einer Berghütte war sicherlich ein Höhepunkt der Endphase unserer Olympia-Vorbereitung. Und da wir von Zürich aus über den Großen Teich flogen, hatten wir auf dem Weg nach Salt Lake City auch eine kurze Anreise zum Flughafen.

Zwei oder drei Medaillen, zwei Quartiere

Ich wollte nicht als borniert gelten und überheblich erscheinen, als ich das Olympia-Ziel mit zwei Medaillen definierte. Trotzdem hatte ich die Hoffnung, drei Medaillen, in jedem Wettbewerb eine, erringen zu können, und wir alle wussten, dass auch eine Plakette aus Gold im Bereich des Möglichen lag. Ich dachte an die Einzelkonkurrenz, ich dachte an Sven Hannawald. Doch mir war auch klar, dass er nicht der einzige war, der Ansprüche auf den Titel eines Olympiasiegers stellen durfte. Adam Malysz, Matti Hautamaeki, Simon Ammann, der einige Podestplätze im Weltcup errungen hatte, gehörten zu den Medaillenanwärtern, und die Österreicher hatten ja in Japan ihre Klasse gezeigt (auch wenn dort ein Teil der Weltelite, und nicht nur wir, fehlte). Die Olympischen Skisprung-Wettbewerbe im Utah Olympic Park, der rund eine Fahrstunde von Salt Lake City entfernt liegt, versprachen Spannung.

Erstmals ein eigener Koch

Doch bevor es an die Schanzen ging, mussten wir im Vorfeld der Olympischen Spiele logistische Probleme lösen. Anfangs hatten wir vor, das Athletendorf zu nutzen und von dort hin- und herzupendeln. Fakt jedoch war, dass die Wettbewerbe sehr früh begannen, dass es Winter war und die Straßenverhältnisse unsicher hätten werden können. Um alle Eventualitäten kalkulieren zu können, hätte unsere Mannschaft gegen drei Uhr nachts Salt Lake City in Richtung Sprungschanzen verlassen müssen. Das war nicht zumutbar, und ich vereinbarte mit Sportdirektor Thomas Pfüller deshalb, dass wir dezentral in Park City, in der Nähe der Wettkampfanlagen, eine Bleibe finden wollten. Er war nicht erfreut, waren bei dieser Konstellation doch die Plätze im Athletendorf und zusätzlich das Außenquartier zu bezahlen: doppelte Kosten. Und Pfüller musste im Auftrag des DSV nicht nur unsere Wünsche, sondern auch das Gesamt-Budget im Auge behalten. Letztlich bekam ich jene Quartiere, die ich wollte. Bereits im Herbst 2001 war Wolfgang Steiert in die USA geflogen und hatte dort nach geeigneten logistischen Möglichkeiten gesucht. Er entschied sich just für jene Wohnanlagen, in denen im Jahr zuvor Henry Glaß und Peter Lange gewohnt hatten, als sie Material auf den Skisprungschanzen testeten. Die Unterkunft war dermaßen nahe, dass wir fast zu Fuß zu den Anlagen hätten marschieren können. Wir kamen in keiner Phase des Saisonhöhepunkts in eine außersportliche Stress-Situation.

In den beiden Häusern hatten wir unsere absolute Ruhe. Und wir nutzten einen eigenen Koch, was in unserem System überhaupt nicht die Regel ist. In Nagano beispielsweise waren wir auch in einem Außenquartier untergebracht gewesen. Während unsere Alpin-Mädchen einen Koch in ihrer Delegation hatten, der auch uns einmal verköstigte, wurden wir tagtäglich mit der „Einheitskost" des japanischen Vertreters dieser Zunft konfrontiert – berühmt wurde er durch seine Kochkunst sicher nicht. In Salt Lake City war ein Koch mit dabei, der aus Baden-Württemberg kam und der uns von Wolfgang Steiert empfohlen worden war. Auch die Mehrkosten, die Charly Doll verursachte, hatte ich vor Thomas Pfüller gerechtfertigt: Ich wollte mit meiner Mannschaft nicht täglich bei McDonalds einlaufen müssen. Charly ist ein Langstreckenläufer, der seiner Passion als Breitensportler mit professionellem Ehrgeiz nachgeht. In Hinterzarten führt er hauptberuflich ein Wellness-, Tagungs- und Kurhotel, betreut Sportler, aber auch Manager. In seinem Team stehen Spezialisten der Trainingswissenschaft, Ärzte, Physiotherapeuten. Das Hotel, in dem auch ich im Frühjahr 2002 bei der Klausur des DSV untergebracht war, ist das ganze Jahr ausgebucht. Sein Einsatz in Park City war auch für sein hauptberufliches Standbein nicht schlecht. Charly war in baden-württembergischen Zeitungen fast besser vertreten als die Sportler – aber ich will mich an dieser Stelle nicht beschweren, immerhin waren ja wir diejenigen, die ihn gewählt hatten - und nicht umgekehrt.

Mit Charly erlebten wir während der Spiele auch die eine und andere lustige Episode. Da ich einen sehr guten Draht zu jener Berchtesgadener Firma hatte, die im Utah Olympic Park das „Kufenstüberl" betrieb, war ich mit den Kollegen des öfteren dorthin unterwegs. Da Charly so gut wie Antialkoholiker ist, war er für uns der ideale Fahrer. In den USA gilt rigoros die Promillegrenze 0.0. Einmal waren wir ohne ihn unterwegs. Peter Lange und ich kamen gegen Mitternacht in unsere Unterkunft zurück, und da wir noch Hunger hatten, stellten wir uns in die Küche und wollten uns selbst eine Kleinigkeit zubereiten. Peter, der Hobbykoch, widmete sich einer Pfanne Spiegelei mit Speck. Charly hörte uns wohl und stand sofort in der Küche. „Was macht ihr denn da?" - „Siehst Du das nicht? Wir kochen, bei Dir wird man ja nicht satt!"

Charly Doll war den Tränen nahe

Charly sperrte seinen Mund auf und brachte ihn nicht mehr zu. Er war sprachlos. Als er endlich wieder zu einer Reaktion fähig war, heulte er fast. Tags darauf wiederholten wir unsere Worte, und wieder war er den Tränen nahe. Dabei war alles doch nur ein Spaß gewesen. Charly kochte ausreichend und vorzüglich für uns und wir waren voll mit ihm zufrieden.

Ich habe einige Morgenmuffel in meiner Mannschaft und ich befürchtete deshalb, nicht alle Sportler für die Konkurrenzen richtig aktivieren zu können, die mit dem Probedurchgang bereits um 8.30 Uhr begannen. Wir frühstückten zwischen 6 und 6.30 Uhr. Dies sind vielleicht für Langläufer gängige Uhrzeiten, für Skispringer aber nicht. Die Tourneespringen beginnen um die Mittagszeit, im Weltcup wird frühestens um 10 Uhr gestartet. Niemand konnte jedoch verschlafen, weil es in unserer Mannschaft einen Weckdienst gab, für den Henry Glass verantwortlich zeichnete. Und wenn ein Sportler oder Betreuer zehn Minuten nach dem Weckruf von Henry nicht beim Frühstück war, wurde bei ihm eben nochmals angeklopft.

Einen Meter weiter, und wir hätten durch Sven Hannawald gleich zum Auftakt der Wettbewerbe Gold geholt, und zwar von der Normalschanze. Die Höhenluft – wir befanden uns auf rund 2000 Meter über dem Meeresspiegel – begünstigte vielleicht den kleinen, leichten Simon Ammann mehr als unseren Sven, aber so sehr ich unserem Mann den Sieg auch gewünscht hatte, war ich nicht unglücklich darüber, dass in der Siegerliste an erster Stelle ein neuer Name einer neuen Nation zu finden war. Das belebt die Szene, das haben wir alle notwendig. Da ärgerte ich mich schon mehr über Hannawalds „Handwischer" von der Groß-schanze, der ihn um eine Medaille brachte, eine Medaille, die er aufgrund seiner Vorleistungen mehr als verdient gehabt hätte. Hannawald war nach dem ersten Durchgang weiten- und punktegleich mit Ammann auf Rang eins gelegen, konnte aber im Finale seinen Versuch nicht regulär stehen. Die Weite hätte für eine weitere Silbermedaille allemal gereicht, die Noten von 12.0, 11.5, 11.5, 13.5, 11.5 brachten ihm im zweiten Durchgang aber nur Platz elf und in der End-abrechnung hatte er „Blech". Rang vier ist die schlimmste Platzierung – aber immer noch besser als Rang sechs oder sieben. Im Auslauf verkaufte sich Hannawald souverän. Eine Stunde später sah sein Gemütszustand anders aus. Platz vier hat ihm sehr, sehr weh getan.

Normalschanzen-Wettbewerb, 10. Februar 2002:

1. Simon Ammann (SUI)	98.0 m/98.5 m	269.0 Punkte
2. Sven Hannawald (GER)	97.0 m/99.0 m	267.5 Punkte
3. Adam Malysz (POL)	98.5 m/98.0 m	263.0 Punkte

Großschanzen-Wettbewerb, 13. Februar 2002:

1. Simon Ammann (SUI)	132.5 m/133.0 m	281.4 Punkte
2. Adam Malysz (POL)	131.0 m/128.0 m	269.7 Punkte
3. Matti Hautamaeki (FIN)	127.0 m/125.5 m	256.0 Punkte
4. Sven Hannawald (GER)	132.5 m/131.0 m	255.3 Punkte

Für unseren zweiten Siegspringer waren die Wettbewerbe bis zu diesem Zeitpunkt mehr schlecht als recht verlaufen. Martin Schmitt wurde von der kleinen Schanze Siebter, von der großen, als amtierender Doppelweltmeister, Zehnter. Ein neuer Ski seines Ausrüsters „Rossignol", der aufgrund seines Aussehens in den Medien als „Tigerski" bezeichnet wurde, brachte den Umschwung. Sicher wird der französische Hersteller nicht nur das Design verändert haben. Als Schmitt ihn zum ersten Mal sprang, sprach er mich danach mit leuchtenden Augen an:

Ach, er kann ja auch lustig sein... bei einem Glas Bier und mit verschiedenen Kopfbedeckungen.

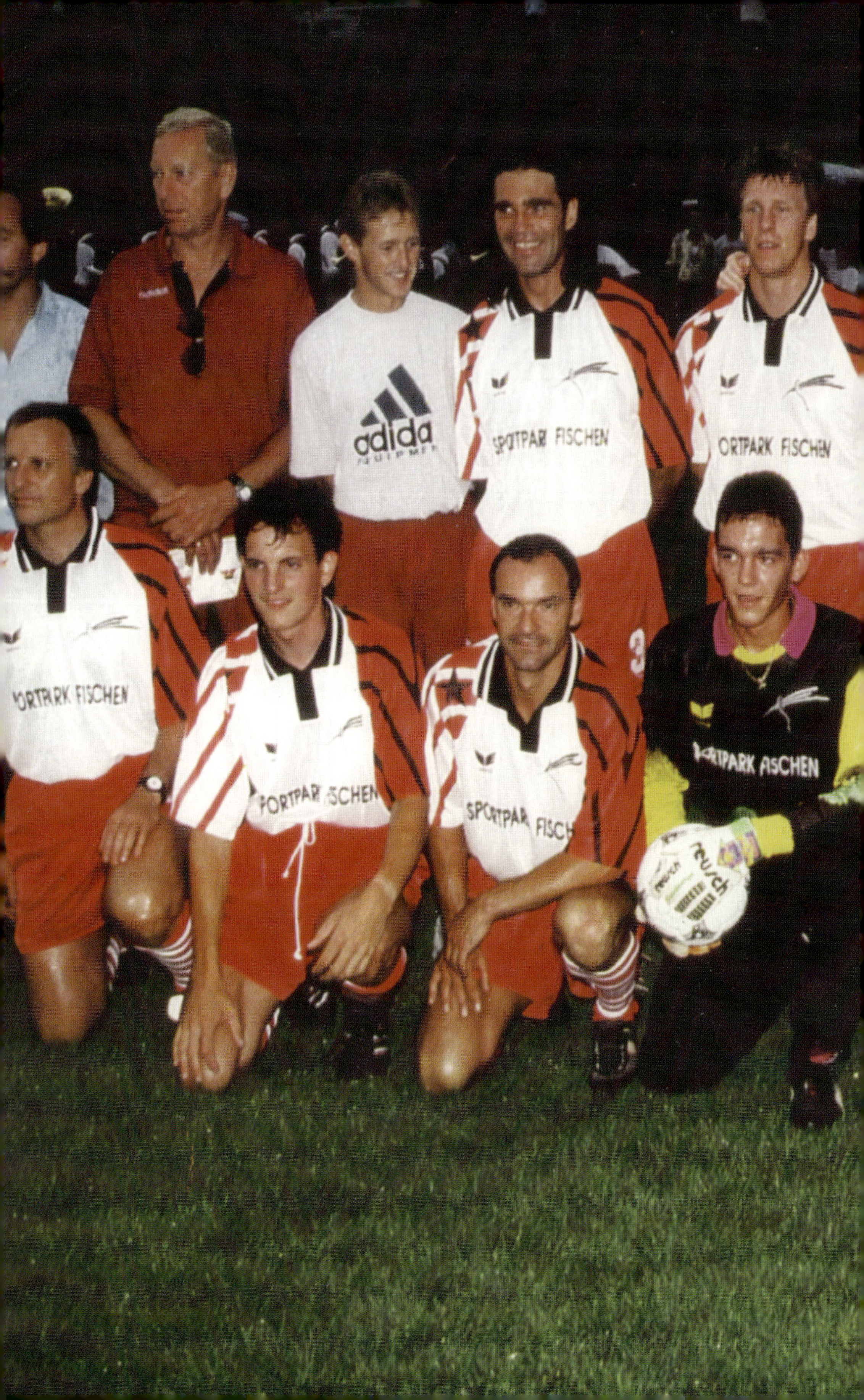

SPORTPARK FISCHEN

Reinhard Heß auch mal als Fußballtrainer: die Auswahl „Alpine Herren/Skisprung" - alle begeisterte Fußballer - trat zu einem Benefizspiel an. Als Betreuer neben Reinhard Heß: Jens Weißflog.

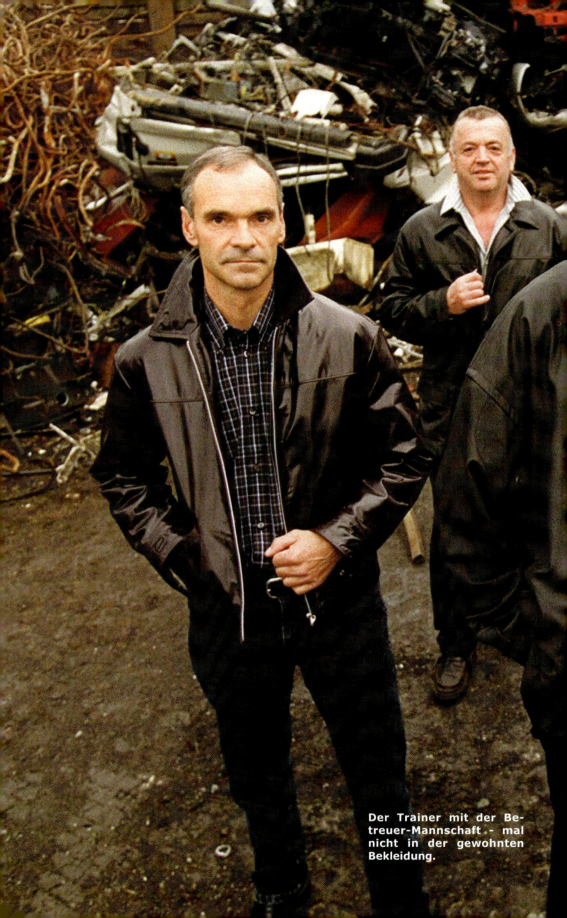

Der Trainer mit der Betreuer-Mannschaft - mal nicht in der gewohnten Bekleidung.

Reinhard Heß: Bundestrainer und „Dressman"...

Ehrungen für einen verdienstvollen Mann: Einträge in die Goldenen Bücher der Städte Zella-Mehlis (links) und Suhl (rechts) - und als (vorläufiger) Höhepunkt im Oktober 2002 die Verleihung des Bundesverdienstkreuzes durch Bundespräsident Johannes Rau (rechts unten).

Auch privat kann Reinhard Heß stolz sein...

...auf Tochter Tina, deren Mann Steffen und natürlich auf Enkeltochter Linda.

Aus dem Urlaubsalbum von Regina und Reinhard Heß: Österreich (unten), Südafrika (rechts) oder auf hoher See (großes Foto).

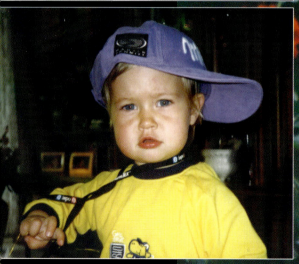

Der Familienmensch Reinhard Heß: Zu Hause sucht er bei einem guten Buch Ruhe und Entspannung (unten). Regina und Reinhard Heß verstehen sich auch nach 34 Jahren Ehe hervorragend (großes Bild). Und Linda, die kleine Enkelin, ist sein ganzer Stolz (Fotos links).

Verliebt wie am ersten Tag: Regina und Reinhard Heß im Park in ihrer Heimatstadt Suhl.

Entscheidung für Hocke

„Trainer, ich fühle mich sauwohl." Er sah wieder Land, und deswegen sah auch ich es wieder.

Es war nicht mein Anspruch gewesen, aus Salt Lake City mit drei Goldmedaillen nach Hause zurückzukehren. Träumen ist zwar erlaubt, aber ich war schon immer Realist. Nach den Einzelkonkurrenzen erinnerte ich mich an meinen Traum, der den Teamwettkampf betroffen hatte, aber ich schob ihn absichtlich weit fort von mir. Ich bin nicht abergläubisch, ich kehre nicht um, wenn mir am Morgen eine schwarze Katze über den Weg läuft. Aber auch in Park City hatte ich diesen Traum, sah ich Deutschland als Sieger, sah ich meine Jungs jubelnd auf dem Podest stehen. Als die dritte Entscheidung näher rückte, wurden auch meine Träume immer deutlicher. Doch ich wusste, dass die Finnen stark sein würden, dass die Österreicher sich stark redeten, dass die Slowenen, angeführt von Robert Kranjec, immer stärker wurden. Was konnten die Japaner bringen? Wie engagierte sich die Schweiz um Doppel-Olympiasieger Ammann? In meiner persönlichen Kalkulation war ich sehr vorsichtig. Wir waren gut für eine Medaille, aber wir konnten auch leicht Vierte oder Fünfte werden. Mein persönlicher Favorit war Finnland, und ich war ziemlich überzeugt davon, dass die Skisprungnation Österreich, die sich im Laufe der Winterspiele nach schwachem Beginn steigern konnte, auf dem Podest zu finden sein würde. Uns selbst stufte ich als gut genug für Silber ein, und ich wäre damit auch zufrieden gewesen. Dies sagte ich auch meiner Mannschaft. Ich setze meine Athleten nie aufgrund brachialer Siegesgedanken unter Druck. Meine Worte in Salt Lake City lauteten nicht anders als jene bei den Teamkonkurrenzen zuvor: dass jeder sein Bestes geben sollte, dass wir acht Möglichkeiten hätten, dass ein Ausfall immer zu kompensieren sei, dass wir abwarten sollten, ob wir oder die Konkurrenz Schwächen zeigten. Von Gold sprach ich nicht, denn auch eine Bronzemedaille hätte ihren Wert gehabt.

Entgegen meiner Philosophie war ich mit sechs Sportlern nach Salt Lake City gereist. Sven Hannawald, Martin Schmitt, Stephan Hocke, Michael Uhrmann, Christof Duffner und Georg Späth hatten die Qualifikationsleistungen erbracht. Alexander Herr hatte die notwendigen Weltcupplatzierungen nur knapp verfehlt. „Sieben kann ich nun aber wirklich nicht mitnehmen", sagte ich ihm und bedauerte es. Auch Herr hatte sich abgemüht, hatte in den Wochen und Monaten vor dem Großereignis sein Bestes gegeben. Aber das Beste war nicht gut genug. Für die Teamkonkurrenz selbst hatte ich die Qual der Wahl. Hannawald, Schmitt und Uhrmann waren gesetzt – aber sollte ich nun Stephan Hocke, den Oberhofer Sportschüler, aufbieten oder den erfahrenen, routinierten Christof Duffner? Letztlich entschied ich mich für Hocke, und ich wurde von meinen Trainerkollegen in dieser Wahl bestärkt. Es war eine Entscheidung für die Jugend, für die Zukunft. Ich setzte auf die Konstanz, auf die Konzentrationsfähigkeit, auf die aktuelle Zuverlässigkeit und auf die Steigerungsfähigkeit Hockes. Ich hoffte, dass er mich im Rahmen seiner Möglichkeiten nicht enttäuschen würde. Bei Duffner war ich mir zu diesem Zeitpunkt nicht ganz sicher. Hatte sich Christof in den Jahren zuvor nicht auch das eine oder andere Mal gedrückt, wenn er mir sagte: „Trainer, wenn möglich, biete einen anderen in der Mannschaft auf und verzichte auf mich." War das nicht ein Zeichen von Nervenschwäche? Ich wollte kein Risiko eingehen. Ich stellte Hocke nicht auf, weil ich davon geträumt hatte, ihn zu nominieren, sondern weil er mir als die beste sportliche Wahl erschien. Nicht, dass mir die Entscheidung leicht gefallen wäre. Nichts Schöneres hätte man sich für Christof Duffner vorstellen können, als wenn er nach 1994 nochmals Mannschafts-Olympiasieger geworden wäre. Und Duffner war in sehr guter Form, seine Nominierung wäre durchaus auch zu rechtfertigen gewesen.

Nicht zum Sieg gratuliert

Ist der Teamwettbewerb im Weltcup verzichtbar oder zumindest über eine Erhöhung des Preisgeldes aufwertbar, so ist er bei Olympischen Winterspielen und Weltmeisterschaften das Sahnehäubchen der Skisprungkonkurrenzen. Eine Nation identifiziert sich mit der Mannschaft, es springen nicht Schmitt oder Hannawald und andere, es springt Deutschland. Und wenn es um Deutschland als Nation geht, klopft das Herz noch schneller. Für uns Trainer ist der Mannschaftswettkampf zudem so wichtig, weil das Team als Ganzes Zeugnis ablegt für die geleistete Arbeit. Da geht es nicht um Einzelkönner, wie es Malysz, Schmitt, Hannawald, Hautamaeki oder Ammann sind, sondern um die geleistete Trainingsarbeit. Teamkonkurrenzen geben Aufschluss über die wahre Stärke einer Sportnation.

Die Geschichte ist bekannt. Deutschland hatte an jenem Montag, dem 18. Februar 2002, die beste Mannschaft. Nur Martin Schmitt gelang es zwar, im ersten Durchgang in seiner Gruppe der Beste zu sein. Matti Hautamaeki aus Finnland ist zwei Mal weiter als Sven Hannawald, Andreas Widhölzl aus Österreich und Primoz Peterka aus Slowenien besser als Stephan Hocke gesprungen. Robert Kranjec (SLO) und Risto Jussilainen (FIN) schlugen Michael Uhrmann, und im zweiten Durchgang war Simon Ammann (SUI) deutlich besser als Schmitt. Letztlich entschieden 0.1 Punkte – das sind umgerechnet kaum messbare 18 Zentimeter mehr an Weite oder eine einzige Abstufung in den Haltungsnoten – für uns und gegen Finnland. Gerüchte, nach denen die deutsche Mannschaft bereits einen Protest vorbereitet hatte, um bei einer eventuellen Niederlage gegen die Haltungsnoten von Matti Hautamaeki Einspruch zu erheben, entbehren jeglicher Grundlage. Die Duelle der vier Springer untereinander endeten 2:2, und während sich unsere Jungs im Auslauf in den Armen lagen, legte ich die Hand um die Schulter meines Kollegen Mika Kojonkoski, ein wenig tröstend, ein wenig aufmunternd, ein wenig gratulierend. Nach dem Motto: Ein toller Wettkampf, den wir gezeigt haben. Seine Reaktion überraschte und schmerzt mich noch heute. Unwirsch stieß er meinen Arm von seiner Schulter und wandte sich wortlos ab. Bis zum heutigen Tag hat er uns zum Olympiasieg nicht gratuliert. Das finde ich im Sinne der Fairness bedauerlich und schade. Leer ging Anton Innauer aus. Die Österreicher belegten den vierten Rang und verließen Salt Lake City ohne Medaillengewinn. Ich konnte den Schmerz des Kollegen nachempfinden.

Teamwettbewerb, 18. Februar 2002:

1. Deutschland		974.1 Punkte
Sven Hannawald	123.0 m/120.5 m	238.8 Punkte
Stephan Hocke	118.5 m/119.5 m	222.9 Punkte
Michael Uhrmann	128.0 m/125.0 m	253.4 Punkte
Martin Schmitt	131.5 m/123.5 m	259.0 Punkte
2. Finnland		974.0 Punkte
Matti Hautamaeki	126.0 m/125.0 m	249.3 Punkte
Veli-Matti Lindström	115.0 m/116.5 m	212.7 Punkte
Risto Jussilainen	124.5 m/126.0 m	251.4 Punkte
Janne Ahonen	129.0 m/125.5 m	260.6 Punkte
3. Slowenien		946.3 Punkte
Damjan Fras	120.0 m/113.0 m	210.4 Punkte
Primoz Peterka	118.5 m/121.5 m	231.5 Punkte
Robert Kranjec	133.0 m/124.5 m	264.5 Punkte
Peter Zonta	121.5 m/124.0 m	239.9 Punkte

Die Medien forderten Siege

Zuweilen werde ich darauf angesprochen, ob die beiden Mannschafts-Olympiasiege von 1994 und 2002 vergleichbar sind. Sie sind es nicht. Sieben Jahre und 361 Tage vor dem Triumph in Salt Lake City war die Situation in der deutschen Mannschaft eine ganz andere und für mich als Cheftrainer eine, wenn man so will, viel angenehmere. In Lillehammer war der Druck der Öffentlichkeit nicht gegeben, wir hofften nur, irgendwie präsent zu sein. Deutschland befand sich in der Krise, verließ dann aber die Olympischen Winterspiele mit drei Medaillen, zwei davon aus Gold. In Salt Lake City war der Druck von außen, besonders auf Sven Hannawald, sehr groß. Die Medien forderten Siege. Der Deutsche Skiverband setzte uns zwar öffentlich nicht unter Druck, was aber in dessen Führungsspitze intern gesagt wurde, entzieht sich meiner Kenntnis.

Nach Beendigung der Wettkämpfe „verschlechterten" wir uns bezüglich unserer Unterkunft und zogen um ins Olympische Dorf. Das war so geplant und auch richtig, denn wir wollten schließlich auch dieses Milieu kennen lernen. In den darauffolgenden drei Tagen ging jeder mehr oder weniger seiner eigenen Wege. Ich sah die Athleten auch nicht mehr beim Frühstück, wusste aber, dass sie beim Eishockey oder beim Eisschnelllauf zuschauten. Ich selbst nutzte die Zeit ebenfalls, um weitere olympische Konkurrenzen zu sehen und mich in der Olympiastadt am Salzsee ein wenig umzuschauen. Das „Deutsche Haus" soll mich auch mehrmals gesehen haben. An dieser Stelle: hohe Anerkennung für den gebotenen Service der Betreiber. Die locker-gelassene Stimmung war gewünscht, und die Resonanz meiner Mannschaft nur positiv. Als wir uns auf die Rückreise machten, hatten wir den Olympia-Stress fast schon verarbeitet. Wir waren bereit zu weiteren Taten. Unsere Ziele waren sehr ambitioniert: Wir wollten alles gewinnen, was es noch zu gewinnen gab.

Rowdies sorgten für deutsch-polnischen Schulterschluss

Nicht immer läuft es im „Skisprungzirkus" friedlich-freundlich ab. Hin und wieder schlagen die Emotionen hoch, was besonders in der Vergangenheit bei der Tournee der Fall war. Tragen da nicht auch hochstilisierte Konfrontationen (ich erinnere an den RTL-Slogan: „Schmitt vs. Malysz – das Duell" zu Beginn der Saison 2001/02), dazu bei? Nie dagewesene Szenen ereigneten sich beim Weltcup in Zakopane, wo Tourneesieger Hannawald von Tausenden ausgepfiffen wurde und bei der Skiflug-Weltmeisterschaft in Harrachov, die äußerst provokante und gefährliche Konfrontationen bot. In Zakopane Mitte Januar, hatte Hannawald zwei Mal Rang zwei belegt, einmal mit 0.4 Punkten Rückstand hinter Matti Hautamaeki, einmal 0.6 Zähler hinter Adam Malysz zurückliegend. Dort mussten wir unseren Sportler mit allen psychologischen Tricks aufrichten, dort war die Gefahr, dass Hannawald kopflos agieren würde, am größten.

Harrachov indes ist ein abgelegenes Örtchen im tschechischen Riesengebirge, nahe der polnischen und deutschen Grenze. Tausende von Landsleuten des Mitfavoriten Adam Malysz strömten über die Grenze, um ihren Volkshelden zum Sieg zu brüllen. Das waren nicht nur Sportbegeisterte, da waren auch Individuen unter ihnen, denen es vielleicht weniger um eine Pro-Malysz-Stimmung und mehr um eine Anti-Hannawald-Stimmung ging. Unser Mann war Titelverteidiger, er war die dominierende Persönlichkeit des Winters, und er war heiß: Hannawald wollte seinen Titel verteidigen, was vor ihm noch niemandem gelungen war. Er wollte sein Missgeschick beim Springen von der Großschanze von Salt Lake City wettmachen. Ebenfalls nach Rehabilitation strebte Martin Schmitt, der bei den Olympischen Winterspielen unter Wert geschlagen worden war. Als Trainer konnte ich mir nichts besseres wünschen, als zwei Siegspringer in der Mannschaft zu

Den Nationencup gewonnen

haben. Doch die Ereignisse im Umfeld der Konkurrenz in Harrachov überschatteten die außergewöhnlichen sportlichen Leistungen der Skiflieger. Am ersten Wertungstag wurden die Athleten, unter ihnen besonders Sven Hannawald, mit Schneebällen und Bierflaschen beworfen. Nichtsdestotrotz behielt er die Nerven und flog auf Platz eins, direkt vor Martin Schmitt. Die deutschen Fans, die nicht nur aus dem grenznahen Raum kamen, sondern auch aus Bayern oder Südthüringen, zeichneten sich ebenfalls nicht ausschließlich durch praktiziertes „Fair-Play" aus. Besonders betroffen machte mich ein Satz, den ich hörte: „Da haben wir vergessen, ein paar Polen zu vergasen." Ich antwortete scharf: „Seid ihr Euch eigentlich bewusst, was Ihr da gerade gesagt habt?" Mir schien es unvorstellbar, dass zivilisierte Menschen solche Sätze von sich geben konnten. Adam Malysz selbst war tief unglücklich. Er kam zu mir und entschuldigte sich für seine Landsleute.

Zur Ehrenrettung der großen Masse von Skisprungfans betone ich, dass sowohl in Zakopane wie auch in Harrachov die Szene von Fußballrowdies unterwandert war. In Falun anlässlich des dortigen Weltcups suchte mich der polnische Botschafter auf, überbrachte Hannawald und mir Geschenke, um zu dokumentieren, dass seine Regierung sich von den Vorfällen distanzierte. Er ist ein intelligenter Mann, und es wird ihm nicht leicht gefallen sein, sich für eine Randgruppe seines Volkes zu entschuldigen. Die Vorfälle bewogen den polnischen Cheftrainer Apoloniusz Tajner und mich, Akzente in die richtige Richtung zu setzen. So organisierten wir zwei Trainingskurse für Nachwuchsspringer, einen in Hinterzarten während des Sommer-GP, einen in Zakopane Ende September. In Hinterzarten zeigten wir auch geschlossen „Fahne". Zum Teamwettkampf des Athletencamps, bei dem jeweils ein deutscher und ein polnischer Jugendlicher eine Mannschaft bildeten, gaben wir beide bei strömendem Regen für die Teams die Freizeichen.

Der zweite Tag der Skiflug-WM wurde aufgrund sturmartiger Winde nicht mehr ausgetragen. Das war gut für unseren Saisondominator, schade für Martin Schmitt, der sich sehr wohl gewünscht hatte, das Klassement vielleicht noch auf den Kopf zu stellen. Mir selbst war es einerlei. Im Sinne eines fairen Wettkampfs wäre es mir allerdings schon lieber gewesen, wenn auch am zweiten Tag hätte geflogen werden können. Uns Betreuern war aber auch klar, dass an diesem Tag unsere Spitzensportler nicht mit dem Lift nach oben gefahren wären, sondern mit einem bereits organisierten Shuttle-Dienst. Wir wollten Hannawald und Schmitt nicht nochmals tollwütigen Fans aussetzen.

Skiflug-WM in Harrachov, 9. März 2002:

1. Sven Hannawald (GER)	202.0 m/202.0 m	396.3 Punkte
2. Martin Schmitt (GER)	182.0 m/202.0 m	368.3 Punkte
3. Matti Hautamaeki (FIN)	202.5 m/182.0 m	363.4 Punkte

Zu jenem Zeitpunkt, zu dem sich Hannawald zum Skiflug-Weltmeister krönte, war schon klar, dass es ihm wahrscheinlich nicht gelingen würde, den Gesamtweltcup für sich zu entscheiden. So gab besonders Wolfgang Steiert für die letzten Konkurrenzen die Losung aus, zumindest den Nationencup zu holen. Diese Trophäe wird jener Mannschaft überreicht, deren Sportler im Laufe einer Weltcupsaison die meisten Punkte geholt haben. Dank der Podestplätze Hannawalds in Trondheim (3.) und Oslo (2. hinter Ammann) näherten wir uns den führenden Österreichern, und im Skiflug-Mannschaftswettbewerb in Planica überholten wir sie in letzter Minute. Freudenstrahlend marschierte Steiert mit der Kristallkugel durch den Auslauf, aber sicher nicht zur Freude aller.

Ein Traum ist wahr geworden

Was für ein Winter, dieser Winter!

Von der Logik her ist die Saison 2001/02 nicht zu wiederholen oder zu übertreffen. Aber dies ist ein Satz, den ich auch schon am Ende anderer Winter sagte. Klar ist: Sven Hannawald hatte großen Anteil daran, dass der Olympiawinter zu einem Ausnahmejahr für den deutschen Skisprungsport wurde. Und was wäre mit Martin Schmitt in Normalform geschehen? Mein Glück als Cheftrainer war und ist, dass ich immer auf verlässliche Leistungsträger zählen konnte und kann. Was ich mir auch in der vorigen Saison mehr wünschte, war, dass der Anschlusskader näher an die Leistungsspitze rücken würde. Zwar waren diese Sportler bei den Saisonhöhepunkten in Topform, konnten diese Leistungen aber teilweise nicht einmal annähernd im Weltcup bestätigen. Stephan Hocke verbot ich die Teilnahme an der Skiflug-WM, weil das Fliegen bei seiner damaligen Verfassung zu gefährlich für ihn gewesen wäre. Michael Uhrmann traute ich nach den Olympischen Spielen mehr zu, als er letztlich zeigte. So hat auch die großartige Skisprungnation Deutschland Probleme, die sie nicht hundertprozentig im Griff hat. Meine Mannschaft kann mehr, als oft in der Ergebnisliste steht. Aber auch wir sind nicht vor Niederlagen gefeit.

Was Sven Hannawald geboten hat, war wie ein schöner Traum, der zur Wirklichkeit wurde. Ich hatte ihm viel zugetraut, letztlich erreichte er sogar mehr als erwartet oder erhofft. Wenn ich hingegen an Martin Schmitt dachte, wälzte ich mich schlaflos im Bett hin und her. Ihm hätte ich mehr Erfolg gewünscht, und ich setzte mich unheimlich für ihn ein – in Ausnahmesituationen sogar nicht im Interesse von Sven Hannawald. Als Martin Schmitt in Lahti siegte, befand ich mich gerade bei der Abschiedsparty von Hansjörg Jäkle in Schönwald im Schwarzwald. Als ich ihn im Fernsehen triumphieren sah, vollführte ich einen Luftsprung bis an die Zimmerdecke. Ich war überzeugt, dass er nichts von seiner Leistungsfähigkeit eingebüßt hatte, und ich sah mich nun bestätigt. Schmitt war es aber über weite Strecken der Saison nicht gelungen, die optimale Mensch-Material-Feinabstimmung zu finden. „Du springst um keinen Deut schlechter als früher", hatte ich ihm einmal gesagt. „Warum sind dann andere vor mir?", lautete seine Antwort. Dass es zum größten Teil sein Mannschaftsgefährte Hannawald war, wird ihm nur ein schwacher Trost (oder gar keiner) gewesen sein. ■

„Gesangsstunden" sind selten geworden

28 Trainer, Pressesprecher, Fanbetreuer – aber auch ich bin nur ein Mensch

„Ach, er kann ja auch lustig sein"

Steuermann, lass die Wacht!
Steuermann, her zu uns!
Ho! He! Je! Ha!
Richard Wagner, Der fliegende Holländer

Als zum ersten Mal eine Fernsehkamera in eineinhalb Meter Entfernung vor mir auftauchte, war ich versucht, das Ding zusammen mit dem guten Mann, der sie hielt, vom Trainerturm zu stoßen. Damals konnte ich mir beim besten Willen nicht vorstellen, mit mehreren dieser Geräte zu leben. Es kam zu Auseinandersetzungen: hier der Trainer, der seinen Wirkungsradius schützte, dort das Medium Fernsehen, das möglichst nahe an den Ereignissen dran sein wollte. In der Zwischenzeit habe ich begriffen, dass diese Einheit zwischen Medien und Protagonisten im kommerzialisierten Hochleistungssport eine unabdingbare Notwendigkeit geworden ist. Trotzdem gilt für mich immer noch die Devise, dass die unmittelbaren sportlichen Abläufe, zu denen auch die Betreuung durch den Trainer mit all' ihren Facetten gehört, nicht gestört werden dürfen.

Ich habe mich inzwischen mit meinen zusätzlichen Aufgaben arrangiert, die während der letzten Jahre auf mich zugekommen sind. Hätte mir jemand 1993 erklärt, dass ich demnächst bei der Vierschanzentournee und bei anderen „Highlights" vor allem in deutschen Landen Arbeitstage mit einem Aufwand von 18 bis 20 Stunden zu bewältigen haben würde, hätte ich ihn für verrückt erklärt. In den ersten Jahren meiner Tätigkeit als Bundestrainer konnte ich nämlich nach getaner Arbeit noch wenigstens ein angemessenes Maß an Geselligkeit und Entspannung genießen, konnte in Ruhe ein Bierchen trinken und in musikalischer Runde ein Liedchen mitsingen. „Gesangsstunden" sind inzwischen selten geworden, ein Schluck Bier in entspannter Atmospähre ebenfalls.

Die Frequentierung der Medien hat enorm zugenommen. Interviews mit den Fernsehanstalten häufen sich. Die Printmedien, die im unmittelbaren Wettkampfablauf zu kurz kommen, stellen ebenso ihre berechtigten Ansprüche. Auch der Hörfunk hat seine Präsenz erhöht. Fernsehkommentatoren sammeln ihre Informationen über Athleten, Strategien und Leistungsziele. Die Moderatoren der einzelnen TV-Stationen fahnden ebenfalls nach notwendigen Hintergrundinformationen und deren heutige „Experten" waren bis vor kurzem noch selbst Athleten, die wissen, wo man mich findet. So sind die Abend- und Nachtstunden schnell verstrichen. Dieser Facette meines Berufes widme ich gewissenhaft viel Aufmerksamkeit, da meine Informationen in die folgenden Abläufe einfließen bzw. auch helfen können, das gegenseitige Verständnis zu verbessern. In gewissen Abständen werden auch von den elektronischen Medien und deren Vertretern bis hin zum Sportchef Gespräche gesucht, um Strategien abzusprechen

- 190 -

Fehler erkannt und abgestellt

oder Kritik zu äußern. Auch wir Athleten und Trainer erkennen in der Praxis Störfaktoren, die gemeinsam aus dem Weg geräumt werden müssen, damit das Endprodukt stimmt. Somit provozieren wir auch Zusammenkünfte dieser Art.

Apropos elektronische Medien, apropos Fernsehen. Zu Beginn der Saison 1999/ 2000 geriet ich in eine „Zwickmühle", die mich ziemlich stark forderte. Es kam im Sommer 1999 zu den ersten vertraglichen Verbindungen zwischen dem DSV und dem Privatsender RTL. Anlässlich des „Forum Nordicum" in Oberhof wurde diese Zusammenarbeit öffentlich bekannt gegeben, und sowohl der damalige Generalsekretär des DSV, Helmut Weinbuch, wie der Rechteverwalter von RTL, Jörg Ullmann, stellten das gemeinsame Projekt vor. Nicht alle Aussagen des Kölner Privatsenders waren zu diesem Zeitpunkt glücklich formuliert, und alt-eingesessene Medienschaffende wunderten sich schon etwas über den „jugendlichen Leichtsinn" eines Newcomers in dieser speziellen Szene, der das Skispringen neu erfinden wollte. Auch ich konnte nicht alle Vorstellungen bewusst mittragen. Manche erschienen mir im Detail schon etwas überheblich.

Probleme waren programmiert, weil fast die gesamte Medienszene in Opposition zum neuen Vertragspartner ging. Selbstverständlich wurde auch ich von allen Seiten mit Fragen und Argumenten „bombardiert". „Lasst sie doch erst einmal arbeiten", riet ich den Kritikern und ich sagte es auch zu mir selbst. Einen positiven Eindruck hinterließen bei mir von Anfang an die eigentlichen „Macher" des privaten Senders, die Mitarbeiter der Sportredaktion und der vorgesehene Kommentator, die sehr früh Kontakt suchten und sehr sachlich sowie engagiert zu Werke gingen. Auch die Strategie bei der Moderation in Kombination Günther Jauch und Dieter Thoma empfand ich als gelungen.

Was RTL zum Einstieg am 1. Januar 2000 übertrug, war allerdings nichts Herausragendes und offenbarte die „Menschlichkeit" auch bei dieser Institution. So schlecht hatten also zuvor Regisseure wie Norbert Thielmann vom ZDF nicht gearbeitet - im Gegenteil, sie hatten bei der Präsentation unseres Sports Hervorragendes geleistet. Doch die RTL-Leute erkannten schnell die Fehler und stellten sie ab. Ich merkte: Die Praktiker machten einen sehr guten Job und agierten nicht überheblich. Nichtsdestotrotz mussten wir uns zusammenraufen. Wir konnten nicht tolerieren, dass Kameraleute Martin Schmitt bis auf die Toilette verfolgten. Nicht verstanden wurde auch, warum ich keine Filmaufnahmen bei unseren Mahlzeiten und anderen Internas zuließ. Ich wollte Grenzen ziehen und sage auch noch heute: „Bis hierher und nicht weiter!" Diese Regeln gelten nicht nur für RTL, sondern für alle anderen Medien auch. Meine Überzeugung lasse ich mir nicht erschüttern, von niemandem.

Was mich freut ist die Tatsache, dass die oppositionelle Grundeinstellung von ARD und ZDF gegenüber RTL nicht mehr vorhanden ist. Die Sender haben sich arrangiert. Das erleichtert auch meine Arbeit. Dass sich inzwischen aber auch die Strategien der öffentlich-rechtlichen Sender geändert haben, beweisen die Übertragungen der Olympischen Winterspiele aus Salt Lake City, die ein mediales Großereignis waren.

RTL hat die Skisprungszene revolutioniert, ganz klar. Die Praxis beweist, dass unsere Sportart in der Öffentlichkeit eine Akzeptanz hat wie noch nie zuvor. Ich erhalte Fax-Nachrichten und Telefon-Anrufe von Menschen, die an der Nordseeküste wohnen (also nicht gerade in einem klassischen Skisprung-Gebiet). Die Fan-Familie wächst. Die familiäre Atmosphäre in unserer Sportart ist nicht

- 191 -

Weihnachten immer noch ohne TV-Kamera

mehr, wie sie vorher war, sagen Kritiker. Das mag stimmen, doch ich halte dagegen: Nicht alle Skispringer werden durch unseren TV-Vertrag dermaßen in Anspruch genommen wie jene aus Deutschland. Als der erste Vertrag mit RTL abgeschlossen wurde, hatte der damalige Generalsekretär Helmut Weinbuch vermutet: „Schmitt und Heß werden in Zukunft mit einer RTL-Kamera im Anschlag unter dem Weihnachtsbaum sitzen." Es trat ein, dass ich frequentierter beansprucht wurde als zuvor, Weihnachten habe ich aber bislang noch immer ohne Kamera gefeiert. So lautet mein Fazit: Wir können uns weiterhin als Familie fühlen, auch wenn es in gewissen Bereichen wie Hotelauswahl und Sicherheit schwieriger für uns geworden ist.

Dass wir inzwischen eigene Bodyguards haben, stimmt in den wenigsten Fällen. Zumeist nutzen wir die Sicherheitsstrukturen von RTL und den anderen übertragenden Sendern mit. Und wenn wir deswegen angefeindet oder belächelt werden, dann erinnere ich nur an Zakopane 2002, wo auch FIS-Renndirektor Walter Hofer mit einem Gesicht herumlief, das weiß wie eine Kalkwand war, und wo Andreas Goldberger vor unserem Hotel Glück hatte, dass die Masse friedlich gesinnt war und „nur" Autogramme von ihm haben wollte. Er wurde von so vielen Fans belagert, dass diese ihn fast erdrückt hätten. Ich bin froh, dass wir hin und wieder einen Sicherheitsmann dabei haben, den Felix, der mit einem breiten Kreuz und massenweise Muskeln ausgestattet ist, der Auto fahren und Hinterausgänge öffnen (lassen) kann. Für die Leistungsträger, die sogenannten „Stars", ist er oft Gold wert.

Inzwischen erleben Teilnehmer, Betreuer, Zuschauer vor Ort und die Interessierten am Fernsehapparat auf derganzen Welt die Wunder und die Dramen unseres Sports mit, der allerdings auch in der Gefahr der Überkommerzialisierung schwebt. Somit besteht die Möglichkeit der medialen Übersättigung. Muss tatsächlich jeder Trainingssprung übertragen werden? Wäre es nicht besser, die Vorfreude auf die nächste Konkurrenz zu wecken als das Szenario heraufzubeschwören, dass die Interessierten dem Skispringen irgendwann überdrüssig werden? Das sind Fragen, die ich mir zuweilen stelle.

„Achtung vor Hans Eiberle!" Ja, warum?
Stiegmütterlich behandelt werden die Printmedien, und ihnen gegenüber bin ich bedacht, zu agieren, und nicht nur auf ihre Anfragen und Wünsche zu reagieren. Mit Uwe Jentsch von der Deutschen Presse-Agentur (dpa) habe ich einen sehr guten Kontakt, aber ich stehe nach Möglichkeit auch den Journalisten unserer größeren und kleineren Regionalzeitungen, wie beispielsweise Volkmar Russek vom „Freien Wort" oder Lutz Rauschnik vom „Südkurier", zur Verfügung. Sicher musste ich mich nach der Wende mit dem einen oder anderen Journalisten auch zusammenraufen. Rauschnik beispielsweise empfand ich aufgrund einiger seiner Artikel als „Ossi-Hasser". Dies teilte ich ihm in einem Brief mit. Ich schrieb ihm, dass er mit seiner Einstellung nicht die deutsche Einheit fördern würde. Wenn wir schon die deutsche Einheit gewollt hatten, dann musste sie auch praktiziert werden. Heute sehe ich es anders, und ich habe mit ihm keine Berührungsängste mehr. Auch mit Ulrike Spitz von der „Frankfurter Rundschau" musste ich erst einen gemeinsamen Nenner finden, und vor Hans Eiberle von der „Süddeutschen Zeitung", nunmehr im Ruhestand, warnte man mich ausdrücklich. Ich verstand damals nicht das Warum und verstehe es heute noch nicht. Eiberle hat mich und meine Arbeit niemals niedergemacht, sondern ist immer sachlich und kritisch seiner Tätigkeit nachgegangen. Damit habe ich keine Probleme. Es gehört einfach zum Job des Journalisten, kritisch zu sein.

Die Geburt der „Kondom-Anzüge"

Es ist meine Art, Dinge direkt anzugehen, so, wie ich es auch während der Weltmeisterschaft im Skifliegen im Jahr 2000 in Vikersund tat. Da berief Marcus Schick, unser Pressesprecher, für den Abend ein Informationsgespräch mit mir ein, das ausschließlich für deutsche Journalisten gedacht war. Als ich den Sitzungssaal unseres Hotels betrat und in die Runde blickte, waren jedoch auch Medienvertreter anderer Länder anwesend. Sabine Klapper vom „Tagesanzeiger" Zürich beispielsweise oder Georg Fraisl von der „Kronenzeitung" aus Österreich. Ich tobte und stellte klar, dass dieses Treffen ein Info-Gespräch für Journalisten aus Deutschland sei und keine internationale Pressekonferenz, dass ich nicht gewillt sei, meine Ansichten vor dieser Gruppe darzulegen. Da sind sechs, sieben Medienvertreter aufgestanden und gegangen - auch deutsche Journalisten... Später hat es mir leid getan, und ich habe mich auch bei Jörg Hahn von der „FAZ", der aus Solidarität mit den Kollegen ebenfalls den Saal verlassen hatte, entschuldigt. Aber ganz ehrlich: Wahrscheinlich würde ich mich in einer ähnlichen Situation erneut so verhalten oder es dem Pressesprecher überlassen, den vorhandenen Erklärungsbedarf zu befriedigen.

Die Kommunikation mit den Medien ist wichtig. Wenn ich nicht bereit bin, mich auszutauschen, darf ich mich auch nicht wundern, wenn Falschmeldungen verbreitet werden. Ich bin sehr wohl daran interessiert, was die Presse berichtet. Wenn ich Problematiken erkenne, suche ich den Kontakt, um diese zu bereinigen. Nicht anfreunden kann ich mich mit dem Satz: „Ich lese keine Zeitung, dann brauche ich mich auch nicht zu ärgern." Er ist falsch: Es gehört zur Pflicht eines Trainers, sich mit der öffentlichen Meinung auseinander zu setzen. Zuweilen passiert es, dass die Medien eigene Anliegen transportieren oder auch für einen Gag zu haben sind. Ich erinnere mich noch, wie Wolfgang Steiert einmal der damaligen „Bild"-Journalistin Tina Schlosser erklärte: „Wir bekommen jetzt neue Anzüge, deren Innenteil aus dem gleichen Material hergestellt wird wie Kondome." Flugs war der Begriff „Kondom-Anzüge" geboren. Die Story entwickelte eine Eigendynamik. Plötzlich wollten alle Nationen diese Anzüge und bombardierten Hersteller „Meininger" mit Telefonaten. Nur: „Meininger" selbst wusste nichts von dieser Geschichte und flippte fast aus.

Als ein Skisprung-Freund vor einigen Jahren einmal eine Autogrammkarte von mir haben wollte, war ich verwundert und verwies ihn auf das Mannschaftsposter. „Dort bin ich auch drauf, das muss reichen", dachte ich mir. In der Zwischenzeit unterschreibe ich rund 2000 Autogrammkarten pro Jahr und versende sie. Auch das ist ein Resultat des „TV-Trainers". Meine Fans sind zwischen acht- und 88 Jahre alt. Sie schreiben mir, fragen mich nach Material, Haltungsnoten, Magersucht und, und, und... Und sie erhalten Antworten von mir. Auch wenn mich dann meine Frau zu später Stunde mahnt: „Es kann doch nicht wahr sein, dass Du jetzt immer noch am Schreibtisch sitzt."

Meine Stärke ist, dass ich in der Lage bin, meinen Tagesablauf gut und exakt zu planen. Es klingt fast schon sonderbar, aber in meinem Kalender ist selbst die dreistündige Fahrradtour, der Spaziergang durch den Thüringer Wald oder der Besuch bei meiner Tochter eingetragen. Gerne besuche ich die Treffen meines alten Vereins SC Motor Zella-Mehlis, bei dem ich immer noch eingetragenes Mitglied bin (und wo ich immer wieder sage: „Keine Sitzung! Ich bin nicht als Cheftrainer Skisprung hier.") Weil Regeneration und schöpferische Pausen auch ihre Berechtigung haben, versuche ich, diese einzuhalten. Nach den Pausen rufen wieder mein Schreibtisch, meine Abrechnungen für den DSV, meine Briefe an Fans und Partner, meine Planungen künftiger Ereignisse. Ich bin mehr als nur

Mehr als nur ein „Fähnchenschwinger"

ein „Fähnchenschwinger", auch wenn es wenige sehen. Ich überlasse nichts dem Zufall. Ergeben sich spontan Änderungen in meiner Planung, muss ich eben am nächsten Tag das Pensum von zwei Tagen erledigen. Und habe ich eine Aufgabe abgearbeitet, dann mache ich dies auch für mich sichtbar, durch ein Häkchen im Kalender. Ich habe keine festgelegten Arbeitszeiten, aber ich glaube nicht, mit einer klassischen 40-Stunden-Woche über die Runde zu kommen. Nachts um zwei Uhr, wenn ich über meiner Schreibarbeit sitze, hat mich noch niemand bedauert. Wer mir aber zwischen März und November auf der Straße begegnet, glaubt permanent, dass ich im Urlaub sei.

Ich bin ein Arbeitstier, aber kein „workaholic". Ich lebe nicht für die Arbeit, ich genieße aktiv und bewusst die Freizeit, die ich habe. Wenn es sein muss, kann ich auch zupacken und körperlich arbeiten. Oft unterstützt dies sogar die Regeneration, weil man geistig abschalten kann. Mein gepachteter Garten mit seinen Pflegearbeiten fordert mich deshalb zu gewissen Zeiten, und ich arbeite dort sehr gerne. Auch im Schanzenbau bin ich bewandert, und ich habe mich nie darüber beschwert, wenn wir Deutsche Hand anlegen müssen, damit wir und andere überhaupt springen können. Eher war es umgekehrt. Ich empfand unseren Ruf als Auszeichnung: Wenn die Deutschen da sind, werden auch die Schanzen in Ordnung sein.

Seit kurzem gehe ich einer Sportart nach, die mir größte Demut abverlangt. Meine Frau animierte mich zum Golfspiel, und im Club in Mühlberg bei Erfurt erlangten wir auch schon die Platzreife. Wir können dieser Aktivität bis ins hohe Alter gemeinsam nachgehen, da sowohl beim Radsport oder Skilanglauf keine Gleichheit gegeben ist. Nun kniet sich Regina richtig in den Golfsport hinein, während ich hoffe, etwas mehr Freizeit dafür zu erlangen, die mir derzeit noch fehlt. Ein Arbeitstier, das von Terminen und Aufgaben gelenkt wird, hat es in dieser Sportart schwer. Golf ist Selbsterziehung: Du glaubst, einen Schlag zu beherrschen, und kannst ihn schon das nächste Mal nicht mehr. Ein kleines Erfolgserlebnis hatte ich in meiner kurzen Karriere als Hobbygolfer auch schon, als ich einmal das allerletzte Loch par spielte. Und einen Riesen-Streit mit Regina, als ich an einem anderen Tag nach lauter Misserfolgen aufgeben wollte. Hinterher tat es mir unheimlich leid. Ich wollte meine Reue durch einen schönen Blumenstrauß sichtbar machen, geriet aber aufgrund anderer Termine in Verzug. Als ich schließlich zum Floristen kam, war das Geschäft bereits geschlossen, und ich ärgerte mich nochmals.

Verdi, Wagner, Volksliedgut
Ich lache gerne und Sätze über mich wie „Ach, er kann ja auch lustig sein" können nur von Leuten stammen, die mich nicht näher kennen. Aber ich werde mich auf keiner Skisprungschanze zum Clown machen lassen oder Freude vortäuschen, wenn ich kein Bedürfnis dazu habe. Ich glaube ja auch nicht, dass Fließ-bandarbeiter regelmäßig unmotiviert lächeln. Ich zeige Emotionen, auch wenn mir später vielleicht meine Frau erklärt, dass mein Gesichtsausdruck, meine Gestik beim Skispringen in Zakopane, als ich die Zuschauer für das Geschehene verantwortlich machte, unangebracht gewesen sei. Aber ist es falsch, Emotionen zu zeigen? Ich glaube nicht.

Aber nochmals: Ich lache gerne, ungeheuer gerne, leider zu wenig. Ich kann über Louis de Funès lächeln, den französischen Komiker, über die Abenteuer der Olsen-Bande, ich kann schmunzeln über Zeichentrickfilme. Wenn ich vor dem Fernsehgerät sitze, lasse ich mich gerne berieseln. Regina mag das nicht so. Sie

Eine Kinosaal nur für Regina und mich

sucht Inhalte, aber ich denke, dass man nicht immer schöngeistig sein muss. Ins Kino gehe ich hingegen, im Gegensatz zu meiner Jugendzeit, kaum mehr. Vielleicht liegt es am bequemen Fernsehangebot. Oder schämt man sich etwa, schon zu alt zu sein? Das letzte Mal waren wir vor fünf Jahren im Kino, als in Suhl der Film „Sieben Jahre Tibet" mit Brad Pitt gespielt wurde, und diesen wollten wir auch nur deswegen sehen, weil wir das Buch gelesen hatten. Wir saßen am Nachmittag gegen 16 Uhr nur zu zweit in diesem Saal in einer der drei täglichen Vorstellungen, und als der Film beginnen sollte, sagte ich zu meiner Gattin: „Ich glaube nicht, dass sie ihn für uns zwei allein abspulen werden." Ich irrte. Erst lief Werbung, dann kam der Eisverkäufer, schließlich begann der Film. Es war toll. Das ganze Programm, der ganze Kinosaal, nur für uns zwei.

Während meiner Armeezeit war ich zum Theaterfreund geworden. Ich war in Meiningen bei der Bereitschaftspolizei stationiert, und der Beitritt zum Theaterring ermöglichte des öfteren Ausgang. Ich kam der Künstlerszene näher, hatte auch die Möglichkeit, mit Schauspielern zu diskutieren und empfand Freude daran. Aufgrund meines Klavierunterrichts war ich in der Lage, einige bekannte Melodien des italienischen Komponisten Giuseppe Verdi in Ansätzen nachzuspielen. Mein Vater war Trompeter, und vielleicht liebe ich auch deswegen Symphonieorchester. Auch für die Kulturszene blieb in den vergangenen Jahren wenig Zeit - schade. Anlässlich unseres 34. Hochzeitstages entschlossen sich Regina und ich jedoch, eine Opernaufführung bei den „Domfestspielen" in Erfurt, unserer Landeshauptstadt, zu besuchen. Ich war im August 2002 begeistert von der Freilichtaufführung des „Fliegenden Holländers" vor dem Erfurter Dom. Es war eine laue Sommernacht, wir hatten zuvor beim Italiener gespeist und dann Richard Wagners Klängen gelauscht. Die Ouvertüre – einfach fabelhaft. Der Chor – grandios.

Während meiner Schulzeit sang auch ich in einem Chor, und am besten gefiel es mir, wenn es drei- oder vierstimmig, also anspruchsvoll, wurde. Zu DDR-Zeiten als Trainer beim SC Motor, ging ich jeden Donnerstag in die Gesangsstunde. Aber es ging weniger um die Sache an sich, sondern mehr um die Geselligkeit. Wir aßen und tranken, suchten dann die Sauna auf, und - wenn wir später im Warmwasserbecken lagen – sangen wir. Heute mag man darüber lächeln, aber ich werde nicht in den Chor der Lacher einstimmen: Für mich war es eine wunderschöne Zeit.

Ich liebe nicht nur klassische Musik, sondern auch das alte deutsche Volksliedgut, das heutzutage interessanterweise von russischen Chören und japanischen Karaoke-Sängern besser vorgetragen wird als von uns selbst. Ist es nicht ein Zeichen geistiger Verarmung, wenn gewisse Werte der eigenen Kultur aufgrund mangelnder Zeit nicht mehr gehegt und gepflegt werden können? Ich mache mir diesbezüglich viele Gedanken – auch darüber, dass in Russland beispielsweise Bücher billiger sind als bei uns. Ich lese sehr viel, meine Frau ist Mitglied im Bertelsmann-Club und dort sehe ich, wie viel Bücher kosten. Wenn sie verbilligt sind, sind sie deswegen immer noch nicht billig. Überzeugt bin ich, dass viele Menschen nicht mehr lesen, weil sie es sich nicht mehr leisten können oder wollen. Dabei gehört das Lesen zum Schönsten und Edelsten im Leben. Schon als Kind steckte ich mit der Taschenlampe unter der Decke, um ungestört und unbemerkt Bücher zu lesen – so lange, bis meine Mutter kam oder die Taschenlampe ihren Geist aufgab. Oh, es waren oft halbe Nächte! Derzeit lese ich sehr gerne die Romane von John Grisham, auf den ich durch meinen Kollegen Henry Glaß aufmerksam geworden bin. Regina wird es mir verzeihen, wenn ich gestehe: Ich bin verliebt in diesen Schriftsteller!

Ein Wunsch: Im Alter Freundschaften pflegen

Ich leide darunter, dass in meinem aktuellen Leben als Skisprung-Cheftrainer die Geselligkeit zu kurz kommt. Es geht nicht um eine feucht-fröhliche Runde, es geht viel eher um Gespräche, bei denen ich nicht im Mittelpunkt stehen muss, bei denen ich einmal auch nur zuhören kann. Hingezogen fühle ich mich, wo wohlbeleibte Menschen sitzen, die sind gemütlich und lustig. Korpulente Personen sind keine Hektiker. Aber solche Momente habe ich nur wenige. Mit Wehmut denke ich an das Treffen im Oberstdorfer „Kachelofen", das es bis vor einiger Zeit anlässlich des Tourneeauftaktes noch gegeben hat. Da trafen wir uns am Abend vor dem ersten Tourneespringen, so gegen 23 Uhr. Da wurden Lieder gesungen, da wurde gejodelt, da ging es hoch her. Und Rudi Tusch spielte mit seinem Freund Hansi Rösch auf dem Akkordeon. Aus, vorbei. Bei der Fülle der Aufgaben habe ich keine Zeit mehr – andere auch nicht – die Treffen schliefen ein. Nun bin ich am Abend, nach dem letzten Gespräch, dem letzten Interview, der letzten Vorbereitung, zuweilen auch allein. Dann verfluche ich die Entwicklung, weil mir etwas fehlt, und ich frage mich: Ist es die Sache wert? Wenn bei der Tournee ein Empfang den nächsten jagt, wenn ich „unter Leuten" bin, dann bin ich es noch lange nicht. Diese offiziellen Auftritte fallen für mich nicht unter die Rubrik Geselligkeit, sondern sie sind pure Arbeit. Ich bin eingebunden in das Programm, muss Rede und Antwort stehen, stehe oft im Mittelpunkt. Geselligkeit ist dort, wo ich zuhören kann.

Ich habe keine Freunde, weil man Freundschaften pflegen muss. Diese Zeit habe ich nicht. Engere Beziehungen pflegen wir zu einer Familie in Rudolfstadt in Thüringen. Wir haben Gabi und Michael Bartholomäus bei unserer Hochzeitsreise 1968 in Varna kennen gelernt, und da wir nur eineinhalb Autostunden voneinander entfernt wohnen, ergibt es sich drei oder vier Mal im Jahr, dass wir uns treffen und gemütlich zusammensitzen. Dies wird nicht großartig organisiert oder geplant, dies ergibt sich zumeist spontan. Und es tut gut. Wichtig ist mir auch meine äußerst gute Verbindung zu Schwägerin Ursula und Schwager Siegmar. Sie sind Bezugspersonen, auf die man sich verlassen kann. Und auch das tut gut. Ich will an dieser Stelle nicht missverstanden werden. Ich habe sehr viele nette Bekannte, und unter anderen Bedingungen wären sie sicherlich zu Freunden geworden. Aber was nicht ist, kann ja noch werden. Im Alter hoffe ich, einen großen Freundeskreis zu besitzen. Wenn der Horizont kleiner und die Entfernungen geringer werden, ist ein engerer Kontakt wichtig. Alleinsein ist tödlich. ■

Spaß und Streit beim Golf

29 Interview mit Regina Heß, der starken Frau hinter einem starken Mann

„Wir haben uns aneinander gewöhnt"

Sie kennen sich seit 39 Jahren, Sie sind seit 34 Jahren verheiratet. Wie ist das Leben an der Seite des deutschen Skisprung-Cheftrainers?

Wir kennen uns wirklich schon eine lange Zeit - und wir haben sicher einige Ecken und Kanten abgeschliffen. In einer solch langen Beziehung weiß man, wie sich der Partner in gewissen Situationen verhält, wie er zu nehmen ist und man kompensiert auch mal die Fehler des anderen. Reinhard ist ein liebevoller, aufmerksamer und feinfühliger Ehemann, der manchmal zwar leicht aufbrausend reagiert - aber auch ich bin zuweilen leicht reizbar. Ich habe ihn beispielsweise überzeugt, ein Hobby zu beginnen, das wir gemeinsam ausüben können. Beim Rad fahren oder Wandern kommt bei meinem Mann regelmäßig der Wettkämpfer durch, und dann bin ich benachteiligt. Unser Gärtchen am Stadtrand ist als einziges Hobby auch eher ungeeignet, auch wenn sich besonders Reinhard mit sehr viel Liebe darum kümmert. So kam ich auf Golf. Es gibt in Mühlberg bei Erfurt einen sehr schönen Klub, den GC Drei Gleichen, bei dem es sehr angenehm, weil nicht zu elitär ist. Ich schenkte meinem Mann zu Weihnachten 2001 eine Golfausrüstung, und kaufte mir auch eine. Sporadisch übten wir, im August schafften wir die Platzreife. Und noch im gleichen Sommer stritten wir uns fürchterlich, weil er mehrere Bälle ins Rough geschlagen und ich gelacht hatte. Reinhard will eben in allen Punkten ein Perfektionist sein. Diese Auseinandersetzung ist aber auch vorüber gegangen, wir spielen wieder, treffen andere Leute, unterhalten uns gut und haben unseren Spaß.

Wie ist Reinhard Heß privat?

Die Familie geht Reinhard über alles. Er muss immer wissen, wie es unserer Tochter Tina, Enkelkind Linda und Schwiegersohn Steffen geht, was sie gerade machen. Und wenn es ihnen gut geht, geht es auch uns gut. Wichtig ist Reinhard auch der Kontakt zu Schwager und Schwägerin, wir treffen uns regelmäßig. Das Familienleben im weiteren Sinne pflegen wir bei jährlichen „Cousinentreffen" mit Ehepartnern. Sogar eine Wanderfahne haben wir, die an die Gastgebercousine weitergereicht wird.

Sind Sie stolz auf die Tätigkeit Ihres Mannes?

Ich bin richtig stolz, meinen Mann im Fernsehen zu sehen, und ich verfolge auch fleißig alle Übertragungen. Es kann es schon einmal vorkommen, dass ich ein Springen an einem einzigen Tag zwei Mal sehe, einmal live, einmal in der Wiederholung auf Eurosport beispielsweise. Ich will jedes Wort, jeden Kommentar mitbekommen, und wenn ich vor dem Fernseher sitze, dann muss ich alleine sein, denn ich will mich konzentrieren. Mittlerweile betrachte ich mich als Insider. Ich kenne mich in dieser Sportart aus, kenne auch die Kollegen meines Mannes,

- 197 -

„Sie sind der Vater von Matthias Sammer"

seine Jungs. Und zwischendurch bin ich ja auch bei einigen Konkurrenzen live dabei.

Kommt er hin und wieder mal zu Ihnen, um sich beraten zu lassen?

Bei großen Entscheidungen hat sich Reinhard immer mit mir beraten. Er reagierte zurückhaltend, als er den Posten des Auswahltrainers im DSLV angeboten erhielt. Mir schien es, dass er die Hemmschwelle wegen mangelnder Kontakte zu ausländischen Kollegen nicht überspringen wollte. Ich half ihm bei der Entscheidungsfindung, machte ihm Mut, verwies ihn auf seine Qualitäten und auch darauf, wie es zum damaligen Zeitpunkt um die Skisprung-Nationalmannschaft bestellt war. Schlechter konnte es ja fast nicht mehr werden, sondern nur besser! Auch als sich mein Mann ganz kurzfristig entscheiden musste, den Posten des DSV-Cheftrainers anzutreten, rief er mich zuvor noch an. Da sagte ich ihm auch: Du hast solch' ein Amt schon einmal bekleidet, Du hast bewiesen, dass Du mit dieser Verantwortung umgehen kannst. Also mach' es! Aber bei alltäglichen Problemen und Problemchen kommt er nicht zu mir, da sagt er immer: Aus meinem Stall geht nichts raus. Das finde ich sehr korrekt und fair. Doch ich gestehe: Neugierig bin ich schon. Mich interessiert wirklich alles im Umfeld seiner Arbeit.

Wie fühlt man sich als Frau Heß?

Früher sind wir durch Suhl gegangen, und die Passanten drehten sich manchmal nach mir um. Die Zeiten haben sich geändert, jetzt drehen sie sich nach meinem Mann um. Aber das macht mich auch stolz. Auch im Krüger-Nationalpark, in Südafrika, hat Reinhard mit einer deutschen Reisegruppe über Skispringen gefachsimpelt, und einige andere Male ist er auch verwechselt worden, mit Rudi Tusch oder dessen Vorgänger Ewald Roscher. Und einmal, in Thailand, entwickelte sich zwischen einer deutschen Touristin und ihm ein lustiges Zwiegespräch. Sie sagte: „Ich glaube, ich kenne Sie." - „So? Ich weiß nicht, warum Sie mich kennen sollten." - „Ja, jetzt weiß ich es, Sie sind der Vater von Matthias Sammer." Auf dem Nebelhorn oberhalb von Oberstdorf hat ihn der Hüttenwirt indes für Walter Röhrl gehalten, wahrscheinlich, weil Reinhard bei dieser Gelegenheit eine Audi-Jacke trug. Zuweilen wird mein Mann auf Autobahnraststätten angesprochen, und da kann er auch – völlig zurecht – unwirsch werden, wenn er beim Essen zu penetrant gestört wird. Oder bei unseren Urlauben im Robinson Club: Da entwickelt sich beim Abendessen auch die eine oder andere Diskussion ums Skispringen. Auch wenn Reinhard zuweilen sagt, dass ihn das stört, gibt er doch meist bereitwillig Auskunft. Dass er Autogrammkarten mit sich führt, dafür sorge schon ich. Auch letzthin, bei unserer Mittelmeer-Kreuzfahrt, hatte er einige im Gepäck – auch wenn er immer wieder glaubt, dass sie nicht notwendig seien. Es ist schon erstaunlich, wie viele Menschen ihn erkennen und ansprechen. Reisen ist jedenfalls unsere große Leidenschaft, das haben wir schon zu DDR-Zeiten getan, als wir mit unserem Trabi bis nach Bulgarien hinunterfuhren. Mit der kleinen Tina auf dem Rücksitz und Kanister voller Benzin im Kofferraum, bei einer Gluthitze. Was da alles hätte passieren können...

Vom Urlaub zurück zum Beruf. Die Anforderungen an Ihren Mann sind ja mannigfach...

...und ich muss ganz offen zugeben, dass ich es ihm nicht zugetraut habe, im RTL-Zeitalter des Skispringens so cool und abgeklärt zu bleiben. Schon vor Jahren wurde mir zugetragen, dass Heß-Interviews einsame Klasse seien, dass nicht alle Trainer so präzise und analytisch formulieren wie der Chef der Deutschen. Und auch Journalisten haben schon gesagt, dass sie von Reinhard Heß sehr gut

Manchmal versetzt er mich

bedient werden. Er versucht eben auch in der größten Hektik, jedem gerecht zu werden. Wenn ich zufällig bei Wettkämpfen zugegen bin, kann es mir passieren, zwei Stunden warten zu müssen, weil er mit sechs, sieben Medienvertretern beruflich zusammensitzt. Das nervt mich und manchmal auch ihn, zeugt aber von seiner Wertschätzung, die er den Medien entgegenbringt. Skispringen, das weiß mein Mann, lebt auch von der Öffentlichkeit.

Sind Sie bei Skisprung-Veranstaltungen oft live dabei?

Nicht allzu oft. In Willingen und Titisee-Neustadt bin ich dabei, und bei den Tourneespringen in Oberstdorf und Garmisch-Partenkirchen, wegen Silvester. Ein einziges Mal besuchte ich alle Konkurrenzen einer Vierschanzentournee und entschied anschließend: Nein, diesen Stress tust du dir nicht nochmals an. Aber es war schon eine große Erfahrung: Wenn die Tournee für mich als Touristin schon so anstrengend ist, wie muss es dann jenen ergehen, die in diesen Tagen beruflich im Einsatz sind, als Sportler, Trainer, Funktionäre, Journalisten und anderen?

Sie werden von Reinhard Heß liebevoll als „Schwester von Brunhilde" bezeichnet. Wie das?

Ja, als Schwester von Brunhilde aus der Nibelungensage, weil ich angeblich so stark bin. Ich vertrage eine ganze Menge, ich kann zupacken, ich kann Dinge auch alleine regeln. Kleine Wehwehchen stecke ich weg und laufe nicht gleich zum Arzt. Reinhard dagegen hört viel mehr in sich hinein. Zuweilen bin ich schon ein wenig in Sorge, ob mein Mann die vielen Anforderungen, die sein Beruf mit sich bringt, gesundheitlich durchsteht, und manchmal frage ich mich auch, wie lange er sich diesen Belastungen noch aussetzen will. Trotzdem finde ich es positiv, dass Reinhard sich seinen Lebenstraum als Trainer verwirklicht. Ich halte ihm dabei den Rücken frei, indem ich mich um das familiäre Umfeld kümmere.

Regina Heß, geborene Langenhan wurde am 13. Mai 1948 in Zella-Mehlis geboren und besuchte dort als Geräteturnerin die Kinder- und Jugendsportschule, in der sie aufgrund der Spezialisierung zwischen den Disziplinen Leichtathletik und Langlauf wählen musste und sich für letztere Sportart entschied. Nach einer Krankheit (Anämie) und darauffolgendem Sportverbot nahm sie eine kaufmännische Ausbildung in Suhl auf, die sie mit dem Abitur beendete. In der Folge arbeitete Regina Heß als Industriekauffrau im Kundendienst eines Elektrobetriebes und bildete sich im Abendstudium zur Ingenieurökonomin weiter. Von 1973 bis zur Wende arbeitete sie bei Robotron in Zella-Mehlis, danach war sie bis 1998 im Tourismuswesen tätig. Seit ihrem Ausscheiden aus der Bus- und Reisebranche kümmert sich Regina Heß um die Familie: um Mann, Tochter, Enkelkind und Mutter. Regina und Reinhard lernten sich auf der KJS kennen; sie heirateten am 16. August 1968 und bezogen in Zella-Mehlis eine Mansardenwohnung („mit Wasser auf dem Flur, Plumpsklo und so weiter"), ehe sie 1975 nach Suhl in eine sogenannte Plattenbauwohnung umzogen. Tochter Tina wurde 1971 geboren. Zu den Hobbys von Regina Heß zählt neben dem Golfen unter anderem auch der Skisport; der alljährliche Skiausflug nach Ramsau und auf die Fageralm in der Steiermark (Österreich) gehört zu den Fixpunkten im Heß'schen Jahresablauf.

Hin und wieder weine ich vor Erleichterung

30 Interview mit Tina Hoos, Tochter von Reinhard Heß:

„Für meinen Papa gibt es Wichtigeres"

Frau Hoos, wie oft sehen Sie denn Ihren Vater im Jahr?

Kommt drauf an. Wenn ich hinzuzähle, wie oft ich meinen Vater im Fernsehen sehe, dann schon sehr oft. Der private Kontakt ist indes sehr eingeschränkt. Ich könnte nicht sagen, wie oft ich ihn sehe, auf alle Fälle viel zu selten, bei Familienfesten oder so. Am schönsten ist es bei spontanen Treffen, wenn mein Vater gelöst ist, wenn er keinen Stress hat, wenn eben alles passt.

Was für ein Gefühl ist es, den Vater regelmäßig im Fernsehen zu erleben?

Das ist schwer zu beschreiben. Einerseits macht es mich unheimlich stolz, dass gerade mein Vater eine solch' wichtige Person ist, andererseits ist es schon ein wenig komisch. Normal oder alltäglich ist es jedenfalls nie. Für mich ist es ja nur mein Papa, der da mit der Fahne winkt. Ich kenne seine Gestik und Mimik und ich glaube zu wissen, was er sich in diesen Momenten denkt, was in ihm vorgeht. Am schönsten empfinde ich es, wenn er sich freut, so ganz öffentlich. Da merkt man die Befreiung, die in ihm vorgeht, fast sieht man den Stein, der ihm vom Herzen fällt. Da könnte ich heulen. Und andererseits erkenne ich auch den Unmut und die Ungeduld, wenn er irgendwelche Fragen von Reporten zum hundert-tausendsten Mal gestellt bekommt. Mein Papa ist eben ein sehr emotionaler Typ.

Interessieren Sie sich überhaupt für Skispringen?

Gezwungener Maßen bin ich Skisprungfan geworden, würde ich sagen, mir blieb ja nichts anderes übrig. Aber ich kenne mich in der Materie nicht so genau aus, ich weiß ja im Winter teilweise nicht einmal, wo mein Papa unterwegs ist. Also, mich dürfen Sie nicht fragen, wenn Sie Auskünfte über Ranglisten oder Erfolge oder Skimarken haben wollen. Ich fiebere mit meinem Vater mit, aber ich bin kein Fan irgendeines Springers. Und wenn mein Vater bei uns ist, dann ist Skispringen eigentlich kein Thema, da gibt es Wichtigeres. Sein Enkelkind, oder auch mich, seine Tochter. Da rückt der Beruf in den Hintergrund. Wir telefonieren allerdings sehr oft miteinander, und meist bin ich die erste, die ihn nach den Wettbewerben per Handy erreicht.

Auch Ihre Mutter telefoniert nach den Springen mit Reinhard.

Ja, ich weiß. Aber mir ist es wichtig, dass ich schnell meine Gefühle mit ihm teilen kann. Als Sven Hannawald der vierte Sieg bei der Vierschanzentournee gelang, weinte ich vor Erleichterung und Freude. Ich erlebte die Anspannung meines Papas in den Tagen zuvor, und bei mir fiel der ganze Stress, die ganze Nervosität ab, genauso wie bei meinem Vater. Ich finde die Erfolgsserie der deutschen

Ein Familienmensch

Springer einfach unglaublich. Doch was ich am meisten schätze, ist der Umstand, dass sie immer zum Saisonhöhepunkt voll da sind. Da wetzen die Medien schon ihre Messer, da frage ich mich, wie das Sportler und Trainer noch aushalten können – aber dann sind sie genau zum richtigen Zeitpunkt in bester Verfassung. Das nenne ich wahres Können.

Wie ist es, die Tochter eines Prominenten zu sein?

Es hat eine Zeit gegeben, da war ich hauptsächlich die Tochter von Reinhard Heß. Das war zu jener Zeit, als seine Karriere als Cheftrainer des Deutschen Skiverbands begann, und ich sah mich mit Sätzen konfrontiert wie: „Ah, Du bist die Tochter von Reinhard Heß." Oder: „Habe gar nicht gewusst, dass Du seine Tochter bist." Wenn ich mich auf der Straße bewegte, gemeinsam mit meinem Mann oder meiner Mutter, tuschelten Fußgänger: Ah, Mutter, Tochter, Schwiegersohn, interessant. Das habe ich nie gemocht und mich heute noch nicht daran gewöhnt. Ich war immer schon sehr gerne selbständig, habe mein Leben, meinen Beruf gut im Griff – als Tina Heß vorher, als Tina Hoos nunmehr. Und nicht als Tochter von Reinhard Heß. Ich kümmerte mich um meine Jobs immer selbst und wurde in dieser Einstellung von meinen Eltern unterstützt. Vielleicht hätte mir mein Papa auch die eine oder andere Tür öffnen können, aber das wollte ich nicht, und er selbst sagte auch immer, dass ich es alleine probieren solle.

Wie ist Reinhard Heß denn privat?

Das ist schwer zu beantworten. Aus meiner Sicht würde ich ihn als geradlinig, liebevoll-streng und sehr humorvoll charakterisieren. Er ist ein Familienmensch, der immer ein offenes Ohr für mich hat, der immer da ist, wenn ich ihn brauche, wenn auch oft nur am Telefon. Er und meine Mutter haben mir eine unbeschwerte Kindheit ermöglicht, mich als Einzelkind sicher auch ein wenig verwöhnt. Aber sie haben mich bewusst gesteuert, bewusst zur Selbständigkeit erzogen. Ich kann mich nicht an alles erinnern, aber Fotos unseres Urlaubs in Bulgarien, von der Anreise, von den Tagen dort, sind in mir immer noch präsent. Ja, ich hatte es schön. Allerdings muss ich auch erwähnen, dass ich manchmal ein Problem hatte, einen direkten Draht zu meinem Vater zu finden, wenn er längere Zeit nicht daheim war. Das war bis zu einem gewissen Punkt nachvollziehbar, bin ich doch mit allen Sorgen zu meiner Mutter gegangen. Auch im Urlaub brauchten wir drei eine gewisse Anpassungszeit. Die erste Woche war total schwierig und eigentlich nur dazu da, sich wieder näher zu kommen. Es war jedes Mal eine neue Erfahrung, 24 Stunden zusammen zu sein. Ich erlebe dies übrigens zum zweiten Mal, nun mit meinem Mann, der als Serviceman mit den deutschen Biathleten auch den ganzen Winter unterwegs ist. Es ist ähnlich wie damals.

Sind Sie bei den Skispringen zuweilen auch live dabei?

Bevor ich Mutter wurde regelmäßig, derzeit, aufgrund anderer Prioritäten, gar nicht. Ich bin gerne in einem Skistadion, dort herrscht eine Atmosphäre, die das Fernsehen trotz aller ausgeklügelter Systeme nicht vermitteln kann. Doch ich habe bei solchen Anlässen sehr wenig von meinem Vater, der andere Aufgaben erfüllen muss. Das sind solche Momente, in denen ich mich zurückgesetzt fühle. Aber im Vergleich zu früher kann ich heute damit umgehen, kann ihnen die richtige Wertigkeit geben.

Von Ihnen stammt der Satz: „Um die Kinder anderer hast Du Dich mehr gekümmert als um Dein eigenes Kind."

Manchmal fehlte der Vater sehr

Ja, das habe ich gesagt, daran kann ich mich erinnern. Ich war zwölf oder 13 Jahre alt, mitten in der Pubertät, und ich hatte zu diesem Zeitpunkt vielleicht auch Probleme mit meiner Mutter. Und da fehlte mir eben der Vater. Ich glaube aber auch, dass dieser Satz mich nicht so geprägt hat, dass er mir nicht so präsent ist wie meinem Vater. Andererseits kann ich mir vorstellen, dass mein Papa sich das eine oder andere Mal in der Bredouille befand, wenn er von seiner Arbeit heim kam, seine kleine Tochter verwöhnen wollte, aber schon an der Tür von meiner Mutter abgefangen wurde, die ihm dann erklärte, was ich alles angestellt hätte. Es war nicht immer so ganz einfach mit mir.

Wie würden Sie sich selbst charakterlich beschreiben?

Vom gleichen Wesen wie mein Vater: leicht aufbrausend, pessimistisch angehaucht, dermaßen nachdenklich, dass ich Dinge drei-, viermal durchdenke, der Wahrheit verpflichtet, mit starkem, fast übertriebenem Gerechtigkeitssinn. Papa und ich können drei Nächte lang nicht schlafen, wenn wir uns ungerecht behandelt fühlen. Geprägt hat mich meine Mutter mehr, die war ja öfters da als der Vater. Also muss es wohl an den Genen liegen. Aber wie auch immer: Ich habe meine Mutter gerne, und ich habe meinen Vater gerne. Ich bin froh, solche Eltern zu haben, und ich bin stolz, dass mein Papa so ein wichtiger Mann im deutschen Sport ist. ■

Tina Hoos, geborene Heß wurde am 14. August 1971 in Zella-Mehlis geboren, besuchte auf der Realschule eine Spezialklasse für Russisch und absolvierte später eine Berufsausbildung zur Wirtschaftskauffrau. Seit 1990 arbeitet Tina Hoos als DTP-Graphikerin in einer Werbeagentur. Sie ist sportlich zwar interessiert, betrieb selbst aber keinen Leistungssport. Brachte 1999 ein Mädchen, Linda, zur Welt und heiratete ein Jahr später Steffen Hoos; der ehemalige Biathlet ist nun Servicemann der Deutschen Skijäger und für die Wachsfirma „Toko" tätig.

Ein gut gehütetes Geheimnis

31 Exkurs:
Trainingsplanung und -steuerung

TGK und UWV

*Der Langsamste,
der sein Ziel nicht aus den Augen verliert,
geht immer noch geschwinder
als der ohne Ziel umherirrt.
Lessing*

Training bedeutet: Jeden Tag aufstehen, sich mit Morgenfitness aktivieren, in der Kraftkammer am Muskelaufbau oder an der Verbesserung der Explosivkraft arbeiten, auf dem Sportplatz oder im Gelände allgemein-athletische Grundlagen legen, sich in der Sporthalle motorisch-koordinativ schulen oder an die Schanze gehen, um zpringen und ein höheres Grundniveau des technischen Ablaufes zu erlangen. Training bedeutet aber auch, sein mentales System zu beeinflussen. Training integriert weiter die erzieherische Einflussnahme des Trainers auf seinen Athleten.

Training ist deshalb grundsätzlich als ganzheitlicher Prozess sowohl aus organisatorischer wie auch aus anthropologisch-pädagogischer Sicht zu sehen.

Deshalb ist es wichtig, eine Handlungsgrundlage zu besitzen, auf deren Basis Trainer und Athleten in der Ausbildung vorgehen. Solche Konzepte sind wichtig. Sie beinhalten das Ziel des Tuns und die Wege zum Ziel. Man setzt sich ja auch nicht in ein Auto und fährt los, ohne zu wissen wohin, vielleicht sogar ohne Kenntnis der Verkehrsregeln oder der Bedienungsanweisungen. Nichtsdestotrotz ist es nicht entscheidend, dass im Trainingsplan jede Sekunde verplant ist, weil auch noch so viele Sprünge - Tag für Tag, Woche für Woche - noch keinen Weltmeister machen. Quantität allein ist nicht entscheidend – die Qualität der Übungen macht den Unterschied zwischen Sieg und Niederlage aus.

Nun ist die Planung und Steuerung des Trainings ein großes und gutgehütetes Geheimnis unserer Zunft, und auch deshalb werde ich an dieser Stelle meine Vorgangsweisen nicht im Detail preisgeben. Über unsere Arbeit gibt es schon genügend Mutmaßungen und Gerüchte.

Prinzipiell gilt: Belastungen und Erholungsphasen wollen auf dem Weg zum Jahreshöhepunkt und anderen partiell gewichteten Großereignissen richtig gesetzt sein. Umfeldbedingungen wie Zeitverschiebungen, Höhenunterschiede, Schneeverhältnisse, Schanzenprofile und so weiter müssen ebenfalls richtig studiert, analysiert und einkalkuliert werden, wenn es darum geht, den Athleten für seinen großen Tag in Topform zu bringen. Die beste Trainingsplanung macht allerdings noch keinen Sieger, wenn die Planung von der Realität überholt wird. Eine Erkältung, eine kleine Verletzung oder ein überzogenes Programm - und schon muss der sorgsam vorbereitete Trainingsplan modifiziert werden. Ein Plan darf deshalb auch kein Dogma sein. Er ist mit Leben zu füllen.

- 203 -

Die Geister scheiden sich

Die Grundsätze der Trainingslehre sind kein großes Geheimnis. Das Sportjahr ist geprägt durch das Dreieck Training-Wettkampf-Training. Vorbereitungs- und Wettkampfperioden wechseln sich ab, vor dem Saison-Höhepunkt steht dann noch die unmittelbare Wettkampfvorbereitung (UWV), die allerdings nicht mehr nach klassischen Mustern der Vergangenheit umsetzbar ist. Im Setzen der Schwerpunkte scheiden sich jedoch die Geister wie auch in den Mitteln und Methoden auf dem Weg zum Ziel. Die einen legen mehr Gewicht auf die konditionellen Voraussetzungen der Athleten, die sich vor allem in der Maximalkraft und Explosivkraft ausdrücken, was letztendlich das Absprungverhalten beeinflusst. Die andere Philosophie legt mehr Augenmerk auf das Verhalten in der Luft, auf die Flugphase, auf die aerodynamischen Voraussetzungen des Springers. So werden anhand dieser Gewichtungen auch grundsätzliche Konzeptionen erstellt. Es bietet sich aber auch für das Individuum die Möglichkeit, über die sogenannten individuellen Trainingspläne auf der Basis einer Grundkonzeption besondere Akzente zu setzen.

Ein wesentlicher Punkt, der oft unterschätzt wird, ist das richtige Setzen von Regenerationsmaßnahmen. Die Entscheidung, einen Athleten aus dem Training zu nehmen und ihm eine Pause zu verordnen, ist zuweilen effizienter, als ihn im normalen Trainingsbetrieb zu belassen. In der Vergangenheit haben wir diesbezüglich ein glückliches Händchen bewiesen. Schöpferische Pausen sollten allerdings nur in Absprache und mit Zustimmung der Skispringer selbst geplant werden und bedürfen der Zustimmung durch den Dachverband und die Sponsoren, was die hohe Verantwortung des Trainers verdeutlicht.

Trainingsmethodische Grundkonzeptionen
Trainingsmethodische Details wird man in diesem Buch nicht lesen. Gerne spreche ich hingegen über die trainingsmethodischen Grundkonzeptionen (TGK) der letzten drei Olympiazyklen und über dort verankerte, grundsätzliche Ansprüche und Orientierungen.

1988 bis 1992 (1994)
Die Ausgangslage war bekannt: Wir hatten mit Jens Weißflog einen Siegspringer, dahinter aber keinen potenziellen Leistungsträger. Um in diesem Olympiazyklus den Anschluss an die Weltspitze wiederherstellen zu können, hieß es, ein sehr hohes Entwicklungstempo einzuschlagen, um mit mehreren Springern die prognostizierten Spitzenleistungen und damit Medaillen in Albertville und Lillehammer zu erreichen. Unsere Konzentration war zu diesem Zeitpunkt nicht nur auf Details gerichtet. Es galt, alle biomechanischen Faktorenkomplexe zu qualifizieren und auch die grundlegenden Fähigkeiten und Fertigkeiten weiter zu entwickeln. Das bedeutete, eine wesentliche Verbesserung der aerodynamischen Flugqualitäten vor allem durch die luftvergrößernde Skihaltung zu erreichen, die Absprungintensität weiter zu erhöhen und eine Anfahrtsgeschwindigkeit zu installieren, die einerseits bezogen auf unterschiedliche Bedingungen und andererseits auf das Teilnehmerfeld Spitzenniveau darstellt. Die Hauptgewichtung des strategischen Vorgehens war der Realisierung flächenvergrößernder Skihaltungen gewidmet, die bis hin zur V-Auslegung vorgegeben waren.

Die Entwicklung ist bekannt. Reservierte bzw. oppositionelle Grundeinstellungen von Trainern und Athleten verhinderten die Effizienz dieses Konzeptes. Die politische Wende mit ihren sportpolitischen Folgeerscheinungen unterbrach den angestrebten, trainingsmethodischen Prozess. Die Verantwortung für den gesamtdeutschen Skisprung verlagerte sich personell und konzeptionell.

Gewachsener Unterhaltungswert

1994 bis 1998

In diesem Zeitraum war es unser Vorhaben, den deutschen Skisprungsport nach den Resultaten der Olympischen Winterspiele in Lillehammer international präsent zu halten und Kontinuität zu gewährleisten. So lag 1995 die Gewichtung des Wettkampfhöhepunktes auf der WM in Thunder Bay. „Einschnitte" waren durch neue Ski-Reglements programmiert. Umstellungsprobleme erforderten sozusagen eine „neue Technik", die trainingsmethodische Vorgaben erforderte. Diese wurden konzeptionell vorbereitet. Der Winter 1995/96 beinhaltete keinen klassischen Wettkampfhöhepunkt, womit der Schwerpunkt auf der Weltcupserie und auf der Skiflug-WM in Bad Mitterndorf lag. Trainingsjüngere Athleten sollten mit partiellen Einsätzen in dieses Vorhaben einbezogen werden, um eine Neuformierung der Mannschaft im Hinblick auf die Olympischen Spiele 1998 und darüber hinaus zu beschleunigen. 1997 strebten wir die bestmögliche Vorbereitung für die WM in Trondheim an, 1998 wollten wir für die Olympischen Spiele einen Kader zur Verfügung haben, der mit internationalen Leistungen bzw. mit Anschlussleistungen auf sich aufmerksam gemacht hatte. Jüngere Sportler hatten „Mitverantwortung" zu tragen. Auch wenn die Olympischen Winterspiele von Nagano nicht umfassend im „Erfolgsbereich" lagen, ist die Gesamtstrategie für den Olympiazyklus aufgegangen.

1998 bis 2002

Die Ausgangssituation der Zusammensetzung des Kaders beinhaltete eine gesunde Mischung aus trainingsälteren, erfahrenen Skispringern und trainingsjüngeren Sportlern, die schon die oben erwähnte „Mitverantwortung" dokumentierten. Das Athletenpotenzial an leistungswilligen und motivierten Akteuren für den Olympiazyklus war vorhanden; ich konzentrierte mich auf den Jahrgang 1978 (mit Schmitt, Herr, Reichel, Bracht, Uhrmann) und auf jüngere Athleten wie Wagner, Löffler, Störl, die sich auf zukünftige Verantwortungen vorzubereiten hatten. Der Verbleib von Leistungsträgern im Sinne der Sicherung anstehender Aufgaben war selbstverständlich. 1999 und 2001 waren die Weltmeisterschaften unsere Saisonhöhepunkte, und der Leistungsaufbau war auch dahingehend gewichtet. 1999/2000 konzentrierten wir uns auf den Weltcup und auf die Skiflug-WM in Vikersund, 2002 standen die Olympischen Spiele im Mittelpunkt. Auch dieser Zyklus beinhaltete den Gesamtanspruch der Leistungspräsenz des deutschen Skisprungkaders. „Die ,Spitze' ist das Ziel" war der Grundsatz. In der Gesamtstrategie des Olympia-Zyklus' standen die Realisierung der formulierten Leistungsziele und der Grundwerte des Sports im Vordergrund. Leistung zählt vor allem anderen. Doch wir trugen auch dem gewachsenen Unterhaltungswert der Sportlerpersönlichkeiten unserer Disziplin Rechnung. Die stark angewachsene Resonanz unseres Sports galt es für diesen Olympischen Zyklus mit zu berücksichtigen. Wir taten es, mit Erfolg. ■

„Gesprächsdame" für Politiker

32 Die Gesellschaft, die Zeit,
der Sport

„Unser Ziel ist,
Spaß zu haben"

*Man muss von jedem fordern,
was er leisten kann.*
Antoine de Saint-Exupéry

Der Leistungssport in der ehemaligen DDR war ein Politikum, für das in jenen Zeiten straff gearbeitet wurde, bis hin zur Perfektion. Dies wurde uns auch von Kollegen vermittelt. Vor 15 Jahren hat mir Anton Innauer im Auslauf der Schanze von St. Moritz vorgeworfen, dass wir uns von der politischen Führung missbrauchen ließen, dass wir politischen Sport um jeden Preis betreiben würden. Und ganz so unrecht hatte er sicher nicht. Allerdings übersah Innauer, dass der Sport unter anderen Prämissen auch heute noch ein Politikum ist, und dass er sich in Nuancen mit dem damals praktizierten, osteuropäischen Sport deckt. Der Unterschied ist, dass die Welt freier, der Athlet mündiger geworden ist. Kann man wirklich glauben, dass sich Jens Weißflog in seinem FDJ-Hemd bei den Parteifeiern freiwillig das Mikrophon gegriffen hat, um hymnisch über die DDR zu sprechen und zu loben, wie wichtig der Staat für seine eigene sportliche Entwicklung gewesen sei? Viel eher war es so, dass Jens zu dieser Rede verpflichtet worden war, und dass ihm seine Worte zuvor fein säuberlich aufgesetzt wurden. Jens hat dies nie gerne getan, er wurde dazu vergewaltigt.

Doch worin besteht der Unterschied zu heute, wenn in Salt Lake City hohe politische Persönlichkeiten auftauchen, die unterhalten werden wollen oder sollen? Dann fragen mich meine Sportfunktionäre auch, ob ich nicht meine Leistungsträger zum Mittagessen mit Bundespräsident Johannes Rau oder diesem oder jenem überreden, überzeugen, verpflichten oder abkommandieren könnte. Ich kann mich dazu nicht durchringen, weil ich einschätzen kann, dass die Grundeinstellung unserer Jugend zur Politik und zu den Politikern nicht besonders ausgeprägt vorhanden ist. Das ist übrigens Ausdruck der gesellschaftlichen Verhältnisse und ihrer enthaltenen Erziehung. „Muss das sein", entgegnen die Athleten auf meine Anfrage, und sie schlagen mich mit meinen eigenen Worten: „Trainer, ich bin hier, um Medaillen zu holen, und nun wäre meine Regenerationszeit. Sonst bist Du ja auch für die Einhaltung der regenerativen Maßnahmen, jetzt aber soll ich eine Ausnahme machen, soll ich dem Bundespräsidenten als Gesprächsdame dienen? Das will ich nicht, das tue ich nicht." In Salt Lake City hat sich dann eine gemischte Gruppe gefunden, in der beispielsweise Georg Hackl vertreten war. Auch ich bekannte mich zum Termin, erfüllte den Wunsch der deutschen Sport-führung. Hatte ich mich aber nicht auch im Sinne des sportpolitischen Anliegens der Heuchelei unterworfen? Ich verstehe nicht, warum für Persönlichkeiten der Politik ein Umfeld organisiert werden muss. Der Herr Verteidigungsminister profitiert doch auch mehr durch die Podestplätze seiner Sportsoldaten als durch ein gemeinsames Mittagessen mit ihnen. Auch der Innenminister kann stolz sein auf

Nur Medaillen zählen

die Ergebnisse seiner Athleten aus den Einheiten des BGS. Sollte man nicht von politischer Selbstdarstellung absehen? Der Sport ist heute keine Staatsdoktrin mehr, aber für politische Zwecke „vergewaltigt" wird er teilweise immer noch. Jeder Sportler, der bei besagtem Mahl nicht erschien, weil er nicht wollte, war ehrlicher.

Sport, und vor allem der Leistungssport, spielt eine Rolle in der Politik der Staaten, auch der Bundesrepublik Deutschland. Er dokumentiert die Leistungsgesellschaft und sollte deshalb auch erfolgreich sein. Ich erinnere mich sehr wohl an die Medaillen- und Punktejagd im Leistungssportsystem der DDR. Ich erkenne aber in der aktuellen Sportpolitik keine Abstinenz in diesem Bereich. Medaillen und Rangfolgen spielen nach wie vor eine große Rolle und stehen im Fokus der Beurteilung.

Der Sport hat seinen Platz auch in der Wirtschaft gefunden, im Big Business. Damit ich nun nicht als Moralapostel gesehen werde, füge ich auch gleich an, dass auch ich von dieser Konstellation profitiere. Mir ist es finanziell noch nie so gut gegangen wie heute. Ich konnte mir eine Eigentumswohnung kaufen. Ich brauche auf der Speisekarte im Restaurant nicht nach den Preisen sehen, ich kann bestellen, was mir zusagt und was mir schmeckt. Dies schätze ich als Privileg, und ich empfinde es als Genugtuung, wenn meine Frau und ich uns unsere Wünsche erfüllen können. Wir reisen gerne, und wenn wir die Gelegenheit haben, tun wir es auch. Luftschlösser bauen wir keine, Schlösser als Herbergen brauchen wir nicht. Wir können uns aber allemal gestatten, was wir uns wünschen. Und das ist das Resultat des sportlichen Geschäfts.

Dass der Weltcup aufgewertet, dass er zu einer Verdienstquelle für die Athleten wurde, dass Preisgelder eingeführt und Sachpreise wie Fernsehgeräte oder Fahrräder abgeschafft wurden, ist auch ein Verdienst der Familie Thoma, die damals verpönt war als jene, der es nur um den schnöden Mammon ginge. Mit ihrem Aufbegehren wurden Akzente gesetzt, die mit einer Initialzündung zu vergleichen waren. Heute muss man sich die weiterführende Frage stellen, ob nicht nur die jeweiligen sechs Besten am Geldkuchen beteiligt werden sollten, oder die besten 15. Diese Gruppe hat nämlich Weltklasseniveau. Und man sollte sich fragen, ob nicht die Teamwettbewerbe, wenn sie schon ausgetragen werden, finanziell aufgewertet gehören.

Doch das Geschäft beinhaltet auch andere Gegebenheiten, Dinge, die zu großem Nachdenken anregen sollten. Im Streben nach noch größeren Weiten, noch besseren Leistungen, nach Sensationen, liegt auch die Gefahr verborgen, dass man sich entfremdet, dass man selbst beginnt, die Grundlagen des Sports, dessen Ethik und letztlich dessen Existenz zu gefährden. Das Geschäft verlangt nach einem immer besseren Produkt; die Zuschauer, die Sponsoren als zahlendes Klientel, erwarten einen Top-Wettbewerb nach dem anderen. Der Ehrgeiz, der in dieser Szene steckt, der Leistungsgedanke, der betrieben wird, nähert sich der Diagnose „krankhaft". Leistung um jeden Preis ist das aktuelle Motto unserer Gesellschaft und auch das des Weltsports. Wehe, wenn sie nicht erbracht wird. Dann wird über jene hergezogen, in den Medien, an den Stammtischen, in sogenannten Fachgesprächen, die dem Druck des Gewinnenmüssens nicht standhalten und nach Strohhalmen, vielleicht auch nach den falschen, greifen.

Nein, ich bin nicht für die Freigabe von verbotenen Substanzen. Aber ich denke an Jan Ullrich und an das, was die Gesellschaft an diesem jungen Mann, einmal

„Hosianna" und „Kreuziget ihn"

ein Held, ein Gott, ein Sportler mit Heiligenschein, verbrochen hat. Hochgejubelt, als er die Tour de France gewann, verteufelt, als er die Leistung nicht mehr brachte und letztlich in dieser menschlichen Misere Fehler beging. Die Tendenzen der Öffentlichkeit sind heute die gleichen wie vor 2000 Jahren. Zu Zeiten Christi haben sie auch zuerst „Hosianna" und später „Kreuziget ihn" gerufen. Haben die Menschen nichts dazu gelernt? Jan Ullrich ist für mich ein toller Athlet, der sich in einem Moment der Schwäche gehen ließ. Was er tat, ist nicht zu begrüßen, ihn aber als Versager darzustellen, ihn teilweise sogar als Spottfigur zu degradieren ist ebenso falsch. Müssen die Medien in diese Richtung gehen?

Zuweilen denke ich in solchen Situationen auch an Andreas Goldberger. Zu seinen besten Zeiten ist er auch an der Theke gesehen worden, wenn er seine Erfolge mit seinen Kameraden feierte. Nach zwei, drei Bierchen und einem Whiskey war dieser körperlich kleine Athlet auch mal angetrunken. Zu diesem Zeitpunkt haben sich viele österreichische Funktionäre brav umgedreht und nichts gesehen. Dann hat Goldberger gegen den Verband aufgemuckt, hat einmal gekifft, und schon war er verurteilt. Ich kann es heute noch nicht verstehen, warum man sich in unserem Nachbarland in bestimmten Kreisen so von „Goldi" abgewandt und mit dem Finger auf ihn gezeigt hat. Es steht mir allerdings nicht zu, personelle Entscheidungen des Österreichischen Skiverbandes zu kritisieren. Meine Gefühle darf ich aber sehr wohl schildern. Ich bin damals zu ihm gestanden und bekenne mich dazu: Goldberger gehört zur Skisprung-Szene und ist aus dieser nicht wegzudenken. Seine Kontaktfreudigkeit (vor allem auch zu deutschen Athleten), seine Freundlichkeit, seine Disponibilität, in deutschen Landen Veranstaltungen zu besuchen, die Organisatoren dadurch zu honorieren, unterscheiden ihn von anderen österreichischen Springern. Bei ihnen ist zumeist eine gewisse Distanz zu spüren, und ich frage mich nach dem Warum? Warum können die Nordischen Kombinierer beider Länder sehr gut miteinander, warum kann das nicht auch im Skispringen so sein? Nur, weil wir große Konkurrenten sind?

Im Deutschen Skiverband bin ich nicht dem Druck ausgesetzt, siegen zu müssen. Keiner von uns Trainern und Sportlern wurde jemals bestraft, weil er Zweiter, Dritter oder Fünfter geworden ist. Sicher, wir alle haben Ziele und wir betreiben den Leistungssport auch mit entsprechenden Ansprüchen. Aber für diese müssen wir nicht über Leichen gehen. Sollte dies notwendig werden, verlieren wir alle unser Gesicht. Sport ist völkerverbindend, heißt es so schön, Sport ist der Gegenpol zu Kriegen. Solche Gedanken sollten auch zuweilen in den Mittelpunkt rücken und nicht zu Phrasen verkommen. Ich würde diese Sätze gerne in die Tat umgesetzt sehen, mit besserer Kommunikation, auf Ebenen, auf die die Öffentlichkeit, die Medien keinen Einfluss ausüben, in lockeren Runden. Doch ich sehe wenig Resonanz, und innerlich habe ich Angst. Angst, dass meine schlimmsten Befürchtungen eintreten, dass der Sport in Neid, Hass, Missgunst und Doping endet. Deswegen überprüfte ich auch im Jahr 2002, ob ich meinen Beruf noch weiter ausüben wollte, und für wie lange. In der DDR arbeitete ich in einer Sportszene, die von der Politik missbraucht wurde, was ich erst sehr spät erkannte. Das soll mir nicht noch einmal passieren. Ich will nicht dabeisein, wenn der Sport auf Abwege gerät.

Dass immer wieder der Satz von Baron Pièrre de Coubertin hervorgeholt wird, der den olympischen Gedanken beschwört, nach dem Teilnehmen Alles ist, wird für mich immer weniger nachvollziehbar. Teilnehmen ist schon lange nicht mehr Alles, nicht bei uns und nicht in anderen Ländern. Deutlich wird dies auch in unserer Disziplin, zum Beispiel im japanischen Skiverband, in dem nach Jahren

Ein Superlativ nach dem anderen

des Erfolges und darauffolgenden Leistungseinbrüchen ganze Betreuerstäbe entlassen wurden. Sport ist kein Hobby mehr, Sport wird von einem anderen Olympischen Grundsatz „vergewaltigt": Altius, citius, fortius, höher, schneller, stärker. Noch höher hinaus, noch weiter hinunter, noch schneller auf das Siegespodest, noch stärker die eigene Kraft demonstrieren. Als Trainer habe ich die Aufgabe, Spitzenleistungen meiner Athleten zu produzieren, Vorbilder für die Jugend zu formen. Aber was passiert mit unseren Spitzenathleten, wenn sie nicht siegen? Dann sind sie weg vom Fenster der Öffentlichkeit, dann sind sie in den Augen der Gesellschaft Versager. Von einem Heldenstatus halte ich nichts, denn ein Held muss siegen, immer. Das ist im Sport auf Dauer nicht möglich. Was passiert aber mit Helden, die auch nur Menschen sind und nicht mehr siegen? Sie müssen sterben. Was würde mit Sven Hannawald und Martin Schmitt geschehen, wenn sie nicht das erreichen, was von ihnen erwartet wird? Sie bekämen nicht nur Mitleid. Da würde auch mit dem Finger, unsachlich und schmutzig, auf sie gezeigt werden. Schon allein der Gedanke daran macht mich seelisch krank. Ich wüsste nicht, wie ich mich dann verhalten würde.

Superlative werden verlangt, und nach dem Superlativ der Superlativ des Superlativs. Das überzogene Anspruchsdenken der heutigen Zeit kann und will ich nicht mittragen. Dass in mir Zweifel groß werden, ist nachvollziehbar. Ich weiß nicht, ob der Weg, den unsere Gesellschaft geht, der richtige ist. Dies sage ich in der tiefsten Erkenntnis, dass es sich um einen persönlichen Widerspruch handelt, bin doch auch ich selbst Nutznießer dieser Entwicklung. Aber wo ist die Grenze? Wo sollte ich beginnen, auf gesellschaftliche Anerkennung und auf den einen oder anderen Euro zu verzichten? Ohne die aktuelle Entwicklung hätte ich keine so hohe öffentliche Resonanz, keinen persönlichen Kopfsponsor, keine materiellen Vergünstigungen, wäre ich nicht an einem Prämiensystem beteiligt. Nicht nur mich beschäftigen solche Gedanken, sondern auch die Sportler. Unsere „Stars" grübeln zuweilen auch, ob sie sich den ganzen Zirkus noch antun sollen auf der Jagd nach Erfolg und Geld und dabei über ihren eigenen Schatten springen müssen. Schmitt oder Hannawald bräuchten eigentlichen ihrem Beruf nicht mehr nachgehen. Sie haben alles erreicht, was man sich als Sportler erträumen kann.

Wir bewegen uns auf des Messers Schneide. Wir befinden uns an jener Grenze, an der sich die Entwicklung umkehren könnte, zum Schaden der Szene, des Sports, der Gesellschaft. Nicht vergessen darf man, dass wir auch eine soziale Verantwortung tragen. Wenn diese ernst genommen werden soll, dann muss man sich auch eingestehen, dass Topleistungen im Sport nicht alles im Leben sind. Und wenn dies nicht erkannt wird, dann ist es besser, sich aus dem Hochleistungssport zurückzuziehen. Im DSV herrscht soziale Kompetenz, würde sie nicht vorhanden sein, hätte ich sicherlich schon früher mit dem Gedanken gespielt, meine berufliche Zukunft zu überdenken. Bedauerlich finde ich dennoch, dass ein vierter oder sechster oder siebter Rang nicht als Erfolg gesehen wird, nicht gesehen werden kann, weil Leistungssport eben das Wort „Leistung" beinhaltet. Es ist die Öffentlichkeit, die mir sehr schnell sehr deutlich klar macht, dass Platzierungen abseits des Podests eben kein Erfolg sind. Mein Wunschtraum ist, dass ich zu einem Sportler sagen kann: „Du hattest widrige Umstände, nicht das Glück, nicht die Tagesform, aber Du bist Sechster geworden, das ist toll, das ist ein Erfolg." Und der Skispringer mir antwortet, dass er es genauso sieht, und die Medien Tags darauf berichten: „XY Sechster, ein toller Erfolg". Nein, das geht nicht bei Helden, bei Göttern. Simon Ammann ist als Doppel-Olympiasieger in die 1A-Klasse unserer Sportart vorgestoßen, und ich dachte, dass nun auch

Leistungsgedanke - Leistungsgesellschaft

für die Schweizer Mannschaft andere, schwerere Zeiten anbrechen würden. Überrascht hat mich deshalb die Aussage meines Kollegen Bernhard Schödler aus der Schweiz, der anlässlich der Pressekonferenz beim Sommer-Grand-Prix in Hinterzarten erklärte: „Unser Ziel im kommenden Winter ist es, vor allem Spaß zu haben." Spaß? Spaß ist in unserer Strategie nicht vorgesehen. Wir wollen Erfolg, wir müssen Erfolg haben. Wahrscheinlich sind solche Zielsetzungen in der deutschen Mentalität integriert und verankert.

Der Leistungsgedanke ist in unserer Leistungsgesellschaft sicherlich ausgeprägter als anderswo. Der Deutsche ist bekannt dafür, die Arbeit an die erste Stelle der Prioritätenliste des Lebens zu setzen. Ich lebe gerne in Deutschland, in meinem heimatlichen Thüringen, weil ich es als nicht richtig empfinde, die Flucht zu ergreifen und Gegenden aufzusuchen, in denen mir die Mentalität der Menschen besser gefällt. Ich lebe in Suhl, und ich lebe gerne dort. Ich bin auch Deutscher, und auch meine Mentalität ist von der Gesellschaft geprägt. Ob unsere Mentalität - zielorientiert, manchmal verbissen – das Nonplusultra ist? Ich weiß es nicht. Ich bewundere aber andere nationale Mentalitäten, in Ländern, in denen es scheint, als hätten alle Einwohner zwei Leben: eines der Arbeit gewidmet, eines der Freizeit, dem Vergnügen. Aber sie haben nirgendwo zwei Leben, sondern nur eines, und versuchen, in diesem alles zu verbinden. Beachtlich finde ich die südostasiatische Religion, die eine neue Lebenseinstellung provozieren muss, wenn man sie umsetzen will. Das Leben endet allerdings nicht im Reichtum, sondern in der Zufriedenheit. Ein normalsterblicher Deutscher kann sie nicht praktizieren, zum Nachdenken regt sie aber allemal an. Waren die Menschen in deutschen Landen nicht schon mal zufriedener, als sie es heute sind. Und wie unzufrieden werden sie morgen sein? Auf die Frage, wie es so geht, kommt immer häufiger die Antwort: „Ich kann nicht genug klagen." Ein Spaß, sicher. Aber in jedem Witz steckt auch ein Körnchen Wahrheit. Schöne Zeiten, auf die wir zusteuern?

33 Ein Bekenntnis

„Ein Beruf, mehr noch: eine Berufung"

Wer also die Wahl seines Berufes ganz von seinem inneren Wesen, das nicht verkehrt sein darf, abhängig gemacht hat, der bleibe nur konsequent.
Cicero, Drei Bücher von den Pflichten

Ein Trainer ist wie ein Architekt. Ein Trainer strebt nach Medaillengewinnen, ein Architekt will sein Bauwerk vollenden. Ein Trainer hat Vorstellungen, Pläne, ein Architekt ebenfalls. Gemeinsam ist wohl beiden die Überzeugung, dass man vom Grundsystem, vom Gerüst, nicht abweichen soll. Bei mir treffen diese Aussagen jedenfalls zu. Ich arbeite wenig nach dem Gefühl, auch wenn ich weiß, dass ein Plan kein Dogma ist. Letztlich treffe auch ich Entscheidungen im Sinne des Athleten. Trainingsmethodik beinhaltet aber vor allem Kontinuität, integriert die Entwicklung grundlegender Fähigkeiten und Fertigkeiten, die keinen „Zufallstreffer" dulden, sondern konsequenter Ausbildung bedürfen. So sollten Umfangsphasen mit Zyklen der Detailausprägung abwechseln, die letztlich in der Wettkampfphase gipfeln. Auch in unserem Sport gilt es, Umfänge zu trainieren, die Basisleistungen abzurufen! So sollten in der Schneevorbereitung 80 bis 100 Sprünge absolviert werden, ehe die Weltcup-Wettkampfperiode beginnt. Das ist „Gesetz". Das ist vergleichbar mit dem Architekten, der sich auch dem fundamentalen Grundsatz unterwirft, mit der Betonierung des Fundaments zu beginnen und nicht mit dem Bau des hölzernen Dachstuhls.

Doch meine Tätigkeit ist mehr als Kompetenz zu entwickeln, Trainingspläne zu schreiben, Kennziffern zu erreichen, an der Schanze die Sportler zu korrigieren, bei Weltcupspringen diversen Tätigkeiten nachzukommen. Trainer zu sein, war für mich in keiner Phase meines Lebens nur ein Job, irgendeine Arbeit, der man eben nachkommen muss, um Geld zum Leben zu verdienen. Ich will einen Job nicht abwerten, aber er hat nicht das Definitive, das dem Worte „Beruf" zugrunde liegt. Den Beruf hat man erlernt, den Job macht man. Beruf vermittelt Sicherheit, Jobs kann man wechseln, als „Job-Hopper". Ich übe den Trainerberuf aus, und ich verwehre mich dagegen, nur einen Job zu machen. Mehr noch: Ich fühle mich berufen, dieser Tätigkeit nachzugehen. Mein Beruf ist mehr als ein Job, er ist eine Berufung.

Umgeben bin ich in meinem leistungssportlichen Umfeld von Kollegen, die verschiedene Charaktere, verschiedene Ansichten, verschiedene Auffassungen ihrer Tätigkeiten haben. Es gibt Trainer, die in gewissen Abständen Nationalmannschaften wechseln, weil sie sich mit neuen Athleten größere Erfolgsaussichten versprechen und/oder weil sie in anderen Ländern mehr verdienen können. Es gibt Erfolgsbesessene, die sich primär um ihre Siegspringer kümmern und das Gros der Mannschaft weniger beachten. Es gibt aber auch Kollegen, für

Für den Athleten bin ich kein Kumpel

die der Erfolg nicht das einzig Wichtige ist, die ihren Job auch aus anderen Gründen ausüben.

Wir alle kommen aus verschiedenen Umfeldern, sind von unserer Vergangenheit geprägt und müssen uns auch den Ansprüchen unserer Verbände stellen. Wenn ich mich beispielsweise mit Anton Innauer vergleiche, dann ist schon klar, dass wir unseren Beruf unterschiedlich interpretieren (müssen). Innauer hat 1976 Olympisches Gold verspielt, es 1980 gewonnen, hat 1992 als Trainer unglaubliche fünf Medaillen bei den Olympischen Winterspielen in Albertville erobert. In Österreich wird er auf Händen getragen, dort ist er die absolute Kompetenz in Sachen Skispringen. Ich war sportlich bei weitem nicht so erfolgreich, und zuweilen wird mir von Außenstehenden auch die Frage gestellt, ob ich denn auch selbst überhaupt einmal gesprungen sei? Seine Erlebnisse prägen Innauer, meine Erlebnisse prägen mich. Und aufgrund unserer Lebenserfahrung und Charakterstrukturen gehen wir auch sicherlich unterschiedlich mit unseren Aktiven um.

Umgeben bin ich von Sportlern, für die ich nie ein Kumpel bin und sein werde. Kameradschaft ja, Kumpanei nein. Kumpanei beinhaltet auch Sätze wie: „Leck mich am A...." Respekt und Achtung vor dem Trainer müssen gegeben sein. Meine Springer wissen sehr wohl, dass auch ich nicht perfekt bin, dass auch ich mal ein Glas Bier trinke, wenn ich mal besonders genervt bin, wenn mir alles zuwider wird. Das brauche ich nicht zu verheimlichen, ich brauche aber auch nicht damit anzugeben. Kumpanei beinhaltet das Gleichheitsprinzip, und gleich bin ich mit meinen Athleten noch lange nicht. Ich biete jedem, der in den Kreis der Nationalmannschaft vorstößt, das Du-Wort an, nichtsdestotrotz erwarte ich Anstand und Höflichkeit. Das betrifft auch den Umgang der Athleten meinen Mitarbeitern gegenüber. Ich habe schon Athleten gemaßregelt, wenn sie diesen Grundsatz durchbrachen. Gewisse Dinge lasse ich mir auch im Sinne meiner Kollegen nicht bieten. Dass ich basierend auf der Prämisse meiner Strategie im Umgang mit Sportlern auch mit meinen Mitarbeitern spreche, versteht sich von selbst. Der Umgang mit den Athleten in den Mannschaften ist ebenfalls von Respekt geprägt. Es sind junge Menschen, die durch ihre sportlichen Ergebnisse, durch das Produkt ihrer Arbeit auch für uns Trainer moralische wie materielle Akzente setzen. Das darf und soll man den Athleten verdeutlichen.

Unterschiede mache ich trotzdem.

Einen verdienten Sportler werde ich in Konfliktsituationen anders behandeln als einen jungen Neuankömmling. Sicherlich sage ich auch diesem „Superstar" die Meinung und kritisiere ihn entsprechend. Aber ich tue es nicht vor versammelter Mannschaft, sondern in einem persönlichen Gespräch. Solche Unterschiede müssen sein, da gibt es keine Gleichmacherei. Der jüngere Athlet muss sich erst einmal bewähren und kann nicht gleiche Rechte in Anspruch nehmen. Die Jungen müssen erst einmal „dort hinriechen, wo andere, ungleich erfolgreichere, schon hingesch... haben." In diesen Belangen bin ich sicher noch der harte Typ von früher. Trotzdem verdient jeder Sportler Respekt.

Ich bin Trainer mit Leib und Seele. Für meine Athleten, für meine Betreuer, ginge ich durchs Feuer. Auf meine Mannschaft, mit der ich mehr Tage im Jahr verbringe als mit meiner Familie, lasse ich nichts kommen. Der sportliche Erfolg ist für mich wichtig. Er ist das Ziel meines Tuns. Für ihn organisiere ich das Umfeld, erarbeite Strategien. Er ist aber nicht unabhängig von menschlichen Werten anzustreben. Für mich gelten diese kausalen Zusammenhänge, die ich in dem Begriff der

Das Beet muss vorbereitet werden

sozialen Kompetenz des Trainers und Leiters zusammenfasse. Somit ist für mich auch Ziel meines Tuns, die „Chemie" der Mannschaft zu beeinflussen, das Wohlbefinden zu organisieren, auf Probleme einzugehen und sie einer Lösung zuzuführen.

Ich bin aber nicht nur der Mann mit der Fahne, wie ihn die Öffentlichkeit kennt. Sehr ernst nehme ich meine Verantwortung im Gesamtsystem der Kaderentwicklung und Kaderausbildung wahr. Als disziplinverantwortlicher Trainer gilt mein Augenmerk auch der Nachwuchsentwicklung im Skisprungsport. In der Trainerkommission, die die Rahmenpläne für den Nachwuchsbereich entwirft, bin ich federführend, weil ich weiß, dass ein Martin Schmitt oder Sven Hannawald, wie früher ein Dieter Thoma und Jens Weißflog, nicht ewig springen werden. Doch das ist nichts Neues, das bringt der Sport mit sich. Also ist klar, dass das „Beet" vorbereitet werden muss, das die „Saat" aufnimmt. Hohe Anerkennung verdienen meine Übungsleiter und Nachwuchstrainer, die sich dieser sportlichen und sozialen Aufgabe widmen und die im sportlichen Geschäft meist unterschwellig wegkommen.

Wie lange ich, der „Mann mit der Fahne", der „Fernseh-Trainer", noch auf dem Betreuerturm stehen werde, vermag ich nicht zu sagen. Nach den Olympischen Winterspielen in Salt Lake City hatte ich den Traum, dass ich im Jahr 2020 noch Trainer sein werde. Dann wäre ich 75 Jahre alt – und so lange, bei aller Liebe zu meinem Beruf, zu meiner Berufung, will ich mir den Stress des Weltcups, der Weltmeisterschaften, der Olympischen Spiele, wirklich nicht mehr antun. Solange ich gebraucht werde, solange der Leistungssport noch meiner Moral entspricht und ich noch Motivation verspüre, stehe ich gerne zur Verfügung. Aber irgendwann möchte auch ich kürzer treten, etwas mehr Freizeit wahrnehmen, das Leben in seiner Vielfalt und mit meiner Frau gemeinsam stärker nutzen und mehr als interessierter Fan unter den Zuschauern stehen oder vor dem Fernsehgerät sitzen.

Namen & Zahlen

Erfolgsstatistik

Verbandstrainer im DSLV der DDR
Saison 1988/89
WM in Lahti
Großschanze	2. Jens Weißflog
Normalschanze	1. Jens Weißflog
Vierschanzentournee	2. Jens Weißflog
Weltcupsiege	5 (Weißflog)
Gesamtweltcup	2. Jens Weißflog

Saison 1989/90
Skiflug-WM in Vikersund	3. Jens Weißflog
Weltcupsiege	3 (Weißflog)
Gesamtweltcup	6. Jens Weißflog

Bundestrainer im DSV
Saison 1993/94
Olympische Spiele in Lillehammer
Großschanze	1. Jens Weißflog
Normalschanze	3. Dieter Thoma
	4. Jens Weißflog
Teamwettbewerb	1. Deutschland
Vierschanzentournee	2. Jens Weißflog
	8. Dieter Thoma
Weltcupsiege	8
	Weißflog (7)
	Siegmund (1)
Gesamtweltcup	2. Jens Weißflog
	11. Dieter Thoma

Saison 1994/95
WM in Thunder Bay
Großschanze	3. Jens Weißflog
Normalschanze	5. Jens Weißflog
Teamwettbewerb	2. Deutschland
Weltcupsiege	1 (Weißflog)
Gesamtweltcup	6. Jens Weißflog

Saison 1995/96
Skiflug-WM am Kulm
	4. Jens Weißflog
	5. Christof Duffner
Vierschanzentournee	1. Jens Weißflog
Weltcupsiege	3 (Weißflog)
Gesamtweltcup	4. Jens Weißflog

Saison 1996/97
WM in Trondheim
Großschanze	2. Dieter Thoma
Teamwettbewerb	3. Deutschland
Vierschanzentournee	3. Dieter Thoma
Weltcupsiege	4 (Thoma)
Gesamtweltcup	2. Dieter Thoma

Saison 1997/98
Olympische Spiele in Nagano
Teamwettbewerb
Skiflug-WM in Oberstdorf

Vierschanzentournee

Weltcupsiege

Gesamtweltcup

Saison 1998/99
WM in Ramsau/Bischofsh.
Großschanze

Normalschanze

Teamwettbewerb
Vierschanzentournee

Weltcupsiege
Gesamtweltcup

Saison 1999/2000
Skiflug-WM in Vikersund

Vierschanzentournee

Weltcupsiege

Gesamtweltcup

Saison 2000/01
WM in Lahti
Großschanze

Normalschanze
Team-Großschanze
Team-Normalschanze
Vierschanzentournee

Weltcupsiege
Gesamtweltcup

Namen & Zahlen

2. Deutschland
2. Sven Hannawald
3. Dieter Thoma
2. Sven Hannawald
6. Dieter Thoma
3
2 (Hannawald)
1 (Thoma)
6. Sven Hannawald
8. Dieter Thoma

1. Martin Schmitt
2. Sven Hannawald
7. Martin Schmitt
8. Sven Hannawald
1. Deutschland
4. Martin Schmitt
10. Dieter Thoma
12. Sven Hannawald
10 (Schmitt)
1. Martin Schmitt
6. Sven Hannawald
10. Dieter Thoma

1. Sven Hannawald
6. Martin Schmitt
3. Martin Schmitt
4. Sven Hannawald
15
11 (Schmitt)
4 (Hannawald)
1. Martin Schmitt
4. Sven Hannawald

1. Martin Schmitt
6. Sven Hannawald
7. Alexander Herr
2. Martin Schmitt
1. Deutschland
3. Deutschland
3. Martin Schmitt
4. Sven Hannawald
6 (Schmitt)
2. Martin Schmitt
9. Sven Hannawald

Saison 2001/02
Olympische Winterspiele in Salt Lake City

Großschanze	4. Sven Hannawald
	10. Martin Schmitt
Normalschanze	2. Sven Hannawald
	7. Martin Schmitt
	8. Michael Uhrmann
Skiflug-WM in Harrachov	1. Sven Hannawald
	2. Martin Schmitt
Vierschanzentournee	1. Sven Hannawald
	(mit vier Tagessiegen)
	7. Martin Schmitt
Weltcupsiege	8
	6 (Hannawald)
	1 (Schmitt)
	1 (Hocke)
Gesamtweltcup	2. Sven Hannawald
	5. Martin Schmitt

Anhang

Verlag weropress
Schwabenmatten 3
79292 Pfaffenweiler
Tel. 07664/600015
Fax: 07664/8574
postmaster@weropress.de

Weitere lieferbare Bücher - eine Auswahl

- **Fliegen & Siegen.** 50+1 Jahre Internationale Vierschanzen-Tournee. Robert Kauer, Raymund Stolze, Klaus Taglauer. Neuauflage des offiziellen Jubiläumsbuches. Hannawalds „Grand Slam". ISBN 3-9806973-9-8
- **Der Feuerkopf. Gold, Silber, Bronze.** Versch. Autoren u.a. Hans-Reinhard Scheu, Werner Kirchhofer (†), Oskar Beck und Martin Hägele. Beiträge von Dieter Thoma, sowie Bundestrainer Reinhard Heß.
Die Lebensgeschichte des Skispringers Dieter Thoma. ISBN 3-9805991-0-0
- **Menschen, Tore & Sensationen.** Günter Netzer, Waldemar Hartmann, Robert Kauer, Wolfgang Jost. WM 1930 - 2006, Geschichte und Geschichten. ISBN 3-9806973-7-1
- **Titel, Tränen & Triumphe.** Robert Kauer, Wolfgang Jost. EM 1960 - 2000. Geschichte und Geschichten. ISBN 3-9806973-5-5
- **Verletzt...was tun?** Sportverletzungsratgeber von Dr. H.-W. Müller-Wohlfahrt/H.J. Montag (†). ISBN 3-9806973-1-2
- **Injured...what now?** Dr. H.-W. Müller-Wohlfahrt/H.J. Montag (†). Englische Ausgabe des deutschen Bestsellers „Verletzt...was tun?". ISBN 3-9806973-2-0
- **Der Trainer oder die andere Seite des Fußballs.** Frank Nägele. Roman aus der Welt des Profifußballs. ISBN 3-9805310-2-3
- **Das Kapital der Trainer.** Hirt/Ebner. Handbuch (Kunstleder, attraktive Ausführung) für Fußballtrainer. ISBN 3-9805310-1-5
- **Stuttgart kommt...der VfB.** Beck/Hägele/Schulze.
Fußballbuch über die Geschichte des VfB. ISBN 3-9805310-6-6
- **Müsli, Steilpaß, Tor.** Roy Kieferle.
Ernährungsratgeber, auch für Hobby-Sportler. ISBN 3-9805991-2-4
- **Lächeln mit den Bayern.** Uwe Fajga. 111 lustige Geschichten über Deutschlands berühmtesten Fußballverein. ISBN 3-9806973-8-X
- **Jahrhunderthelden.** Oskar Beck.
Packende Stories über die Helden des Sports. ISBN 3-9805991-7-5
- **Mit Spaß zum Erfolg.** Sepp Maier.
Modernes Torwart-Training mit dem Fußballweltmeister. ISBN 3-9805991-5-9
- **Die Droge Eishockey.** Günter Klein.
Kritischer Report über die schnellste Sportart der Welt. ISBN 3-9805991-8-3
- **Feuer auf Eis.** Adolfo Salzer.
Geschichten, die nur das Eishockey schreibt. ISBN 3-9806973-6-3
- **Höher, Schneller, Weiter.** Karl Roithmeier. Präsentiert von Gerd Müller. Die tollsten Sportrekorde von A - Z. ISBN 3-9805991-6-7

• Bücher • online-shop • Bücher • online-shop • Bücher •
www.weropress.de